KB124606

야망과 선견의
사장학

야망과 선견의
사장학

사토 세이이치 지음 | **이도선** 옮김

일빛

야망과 선견의 사장학

펴낸곳 도서출판 일빛
펴낸이 이성우
지은이 사토 세이이치
옮긴이 이도선

등록일 1990년 4월 6일
등록 번호 제10 - 1424호

1쇄 인쇄일 2005년 6월 20일
1쇄 발행일 2005년 6월 30일

주소 121-837 서울시 마포구 서교동 339-4 가나빌딩 2층
전화 02) 3142-1703~5 팩스 02) 3142-1706
E-mail ilbit@unitel.co.kr

값 20,000원
ISBN 89-5645-077-3 (03320)

■ 잘못된 책은 바꾸어 드립니다.

사장에게 사업의 미래를 정확히 읽는 것만큼 중요한 일은 없다. 그러나 모든 사장이 그러한 선견지명을 얻을 수 있는 것은 아니다. 사장이라면 한 밤중에 잠자리에서 일어나 사업의 장래를 생각하며 아침까지 뜬눈으로 밤을 지샌 경험이 있었을 것이다.

어떻게 하면 앞을 내다볼 수 있는가? 나는 사업의 장기 계획을 세워보는 것 외에는 없다고 확신한다. 사업에 대한 장기 계획이 없으면 선견지명이 있을 수 없다고 단정해도 좋다. 적어도 사장이라는 직업을 선택한 이상, 자신의 인생에서 성취하고 싶은 꿈과 야망을 분명하게 그려보는 것이다. 3년 후, 5년 후, 10년 후 자기 사업의 이상적인 모습을 생각하고, 큰 꿈을 갖는 것이 중요하다. 다른 사람이 비웃는다 하더라도 상관없다. 사장으로서의 꿈과 야망은 사업 추진의 에너지원이기 때문이다. 그러나 그것뿐이라면 그림의 떡이다. 어떻게 해서든 꿈을 실현해야 한다. 그래서 사장의 꿈과 야망을 뒷받침하는 작업이 필요하다. 꿈과 야망이라는 무형의 것을 어떤 방법으로 경영 계획 속에 그려 넣을 수 있을까?

실제로 대부분의 사장들이 자신의 야망을 계획화하는 방법을 몰라서 호령만 하거나 애만 태울 뿐, 좀처럼 좋은 방법을 찾지 못하고 있다. 그 방법은 야망을 숫자로 바꾸는 일이다. 경영뿐 아니라 이 세상은 '숫자의 약속'이다. 수치화 되어야만 보고 읽을 수 있다. 수치화 했을 때 비로소 사장의 뜻을 조절할 수 있는 실마리를 잡을 수 있다. 사장의 야망이라는 무형의 것을 숫자로 바꾸는 과정에서 숫자는 경영의 산 지혜가 되고 사장의 야망은 어느덧 세련되어 선견지명이 되는 것이다. 바꾸어 말하면, 회사의 숫자는 사장의 의도와 방침을 명확히 반영하고 있어야 한다. 장부상의 수치가 아무리 좋은 숫자로 되어 있다 해도 그것이 사장의 생각을 명확히 수치화 해서 나온 결과가 아니면 선견지명으로 이어지지 않는다. 우연히 잘 되었다 하더라도 상황이 바뀌면 또 다시 밤을 설치게 된다. 요즘 '경제는 일대 전환기를 맞아 예측할 수 없는 불확실성의 시대'라고 매스컴이나 전문가도 입을 모아 말하고 있다. 그러나 10년 전이나 20년 전이나 30년 전에도 우리는 일대 전환기를 맞고 있었다는 생각이 든다. 과거에도 매스컴에서 '어려운 시대'라고 말했고, 사업가는 그에 대한 대응을 강요받았다. 생각해 보면, 경제 구조는 살아 움직이는 것으로서 항상 변했으며 그 변화에 대응하면서 사업을 이어가는 것이 사장의 숙명이었다. 보이지 않는 미래를 분별하고 판단해서 대책을 강구하는 것이 사장의 일인 것이다. 눈앞의 변화 하나하나에 당황하고 허둥대서는 안 된다. 울 수도, 변명할 수도 없는 것이 바로 사장의 일이다.

사장의 일은 분명히 힘들고 어려운 일이다. 그러나 이만큼 보람이 있고 가슴 설레는 일도 없다. 불안한 경영을 계속할 것인지, 다시 태어나도 사장으로서의 인생을 선택할 만큼 삶의 보람이 있는 경영을 할 것인가는 오직 장기적인 계획이 있느냐 없느냐에 달려있는 것이다.

이 책에서는 회사가 5년 후, 10년 후까지 성장할 수 있는 장기적인 계획의 수립을 주제로 나의 모든 체험을 숨김없이 공개했다.

6명의 사원으로 허름한 공장에서 사업을 시작한 이래 '영세기업인 주제에'라는 비웃음을 받았지만, 시작할 때부터 향후 10년 동안의 장기 계획을 수립하고 실천한 덕분에 상장기업으로까지 성장했다. 한편 도소매, 건설 등 여러 업종의 젊은 경영자들에게도 장기적인 계획 수립의 필요성과 방법을 지도하여 상장기업 규모의 우수한 회사가 배출되었다. 장기 계획의 노하우는 경리나 회계 전문가에게 필요한 것이 아니라, 현역의 사장에게 가장 중요한 실천 사항인 것이다.

일본경영합리화협회의 무라타 마나부 이사장의 간곡한 요청으로 이 책이 나왔다. 제목을 『야망과 선견의 사장학』으로 했다. 누구를 위해서가 아니라 사장 스스로의 꿈과 야망을 실현시키기 위해 독자 여러분들이 이 책의 내용을 읽고 실천해 준다면, 필자로서는 더 이상 바랄 것이 없다.

사토 세이이치

옮긴이의 글

『야망과 선견의 사장학』은 사토 세이이치(在藤誠一) 사장의 체험 실록입니다.

6명의 사원과 12평의 공장으로 창업하여 동경 증권거래소 1부 상장기업으로 성장하고 그 기반을 세계로 넓힌 '사토 경영기법' 은 기업 경영인에게 좋은 자료가 될 것으로 믿어 옮겼습니다.

우리 경영인에게 지혜와 힘을 주시기를 하나님께 축원합니다.

이도선

contents

1장

사장의 존재와 역할

사장이 품은 꿈과 야망을 많은 사람의 협력으로 실현시키기 위해서는 그 전제로서 사장은 주위로부터 존경받는 존재이어야 한다. 존경이 없는 곳에서 진실된 협력관계가 나올 수 없다. 그것을 위해서 가장 중요한 것은 사장이라는 일에 부여된 역할을 확실하게 하는 것이다. 훌륭한 사장으로서 존경받는 것은 사장만이 할 수 있는 역할을 스스로 비전을 가지고 해 나가기 때문이다. 그리고 사장의 여러 역할 중에서 가장 중요한 것은 사업의 미래를 전망하고, 발전 방향을 결정하는 것과 그 방향으로의 실천이다. 이것을 할 수 없다면 기업의 영속적인 번영은 없다. 장기적인 계획은 이와 같은 사장의 역할 의식과 사장의 야망과 꿈이 결합된 사장 자신의 인생 설계이기도 한 것이다. 따라서 장기적인 계획은 일반 사원이나 경리 담당자가 만드는 장기 계획과 근본적으로 다르다.

｜1｜

경영자의 긍지와 수치

사장은 높은 긍지를 지닌 존재라야 한다

사장은 자타가 모두 인정하는 위대한 사장이 되어야 한다. 또한 많은 사람으로부터 '당신이 있기 때문에 우리의 행복이 있습니다', '당신 덕분에 잘 지낼 수 있습니다' 라는 말을 들을 수 있는 정도의 존경을 받음으로써 비로소 사장이라고 할 수 있는 것이다. 그래야 주변 사람들로부터 협력도 얻을 수 있는 것이다. 사장이란 그만큼 높은 긍지를 지닌 훌륭한 존재여야 한다.

그렇지만 '나는 위대해' 라고 자부하는 사장 중에 객관적으로 '저 사장은 훌륭해. 위대한 인물이야' 라고 인정받는 사장이 몇 명이나 될까?

관련 기관의 조사 자료에 의하면 전국적으로 100만 명 이상의 사장이 있다고 한다. 그리고 하나의 회사에도 3~4명 정도의 경영자가 있을 것이므로 대략 500만 명 이상의 경영자가 활동하는 셈이다. 길을 가는 사람들을 향해 "사장님" 하고 부르면 몇 명의 사람이 뒤돌아 볼 정도로 사장이라는 직업이 흔한 것이다. 어느 술집에서 사장의 수를 세었더니 종업원보다 많았다는 웃지 못할 이야기도 있다. 희소가치로 말하면, 현재 시즈오카에 있는 전승 기녀(妓女)의 수가 겨우 12명이니까 기녀가 사장보다 훨씬 희귀한 존재인 셈이다.

이것은 전임 사장이 말해 주었던 것이지만 옛날 신바시(新橋 : 地名)의 화류계에서 "사장님"으로 부르는 사람은 일본우선(日本郵船, 지금의 海運)의 사장 단 한 사람 뿐이었기 때문에 그 밖의 사장은 아무개 씨라고 이름을 불렀다고 한다.

1920년대에 일본에서 가장 인기가 있었고 공익을 위해 일했던 회사가 일본우선(日本郵船)이었다. 당시 미쓰비시중공업의 1인자조차 '사장님'이라고 부를 수 없었다. 전임 사장은 나에게 이 말을 통해서 사회적으로 중요한 역할을 하는 사장이라면 자연히 주위로부터 존경을 받을 뿐만 아니라, 누구든지 '사장님'으로 불러준다는 것을 가르쳐 주었다.

사장이 사장으로서의 역할을 다하고 주위에서 그것을 인정했을 때, 비로소 '사장은 위대하다'라는 말이 성립되는 것이다. 결국 역할 의식이 결여된 사장은 사장이란 이름만의 존재인 것이다.

회사의 이익보다 비싼 차를 타는 사장

나는 과거에 '이익을 내지 않는 경영자는 포장된 큰 거리를 다닐 자격이 없다. 울퉁불퉁한 좁은 골목을 다니기 바란다.'라고 말한 적이 있다. 왜냐하면 포장된 큰 거리는 어디나 세금으로 만들었고, 큰

길을 편하게 걷는 것은 그에 상당한 세금을 내고 있기 때문이다. 세금을 내지 못하는 사장은 포장이 되지 않은 뒷골목을 다녀야 하는 것이 아닌가? 만약 그것이 싫다거나 억울하다면 회사를 잘 경영해서 큰 이익을 내어 그에 상당한 세금을 내고 큰길을 활개치며 걸으면 된다.

그렇지만 현실은 어떤가? 말로는 회사의 사회적 책임을 외치면서도 법인세가 비싸고 공평하지 못하다며 가능한 한 세금을 내지 않으려는 궁리에 혈안이 된 사장도 많은 것 같다. 이런 사장은 자신의 자동차에는 돈을 아끼지 않는다. 실제로 이익이 500만 엔 정도 나는 회사에서 700만 엔이나 1,000만 엔이나 하는 고급 자동차를 타고 다니는 사장이 적지 않다. 누가 이런 사장을 존경할 수 있겠는가? 이러한 사장들이 '자신은 위대하다'라고 생각하고 있으니 얼마나 한심한 일인가. 더욱이 적자 회사의 사장이 화려한 차를 타고 있으니, 적어도 자신이 타는 자동차와 같은 정도의 이익을 내라고 말하고 싶다. 그런 것에 돈을 쓸 정도라면 사원의 보수를 올려주는 것이 오히려 낫다. 사원들이 사장을 향해서 "우리 사장님은 우리들을 정말 생각해주는구나"라는 말이 나올만한 노력을 하는 것이 얼마나 훌륭한가? 그런 말을 들음으로써 경영자는 사원에 대한 역할을 다한다고 할 수 있다.

무엇이 사장의 역할인가?

솔직히 말해서 사원에게 존경받지 못하는 사장만큼 비참한 존재도 없다. 또한 부하직원에게 명령을 해도 면종복배(面從腹背 : 겉으로는 복종하는 체하면서 내심으로는 배반함)하고 전혀 마음이 따르지 않는다. 끊임없이 어디선가 험담이 들리는 것처럼 자신의 회사임에도 불구하고 늘 거북하다. 사장 자신은 '이렇게 열심히 사업을 하고 있는데 사원은 왜 알아주지 않을까?' 라고 고민하면서 매일 괴로운 사장 노릇을 계속하지 않으면 안 된다.

왜 존경받지 못하는지 그 이유는 간단하다. 사장이 사장으로서의 역할을 하고 있지 않기 때문이다. 예를 들어 사장의 보수가 회사의 이익보다 높은 회사가 있다. 사장의 보수가 2,000만 엔이고 회사의 이익이 1,000만 엔인 회사가 있다. 실제로 이와 같은 예는 의외로 많다. 사원들에게는 낮은 급여를 참아달라고 하면서 회사가 올린 이익보다 사장 한 사람의 몫이 더 많다는 것을 잘못된 것으로 느끼지 못해서는 곤란하다. 사장으로서 부끄럽다고 생각해야 하지 않을까?

사장은 기업 경영에 관계된 모든 분야에서 빈틈없이 역할을 수행해야 한다. 국가에 대한 역할, 사업장이 있는 지역 사회에 대한 역할, 대리점, 금융기관 등 협력 회사에 대한 역할, 사원에 대한 역할, 주주에 대한 역할 등 각각의 역할에 최선을 다함으로써 위대한 존재가 되는 것이다.

여기서 위대하다거나 훌륭하다고 하는 것의 의미는 사장의 겉모습에 대해 말하고 있는 것이 아니다. 중요한 것은 사장에게 부여된 역할을 다하는 것이 성공하는 인생으로 이어진다는 것이다. 바꾸어 말하면, 사장의 역할 의식이 결여된 경영은 순간의 번영은 있어도 장기간에 걸친 번영은 달성하기 어렵다. 눈앞의 이익에 마음을 빼앗겨 얼마나 벌었고 잃었는가 하는 것에만 몰두하는 사장이 적지 않다. 물론 이것도 사업을 경영하는 데 있어서 하나의 방법임에는 틀림없으며,

창업 초기에는 눈앞의 이익 없이 사업의 지속을 생각할 수 없는 것도 틀림이 없다.

그러나 만약 우리 회사를 3년 후에 지금보다 더 멋진 회사로, 5년 후, 10년 후에는 더 내용이 알찬 회사로 키우고 싶다면 사장의 역할 의식을 중요하게 생각해야 한다.

사장을 평생의 직업으로 선택한 이상, 사장의 역할 의식은 '무엇을 위해 회사를 경영하는가?, 누구를 위해 돈을 버는가?' 에 대한 기본적 삶의 방식을 결정하는 일이라는 것을 먼저 마음 속에 새겨야 한다.

⎪ 2 ⎪

어느 지방 소매점 사장의 야망

오토바이로 바꿔타자 실적이 급신장하다

　D사의 사장은 그 지역에서 가장 큰 규모의 주류 판매 사업을 아버지로부터 물려받은 후 '소매 사업은 구태의연하여 발전이 없으므로 자신이 이어받은 이상 근대적인 주류 사업으로 변모시키겠다'라고 생각하여 열심히 일했다. 그런데 2년 정도가 지나면서 회사의 실적이 부진해지기 시작했고, 상황이 어려워지자 나에게 상담을 요청하러 왔다.

　그의 말을 정리하면 핵심은 '여러 가지 생각할 수 있는 방법을 모두 강구했지만, 시장이 좁아서 더 이상은 힘들다고 생각한다. 부모님의 사업은 부모님 대에 끝내고 나는 다른 성장 사업을 시작하려고 한다'라는 것이었다. 나는 그에게 여러 가지를 물어본 후에 이렇게 충고했다.

　"당신은 지금 회사의 재정이 적자의 위기에 몰려있는 상황임에도 불구하고 외제차를 타고, 마케팅을 외치고, 성장 사업으로 진출하겠다는 생각을 가지고 있습니다. 그러나 당신이 해야 할 일은 지금 곧 외제차를 처분한 후에 자전거나 오토바이를 타고 단골 고객에게 직접 배달하러 가는 일입니다. 그러나 당신이 그렇게 실천하기 어려운 것은 사원들이 당신을 '사장님'으로 부르기 때문입니다. 사원들에게 당신은 사장이 아니라 '젊은 주인'이라고 부르게 하세요. 사장으로는 멋쩍은 일도 젊은 주인이라고 생각하면 쉽게 할 수 있을 것입니다. 자전거로 배달 일을 하게 되면 다시 오십시오. 기쁜 마음으로 상담에 응하겠습니다."

D사의 사장은 나의 말을 받아들였는지 내가 충고한 대로 실행했다. 그리고 그 사장은 스스로 배달을 하게 되면서 그가 몰랐던 새로운 것들을 알게 되었다. 어느 거래처에서는 '젊은 사장을 직접 만나니까 말하겠는데, 우리가 원하는 술을 아무리 주문해도 갖다주지 않아요. 예전에는 함께 시음도 하고 즉시 공급했는데…'라는 말이었다. 그 원인은 자신에게 있었다. 사장으로 취임한 후 상품별 재고 합리화를 외치면서 상품의 수를 대폭 줄였던 것이다. 고객의 바램을 무시하고 표면적인 숫자로만 처리해 버렸던 것이다. 당시 간부들로부터 반대의 소리가 있었지만 그것은 옛날 생각이라고 일축해 버렸다. 고객이 없는 것이 아니라 잘못된 경영으로 고객이 줄어든 것을 깨달았던 것이다. 또한 그동안 자신이 알지 못했던 여러 사실들을 통해서 사원들과 거래처에 자신의 즉흥적인 발상을 일방적으로 추진하고 있었다는 것을 크게 반성했다. 만약 젊은 주인이 아니라 계속해서 사장인 체했다면 큰일 날 일이었다.

사장이라는 생각에서 젊은 주인으로 생각을 바꾸자 변한 것은 사원이었다. 그를 어려워하던 태도부터 바뀌었고 사장을 훌륭한 리더로 받아들이면서 활기가 넘쳤다. 회사의 실적도 점차 좋아졌다. 사장이 직접 배달하는 모습을 보고 단골 고객으로부터 새로운 고객을 소개받는 것은 물론, 지금까지 얻을 수 없었던 경쟁사의 동향이나 판매 동향을 가르쳐주기까지 했다. 시장은 좁아도 고객은 늘어가고 매출 이익은 점점 늘어갔다. 다시 찾아온 D사의 사장은 예전의 얼굴과 많이 달라져 있었다. 그는 나에게 다음과 같이 말했다.

"솔직히 젊은 주인과 사장의 의미가 어떻게 다른가를 생각해 보지 않았습니다. 사장의 역할이라는 것을 가볍게 생각하고 있었습니다. 저에게 사장이라는 직함은 10년 이상 빨랐고, 그 점을 부끄럽게 생각합니다. 당분간 최선을 다해 일하겠지만, 진짜 사장이 되도록 지도해 주십시오."

거기에는 사장의 역할 의식에 눈뜬 진지한 모습을 볼 수 있었다. 그 후 D사의 사장은 연매출 10억 엔을 목표로 하는 훌륭한 경영자가 되었다.

E건설의 업종 전환

사토경영연구회(佐藤塾)는 내가 회장을 맡고 있는 연구 모임으로서 우리 고장 시즈오카의 열의 있는 젊은 경영자를 모아 장기 계획을 실천하는 모임이다. E건설의 전무가 모임에 들어왔을 때, 그 회사의 연매출액은 5억 엔 정도였다. 전무의 아버지가 사장인데, 그는 과거부터 매일 밤 요정에서 술 접대를 통해 담합하는 방식으로 공사를 수주 받는 것이 사장의 일로 믿는 사람이었다. 아들인 전무는 기존의 경영 방식을 타파하려고 노력했지만, 그의 아버지도 완고하여 경영 경험이 부족한 아들의 의사를 무시한 채 상대해 주지 않았다. 때로는 부자간의 다툼으로 가더라도 언제나 아버지의 권위로써 눌렀다. 이러한 상황에서 아들은 완고한 아버지를 설득하기 위해서는 회사의 실적을 올리는 방법밖에 없다고 생각했지만, 이렇다 할 방법을 찾지 못한 채 고민하고 있었다.

언젠가 모임에서 나는 다음과 같이 충고하였다.

"어느 날 갑자기 종합 건설 회사를 지향한다고 해서 되는 것이 아니다. 그렇다고 사내에 설계 부문만 있어서 값싼 하청으로 이익을 남기는 것은 남의 이익을 가로채는 것과 같다. 그렇다면 제조업 분야의 사업을 생각해 보는 것이 어떻겠는가?"

내가 조금 심한 말을 하긴 했지만, 솔직히 나를 따르며 정말 열심히 공부한 E사의 전무에게 진심으로 충고하고 싶었기 때문이다. 마치 젊었을 때의 나를 보는 느낌이었다.

회사의 체질을 바꾸기 위해 자신부터 무엇인가 제조업 분야의 일을 해보라는 나의 제안을 주제로 전무는 생각을 거듭했다. 이런 저런 아이디어를 나에게 제안했지만, 좀처럼 눈에 확 들어오는 것이 없는 날이 계속되었다. 워낙 완고했던 그의 아버지이자 사장은 그에게 "그런 것이 있으면 내가 특별히 직접 다루겠다. 어리석은 일로 고민하지 말고 건설 회사 방식의 접대 공부라도 해라."라고 말했다.

그러나 전무는 포기하지 않았고 마침내 자신이 추구하는 사업의 실마리를 찾아냈다. 기존의 건축 공법에 의하면 겨울철에는 콘크리트가 얼어서 일이 되지 않았기 때문에 공사의 시작과 종료 시점의 계절 차이가 극단적이어도 어쩔 수 없는 것이 업계의 상식이었다. 그래서 전무는 콘크리트 기둥을 공장에서 만드는 것을 생각한 것이다. 사실 지금은 프레콘의 제조가 신기한 일이 아니지만, 당시 프레콘을 생산하는 것은 대기업에서도 겨우 착수 단계에 있던 것으로 지방의 중소기업에서는 누구도 생각하지 못한 것이었다.

마침내 전무의 새로운 사업 아이디어가 크게 성공해서 급격히 E건설의 체질을 바꾸어 갔던 것이다. 물론 성공하기까지는 많은 어려움과 우여곡절이 있었다. 그러나 계절 변화에 따른 문제를 해소하는 한편, 설계부와 공장이 하나가 되어 프레콘의 규격 통일을 계획하는 등으로 사업의 부가가치가 비약적으로 상승함으로써 담합에 의해서 다시 하청을 주어 이익을 챙기는 건축 사업에서 탈피하게 된 것이다. 완고한 아버지도 아들의 실적 앞에서는 항복하지 않을 수 없었다. 결국 E건설의 전무는 아버지의 뒤를 이어 사장으로 취임하였고, 프레콘에 의한 아파트 건설 분야의 대기업으로 성장하여 전국적인 상권을 확보함으로써 회사를 크게 신장시켰다. 현재 E건설은 매출액 600억 엔을 넘어 매년 발표되는 신고 소득 랭킹에서 드디어 우리 회사를 추월하는 청출어람(靑出於濫)의 기업인이 되었다.

자사 브랜드 개발로 도약한 식품유통업의 Y사

Y사는 현재 연매출액 300억 엔의 실적을 올리는 우량 식품유통 회사이다. 그런데 Y사가 사토경영연구회에 참여할 당시에는 그 지방에서 유래가 깊은 유명한 점포였지만, 연매출액 30억 엔 정도의 전형적인 지방 도매상에 지나지 않았다. 게다가 식품 도매상이 너무 많았

기 때문에 이익을 줄여서라도 시장 점유율을 높이고 보자는 식으로 과당 경쟁을 벌이는 바람에 이익이 없는 상태였다. Y사의 사장은 어떻게 해서든 이익을 남기고자 열심히 일했지만 과당 경쟁으로 인하여 발생하는 손해를 줄이기 위한 돌파구를 찾아내기 어려웠다.

그래서 나는 Y사의 사장에게 다음과 같이 충고하였다.

"사들이는 일만 생각해서는 안 됩니다. 당신 회사에서 가장 중요한 것은 남이 팔지 않는 수익성이 높은 상품을 갖추는 일이며, 그것은 바로 독자적인 상품을 개발하는 것입니다. 독자적인 상품 없이는 이 경쟁에서 결국 체력을 소모하여 어딘가로 흡수될 운명에 처하고 말 것입니다. 장래를 생각한다면 생각으로 그치지 말고 한 번 해보는 것입니다. 누가 뭐래도 고수익 상품의 기틀을 세운다고 각오하십시오. 그렇게 하면 해내고야 말겠다는 집념이 생길 것입니다."

당시에는 지방 도매상이 직접 자사 브랜드의 상품을 개발하는 일은 생각할 수도 없는 시기였기에 Y사의 사장도 그 자리에서는 이해할 수 없다는 표정을 지었다. 하지만 모임에 참여하면서 경영에 관한 숫자를 철저하게 학습함으로써 '이대로 가면 가까운 장래에 Y사는 흡수 합병되어 소멸될 것'이라는 나의 지적이 단순히 겁주기 위한 것이 아니라는 것도 알게 되었다. 지방 도매상에 적합한 브랜드 상품은 무엇일까? Y사 사장의 현명한 상품 찾기가 시작되었다. 수 차례에 걸친 시행착오 끝에 그 지방의 재료를 활용해서 와사비를 넣어 만든 뿌리는 양념 식품으로 정했다. 이렇게 해서 개발된 Y사의 자체 브랜드 상품은 사장의 불안과는 달리 출시하자마자 주문이 쇄도하였다. 지금까지 올릴 수 있었던 전체 이익률의 5배나 되는 신상품은 1년 만에 매출 1억 엔의 빅히트 상품이 되었다. 이 신상품에 의한 1억 엔의 매출은 기존 상품 5억 엔에 필적하는 이익을 올렸던 것이다. 이를 계기로 Y사의 성장이 시작되어 오늘날의 기초를 쌓았던 것이다. Y사의 사장은 나에게 그 때의 상황을 추억담으로 다음과 같이 말한 바 있다.

"그 당시, 회장님이 전통이고 뭐고 흡수되어 없어진다고 겁주지 않았더라면 결단할 수 없었습니다. 앞을 내다보고 방책을 강구하는 것이 사장의 가장 중요한 일이라는 것을 겨우 알게 되었습니다."

가전 판매 체인 P사의 야망

나도 의지력만큼은 다른 사람에게 뒤지지 않는다고 생각하는데, P사의 사장에게는 당할 수가 없었다. P사의 사장이 우리 모임에 들어오겠다며 찾아왔을 때다. 그는 나에게 "선생님, 저는 저희 회사를 상장시키기 위해 사업을 하고 있습니다. 상장시킬 수 있는 방법을 알려주십시오."라는 갑작스러운 말을 하였다. 자세히 들어보니 지방에서 가전 제품 양판점을 경영하고 있으며 아버지로부터 물려받은 번화가 중심의 건물을 가지고 있다고 한다. 거기에 점포를 개설하고 체인점을 늘려서 매출을 높인 후에 상장시키겠다는 꿈을 당당하게 말하였다.

그의 얘기를 들으면 들을수록 '아, 이것은 과거 자산가의 방법 그대로구나' 라고 생각되었다. 그래서 나는 그에게 다음과 같이 이야기해 주었다.

"당신은 큰 착각을 하고 있습니다. 당신이 생각한 지금의 방법이라면 단지 지방의 유력한 가전 소매점이 될 것입니다. 장래에 당신의 회사를 정말 상장시키고 싶으면 부동산 임대 전략으로 바꾸는 일입니다. 그렇지 않으면 점포를 늘릴 수 없게 됩니다. 점포를 무리하게 늘리면 자금이 막히게 됩니다."

사장의 야망과 그 달성 방법이 맞지 않았던 것이다. 타인인 내가 금방 알 수 있는데, 정작 본인은 알아채지 못했던 것이다. P사의 사장을 모임에 가입시켜 거듭 훈련을 시켰다. 사업에서 자금력이란 어떤 것인지, 자금의 운용 방법, 회사의 재무 체질, 사업 자산의 운용에 관한 노하우는 물론 어떤 방법으로 점포를 늘려갈 것인가에 대해 모의 실험을 해보도록 했다. 당시 새롭게 등장하기 시작한 로드 사이드점(roadside shop, 교외의 교통량이 많은 간선도로를 따라 설치된 주차장을 갖춘 대형 점포)에 관한 정보, 그것에 의한 입지 조건의 변화 등 다른 업종과의 활발한 정보 교환 끝에 점포 임대 전략으로 방향을 바꾸어서 5년간의 장기 계획으로 다점포 전략을 전개하였다. 현재 P사는 점포 수 100개, 매출 400억 엔 규모로 성장하여 사장의 염원인 상장 기업의 목표를 이루었다.

J스포츠 사장의 꿈과 현실

우리 모임에 들어오고 싶어하던 J사의 사장이 나를 찾아와서 다음과 같은 말을 했다.

"지금 경영하고 있는 스포츠용품 소매업을 어떻게 해서든 저의 힘으로 연매출액 100억 엔 이상의 기업으로 만들어 상장시키고 싶습니다. 이 모임의 회원을 알고 있는데, 회사를 견실하게 성장시키고 있는 모습을 보았습니다. 꼭 넣어 주십시오."

J사의 사장은 당시 지방에서 연매출액 40억 엔 정도의 스포츠용품 소매점을 경영하고 있었는데, 성장 업종이어서 매년 매출을 30~50%나 성장시키고 있었다. 그에게 물어보았다.

"연매출액 100억 엔으로 상장기업을 목표로 하는 것은 바람직하다고 봅니다. 지금의 사업을 상장기업으로 만들기 위한 가치와 동기는 무엇입니까?"

"남자로서 사업을 일으키고 회사를 만든 이상, 100억 엔 정도의 회사를 만들어 상장시켰을 때, 비로소 세상이 인정해주지 않겠습니까? 함께 창업한 친구 역시 인생을 건 보람이 있을 것입니다. 또한 솔직한 심정을 말씀드리면 큰 돈을 벌고 싶습니다. 창업자의 몫으로 20~30억 엔 정도는 갖고 싶습니다. 부자가 되어 하고 싶은 일을 마음껏 하고 싶습니다."

나는 그의 대답을 듣고 솔직히 너무나 욕심을 부리는 것 같아 이렇게 물었다.

"당신의 의욕은 인정하지만 상장의 조건은 알아보았습니까?"

"아직 꿈같은 일이어서 그런 것에 대해서 구체적으로 생각해보지 않았습니다."

2부 주식 시장에 상장시키는 데는 10억 엔 정도의 이익을 내는 것이 필요하다. 당시 J사의 이익은 1억 5천만 엔 정도였다. 따라서 상장을 현실적인 목표로 생각할 수는 없었을 것이다. 그러나 정말 마음 깊이 상장을 원한다면 그 정도로는 안 된다. 그래서 나는 다음과 같은 말을 해주었다.

"당신은 아직 젊습니다. 상장은 아직 먼 후의 일이라 생각하고 있습니다. 그러나 눈 깜짝할 사이에 사장으로서의 인생은 지나가 버립니다. 당신이 40대, 50대, 60대가 되었을 때에는 어떤 인생을 보내고 있을까요? 당신의 이상적인 모습을 떠올려 보세요. 그 모습에 조금이라도 더 가까워지기 위해서 지금 무엇을 할 수 있는가를 생각하고 확실한 대책을 세우는 것이 중요하다고 봅니다. 10년만 지나면 50세가 됩니다. 잠깐 동안에 60세가 됩니다. 상장 준비를 지금부터 시작해도 이르지 않습니다. 부자가 되고 싶다는 욕심을 부정할 이유는 없습니다. 큰돈을 실제로 만지게 되면 당신의 돈에 대한 생각도 변할 것입니다. 그렇다고 지금의 소박한 동기를 버릴 필요는 없습니다. 정말 성취하고 싶은 연매출액 100억 엔도, 주식 시장에 상장하는 것도 마음깊이 강렬하게 추구하는 것입니다. 그리고 장기간에 걸친 실행 계획을 수립하고 앞으로 나아가는 것입니다. 사장이란 철저하게 끈질긴 존재가 아니면 어려운 직업입니다. 단지 염불처럼 말로만 외우고 있어서는 절대로 앞으로 나아갈 수 없습니다. 우리 모임에서 사람들이 열심히 공부하고 있는 것은 사장으로서 자신의 꿈에 대한 장기적인 실현 계획입니다."

J사의 사장은 우선 '연매출액 100억 엔 기업의 실현'을 목표로 정하고 내가 지도하는 장기 계획의 순서에 따라 구체적인 실천 계획을 짜기 시작하였다. 그러자 금방 벽에 부딪쳤다. 스포츠용품 소매점으로는 5년은커녕 10년이 지나도 연매출액 100억 엔에 이르지 못한다는 꿈과 현실과의 차이점을 깨닫고 풀이 죽었다.

그것으로 되었다. 꿈과 실현의 첫걸음은 현실을 제대로 보는 것이다. 물론 창업하고 나서 정신 없이 사업을 확장시키며 사장으로서의 야망을 키우기 위해서는 원대한 꿈의 에너지가 전제되지 않으면 안 된다. 무모하거나 억지를 부려도 상관없다. 그러나 꿈과 현재 상황과의 차이를 사장이 스스로 모른다면 잘못된 방향으로 가기 쉽다.

지금까지 여러 회사를 보고 느낀 것은 사장이 자기 회사의 현실을 의외로 모른다는 것이다. 모임에 참가한 사장의 꿈과 현실의 차이를 좁혀가며 '이대로는 도산하게 된다', '업종을 전환하지 않으면 살아남지 못한다' 라고 말하면 새삼 놀라는 분이 적지 않다.

현실과의 차이를 깨달은 J사 사장이 고수익 상품의 기틀을 수입에 의존하고 조립 수영장의 수입 시공으로 매출을 크게 늘리기까지는 결코 평탄한 길이 아니었지만, 현재는 연매출액이 약 150억 엔에 이를 정도의 기업으로 성장시켰다. J사의 사장은 100억 엔을 목표로 했던 사장으로서의 꿈을 실현시켰으며 다음 목표인 주식 시장 상장을 위해 착실하게 준비하고 있다.

빌린 돈을 갚는 것에 불과한 사업

D정밀은 연매출액 20억 엔, 사원 약 100명의 평범한 중소 제조업체이다. 당초에는 기계 공구를 만들었지만 4~5년 전부터 OA기기 제조를 시작으로 요즘 수년간 매출을 순조롭게 늘려가고 있다. D사의 사장과는 업종도 비슷한 탓으로 여러 모임에서 얼굴을 마주칠 일도 많았다. 그는 서부 지역, 나는 동부 지역으로 사업 지역은 다르지만 친한 사이였다. 어느 모임에서 D사의 사장이 진지한 얼굴로 다음과 같은 말을 걸어왔다.

"당신 모임의 회원으로 받아 주지 않겠습니까? 요즘 매출은 순조롭게 늘고 있지만 이익이 전년도보다 떨어졌습니다. 그 원인을 잘 모르겠습니다. 우리 회사의 경영 상황을 진단해 주시면 감사하겠습니다."

D사의 사장으로부터 경영 자료를 받아 검토해 보니, 과연 매출은 매년 11~13% 정도 늘었는데, 반대로 이익은 매년 10~15% 떨어지고 있었다. 그 이유는 경비가 매년 늘고 있었는데, 특히 금융비용이 크게 늘어나고 있는 것을 발견했다. 즉시 D사의 사장에게 "은행의 알선으로 불필요한 부동산을 구입하지 않았나요?"라고 묻자, 사장은 "사실은 그렇습니다. 공장이 비좁아 새로 지으려고 생각하고 있던 차에 알맞은 용지를 알선해 주고, 금융 조건도 좋아서 과감하게 새 공장을 지었습니다."라고 대답해주었다. 오랜 친구이기에 이익이 떨어지는 직접적 원인은 너무나 많은 금융 대출 때문이며 이후에도 이익 회복의 큰 방해가 될 것임을 솔직하게 설명하고, "지금부터 10년 동안은 은행의 대출금을 갚기 위해서 열심히 일해야만 합니다."라고 말했다.

이 세상의 사장 중에는 장기적인 계획 없이 대담한 결정을 하는 분이 적지 않은데, 결과가 좋으면 앞을 내다본 것이 되지만 잘못되면 치명적인 모험을 하게 된다는 자각을 하지 못하는 사장들이 있다. D정밀의 사례는 중소기업에서 자주 볼 수 있는 전형적인 모습인지 모른다.

이 책에서는 이처럼 D정밀을 장기 계획 수립이 필요한 회사로 가정하여 실무적인 설명을 하고자 한다. 그 전에 지금까지의 설명을 정리해 두고 싶다. 지금까지 사장의 역할과 꿈과 야망에 대해 6명의 사장을 예로 들어 간단히 소개하였다. 언급하고 싶은 것은 회사가 발전하고 사장으로서의 인생이 성공하느냐 못하느냐는, 우선 사장이 스스로의 역할을 자각하고 장기적으로 전망이 좋은 것은 늘려가고 나쁜 것은 손을 떼는 것이다. 즉 회사의 장래가 좋아지도록 방향을 결정하는 일이 사장의 가장 중요한 역할이다. 이것은 업종·기업 상태의 차이나 규모의 크고 작음에는 전혀 관계가 없다는 것을 독자에게 말하고 싶다.

생각해 보면, 사장의 역할에 대해 또한 사장이 품고 있는 꿈의 실현 방법에 대해 나는 많은 선배들로부터 배웠지만 내 스스로 사업을 실천하면서 배울 수도 있었다. 사실 이러한 체험이 있었기에 현역 사장으로서의 역할을 수행하면서 경영 컨설팅 일도 함께 하고 있다. 조그마한 공장으로부터 상장 기업이 되기까지 나의 실제 경험을 바탕으로 정리하였으므로 이 책의 독자들에게 도움이 될 것으로 확신한다.

3

소규모 영세기업의 10년 계획

사원 수 6명, 12평의 공장에서 창업하다

현재의 스타정밀은 내가 20세 되던 해인 1947년에 창업하였다. 창업의 동기는 1통의 편지에서 시작되었다. 당시 미쓰비시중공업에 있었던 나는 지인인 스즈키 씨로부터 '시즈오카에서 새로운 일을 시작하게 되었으니 자네가 미쓰비시를 그만두고 도와주었으면 한다' 라는 내용의 편지를 받았다. 스즈키 씨는 현재 시티즌 시계의 창업 주역으로서 전쟁중 회사가 군수 산업에 진출하는 것에 반대해서 퇴사한 후, 고향인 시즈오카에 돌아와 종전을 맞이했던 것이다. 나는 전후 군수 산업에서 물러나 냄비나 솥단지를 만드는 비참한 상황에 있는 미쓰비시중공업에서 일하고 있었다. 게다가 도쿄 대학이나 교토 대학 출신인 엘리트가 놀고있는 판에 나와 같은 중학교 졸업자는 기계의 톱니바퀴는커녕 나사 하나도 되지 못하는 것 같은 슬픔을 맛보고 있었던 시기였기에 두말없이 스즈키 씨의 제안을 받아들였던 것이다.

그는 어떤 사업을 시작할 것인가에 대해 고민하는 내게 앞으로는 제조업이 나아갈 방향이라며 세 가지를 제안했다.

첫째, 앞으로는 재료를 많이 쓰는 업종은 안 된다. 우리나라는 자원이 없고 패전국이므로 재료의 의존도가 낮은 일을 해야 한다.

둘째, 우리가 시즈오카라는 지방에서 사업을 시작하게 되었지만 고객은 도쿄나 나고야, 오사카 지역이 중심이므로 수송비용이 많이 들지 않는 업종을 선택해야 한다.

셋째, 억압받았던 노동운동이 일어나고 있었던 때라 앞으로는 사람을 많이 필요로 하는 일은 안 된다. 가능하면 적은 인력으로 할 수 있는 일을 생각하지 않으면 안 된다.

나는 이상의 모든 조건을 충족할 수 있는 업종을 찾기 위해서 모든 연고지를 방문하고 여러 공장을 견학하며 열심히 찾아다녔다. 그러나 좀처럼 찾을 수 없었다. 재료가 적게 들고 수송비용이 많이 들지 않는 것은 제품의 크기가 작은 것이 당연하겠지만 사람을 사용해야 한다는 점에서 걸렸다. 카메라나 시계도 당시에는 인해전술로 여종업원들이 늘어서서 조립하는 일이었다. 마침 시계 공장을 견학하며 안쪽으로 들어갔을 때, 자동 선반이 100대 정도 늘어서 몇 사람의 작업자가 관리하며 작은 부품을 만들고 있었다. 이것이다. 이처럼 작은 부품을 자동으로 가공하는 일이라면 가능하다. 이것이라면 위의 세 가지 조건을 모두 만족시킬 것이라 생각하고 신속히 스즈키 씨에게 보고했다. 그런데 스즈키씨는 반기지 않았다. 나중에 안 일이지만 준비된 자금은 당시 돈으로 50만 엔, 자동 선반 기계는 1대에 27만 엔이었고 최소한의 규모로 시작한다고 해도 5대는 필요했기에 돈이 모자랐던 것이다. 이런 저런 의논을 거듭한 끝에 결국 50만 엔을 은행에서 대출 받아 중고 기계를 구입하였고, 폭 3칸에 세로 4칸 12평의 목조 건물을 공장으로 삼아 시작했던 것이다. 공장 건축비를 조금이라도 줄이기 위해 내가 자전거에 리어카를 달고 직접 사왔다. 그로부터 3년 후인 1950년에 스즈키 씨를 초대 사장으로, 나는 발기인이 되어 주식회사 스타제작소를 설립함으로써 총인원 6명의 소규모 영세기업이 탄생된 것이다.

우리가 사용할 기계는 스스로 만들어라

일은 순조로웠다. 당시 지요다광학(미놀타 카메라)이 첫 번째 손님이 되어 주었다. 납품한 부품은 정밀도가 좋고 납기도 확실하다는 호평을 받음으로써 주문이 쇄도해서 감당할 수 없을 정도였다. 기계를 더 들이고 싶었지만 구입 자금을 좀처럼 모을 수 없었다. 밤에도 잠을 제대로 자지 않고 일만 했다. 그런 나를 보고 친구가 이렇게 충고했다.

"사토, 아무리 열심히 벌어도 세무서에 납부하는 세금을 빼고 나면 이익이 별로 남지 않아. 기계를 늘리고 회사를 크게 만든다는 것은 자네의 이상론에 지나지 않아. 적당히 하지 않으면 몸을 망친다니까."

그러던 중 사업을 시작한 지 5년 정도가 지났을 무렵으로 기억하는데, 스즈키 사장이 공장에 왔다. 그는 나에게 공작 기계를 구입해서 우리가 사용할 자동 선반을 직접 만들어 달라며 10만 엔을 주었다.

당시 선반 1대의 가격이 10만 엔이었던 시대의 얘기다. 10만 엔으로 모든 경비를 처리하라고 하는 것이다. 나도 젊었던 탓인지 순순히 '네' 라고 대답하고, 중고 기계점을 돌며 녹슨 선반과 밀링 머신을 4대 구입해서 자동 선반 만들기를 일단 시작했다. 낮에는 자동 선반으로 부품을 가공하면서 짬을 내어 밀링 머신을 수리하는 식으로 고심을 거듭한 지 1년 만에 드디어 1대의 자동 선반을 만들 수 있었다. 지금도 기억이 생생하다. 1대를 만들고 나니 두 번째는 6개월도 걸리지 않았다. 1대, 2대 자동 선반을 늘려가며 서서히 증산 태세를 갖추어 갔다.

그후 스타정밀의 부품 가공 분야의 설비는 자체적으로 모두 조달하게 되었다. 그리고 이것은 현재의 업적을 이룩한 공작 기계 부문의 밑바탕이 되었기에 고생을 한 보람이 있었다.

하청에서 탈피하다

자동 선반을 자체 조달하면서 부품 하청 일은 순풍에 돛을 단 것처럼 성장하기 시작했다. 사원이 20명으로 늘어났을 때, 스즈키 사장이 와서 다음과 같이 말했다.

"사토, 앞으로는 하청을 받아서 부품을 생산하는 시대가 아니야. 하청을 주업으로 하는 한 회사는 크게 성장하지 못해. 하청을 그만두고 무언가 다른 것을 생각하게."

사실 우리 회사의 경영이 아무리 순조롭게 돌아간다고 하지만 불면 날아갈 듯한 하청 공장에 불과한 것이었다. 고객으로부터 도면을 받아서 제시한 가격으로, 희망하는 정밀도의 부품을 희망하는 납기에 맞추는 완전한 하청, 그래서 이제 겨우 숨돌릴 상태가 되었는데, 도대체 사장은 어떤 속셈인지 의아해 하는 내 얼굴을 보고 다시 이야 기했다.

"아무 것이나 스타 브랜드의 상품으로 만들라는 것이 아니야. 적으면 적은 대로 대기업과 대등하게 되는 길이 있을 거야. 예를 들어 나사 하나라도 대기업에서 생산할 수 없는 가격으로 대기업에 뒤떨어지지 않는 정밀도의 제품을 만들면 대기업에서 머리를 숙이고 사러오지 않겠나? 바로 그런 것을 시작하게."

그것을 위해 우선 만들만한 것을 결정해야 했다. 무엇이 좋을까? 여러 방면으로 의논하고 이것저것 생각해도 묘안이 없었다. 지금까지는 상대방이 의뢰한 물건을 만들기만 하면 되었는데, 스스로 생산할 상품을 찾는다는 것이 이렇게 어려운 것인지 미처 생각하지 못했던 것이다.

어느 땐가 혼잡한 지하철에서 내릴 때 손목시계의 태엽을 감는 나사가 걸려 부러지는 일이 많아서 나사의 소모가 가장 많다는 말을 듣고 이것이면 되겠다고 생각했다. 신속히 나름대로 기계를 설계 · 제작하고 샘플을 만들어서 시계 제조업체를 방문한 적도 있었다.

이때 알게 된 것은 영세한 하청업체에서 개발한 부품은 누구도 쳐다보지 않는다는 것이었다. 코웃음치며 제대로 말도 들어 주지 않는 상태였다. 어쩔 수 없이 시계 수리점에 부품을 떠맡기듯이 부탁하고 돌아오는 한심한 결과로 끝났다.

나는 사업의 성공에는 운이라는 무시할 수 없는 존재가 있다고 생각한다. 시계 부품의 제작 경험은 내게 큰 운으로 돌아왔다. 동양시계(현 오리엔트시계)로부터 부품 제작 요청이 들어온 것이었다. 대규모 파업이 발생하여 부품 제작이 중단되었던 것이다. 부품 샘플을 가지고 급히 회사로 와주기 바란다는 전갈이었다. 기쁜 마음을 뒤로한 채 샘플을 들고 방문한 결과, 부품을 본 공장장은 의외로 정밀도가 좋다며 부족한 양을 납품해도 좋다는 임시 결정이 이루어졌다. 1~2개월 지나 파업이 진정되었지만, 회사가 어려울 때 도움을 주었다는 점이 인정되어 소량이라도 계속 구매해 주겠다는 정식 계약이 체결되었다.

이것을 발판으로 시티즌이나 세이코를 방문해서 동양시계의 태엽을 감는 나사는 우리 회사 제품을 사용하고 있다고 선전했다. 시계 회사에서는 "적극 검토해 보겠다", "가격이 저렴하면서 정밀도가 높다"라며 긍정적인 반응을 보였고, 이것은 그야말로 막혀있던 대로가 일거에 뚫린 것과 같았다. 그로부터 30년, 국산 손목시계의 70%는 스타의 나사를 사용하고 있다. 게다가 시계 나사에 눈을 돌려 전문 공장을 만들고, 여러 제품을 개발하여 지금도 국내 시계 부품 시장의 70%를 점유하고 있다.

스즈키 사장이 지시한 하청업체로부터의 탈피를 목표로 노력한 결과 시계에 들어가는 나사 하나에 불과하지만, 대기업에서 먼저 구매하러 오도록 만드는 것이 실현되었던 것이다. 현재 이 분야의 정밀 부품은 연간 약 100억 엔, 여기에 영업사원은 1명도 없다. 거래처로부터 3개월 전에 주문서를 받고 대금은 송금으로 받기 때문에 영업사원이 불필요한 것이다. 이것은 대기업에서 아무리 애를 써도 안 되는 가격으로 대기업에 뒤지지 않는 품질의 제품을 만들 수 있다는 자세가 있기 때문이다.

스즈키 사장이 창업 직후부터 입버릇처럼 나에게 말해 준 것이 있다.

"사토, 원가라는 것은 재료비에 접근하기까지 내리는 것이네. 인건비나 금리 등의 경비는 들어야 하겠지만, 조금 더 생각하면 재료비에 접근하기까지 내려야 한다는 것은 제조에 관계된 사람들의 집념이네. 이럴 생각이 없다면 제조업을 그만두는 것이 좋아."

나사는 1개에 35전, 비싼 것도 1엔이다. 재료를 깎고 경도를 높이고 나사머리를 다듬으며 수를 세는 일들이다. 이것을 철저히 합리화하고 원가 절감을 거듭함으로써 창업 때부터 한 번도 가격을 올리지 않고 만들어 왔다. 현재 나사 공장은 완전 무인 자동화 시스템으로 되었다. 토요일이든 일요일이든 심야에도 인기척 없는 공장에서 기계가 묵묵히 나사를 만들어낸다. 원가가 재료비에 접근하게 하는 것이다.

중소기업의 세계로 진출하다

회사를 설립하고 나서 10년 정도가 지났을 때, 또 스즈키 사장이 엉뚱한 말을 했다.

"사토, 앞으로 제조업은 수출을 해야 하네. 국내 시장만을 상대로 해서는 성장할 수 없어. 수출을 생각하게."

사장이 말하고자 하는 것을 모르는 것은 아니지만, 사원 중에서 누구 하나 영어를 아는 사람이 없었다. 게다가 하청업체의 탈피를 과제로 열심이었던 때라서 "그동안 생각해 보겠습니다."라고 적당히 대답해 두었다. 당시는 이케다 내각에서 소득배증론을 주장하던 시기라서 만들기만 하면 얼마든지 국내에서도 팔 수 있었던 시대였다. 그렇지만 중소기업으로서 해외 수출을 생각한다는 것은 주위에서는 볼 수 없었다. 그런데 사장은 나를 만나면 수출할 준비가 되었는가를 끊임없이 물었다. 너무나 끈질기게 말씀하셨기 때문에 공작 기계 중에서 극히 간단한 기계, 시계와 카메라 부품을 영문 카탈로그로 만들어 그것을 가지고 소수의 인원으로 세계 일주 여행에 나선 것이 1962년의 일이었다.

그런데 놀랍게도 영국의 한 회사가 그 간단한 기능의 공작 기계를 1대 구매해주었다. 다음 해에는 중국, 프랑스, 그 다음 해에는 홍콩으로 수출이 이어졌다. 현재는 700억 엔의 매출 중 70%를 수출이 점유하게 되었다.

그동안 해외 8개 나라에 100% 출자한 판매 회사를 설립하여 직판기능과 서비스를 갖추고, 해외에 생산 거점을 마련함으로써 엔고에 대비하는 것은 물론 국내에서는 이익을 내지 못해도 수출에서 이익을 올리는 회사가 되었다. 당시 아직 수출이라는 것에 관심이 적었던 시대에 발빠르게 수출을 추진했기 때문이었다. 스즈키 사장의 남다른 선견지명 덕분이라고 하지 않을 수 없다.

사장은 회사의 방향을 정하는 사람이다

수출이 시작되고 3년 후인 1965년에 믿고 의지했던 스즈키 사장이 돌아가셨다. 실은 스즈키 사장이 본래 병약하여 주로 시계 분야를 맡고 계셨기에 스타정밀은 비상근 사장직을 수행하고 있었다. 나는 전무라는 직책을 맡아서 매월 한두 번 출근하는 사장의 지시에 따라 회사를 운영하고 있었다. 사장의 병이 심해져 누워있을 때는 이제 내가 사장을 맡을 수밖에 없다는 각오를 한 적도 있었다. 그러나 장례식 때 스즈키 사장과의 추억이 주마등처럼 떠오르면서 새로운 것을 깨달았다.

'내가 사장 역할을 수행하기에는 아직 부족하다.'

이 회사를 시작할 때 재료가 적게 들며 수송비용이 적게 들며 많은 인력이 필요 없는 세 가지 조건으로 사업의 기본 방향을 결정했던 것은 스즈키 사장이었다. 영세기업이 사업을 시작할 때에 '앞으로 우리나라는?, 앞으로의 제조업은?, 지역의 핸디캡은?' 이라는 주제를 가지고 깊이 생각하여 일을 시작한 경영자가 몇 명이나 있을까? 나는 스즈키 사장의 구체적인 방향 지시가 있었기 때문에 자동 선반에 의한 정밀 부품 가공이라는 사업을 찾을 수 있었던 것이다.

그 후에도 사장이 회사에 가끔 오면 아직 영세기업의 단계임에도 불구하고 '자사에서 쓰는 기계는 자사에서 가장 효율적으로 만들고, 앞으로는 하청기업에서 벗어나야 하며, 중소기업이 사는 길은 전문화와 수출 지향' 이어야 한다며 재빨리 회사의 진로와 방향을 계획하고, 아무것도 모르는 나에게 필요할 때마다 정확한 방침을 가르쳐 주었다.

분명히 나는 스타정밀의 사원과 자금의 힘을 최대한 유효하게 결집시켜서 사장이 지시했던 방침을 실현하는 것에는 뛰어났다고 생각한다. 또한 전무의 직함으로 3백 명의 사원을 관리하는 등 사장과 다를 바 없는 일을 한다는 자부심도 있었다. 그러나 내가 스즈키 사장과 같은 높은 차원의 사업 결정을 할 수 있었을까? 스즈키 사장은 비상근이었지만 사장으로서의 가장 중요한 역할을 해주었다. 그것은 회사가 발전할 수 있는 회사의 방향을 정확하게 지시해 주었던 것이다. 결국 초대 사장의 장례식 날 밤까지 나는 '사장의 최대 역할이 무엇인가?' 라는 중요한 일에 대해 전혀 생각하고 있지 않았던 것을 깨달았던 것이다. 기업을 경영함에 있어서 회사의 방향을 지시하는 것만큼 중요한 것은 없다. 나는 전무로는 합격점일지 몰라도 사장의 역할에서는 너무나 부족한 점이 많다는 것을 깨달았던 것이다. 그러기에 내가 사장에 취임하는 것은 현명한 것이 아니며 누군가 사장으로서의 역할을 수행할 수 있는 사람을 외부에서 영입해야 한다고 결심했다. 그래서 거래 관계에 있었던 시티즌 시계의 야마타 사장과 상의했다.

"6개월에 한 번이라도 좋으니 우리 회사에 와 주십시오. 우리의 경영 방향이 잘못되고 있지 않은지 점검해 주십시오. 우리 회사의 사장직을 받아 주시지 않겠습니까? 자금 문제로 걱정을 끼치지는 않겠습니다."

처음에는 일언지하에 거절당했다. 당연했다. 한쪽은 대기업의 사장이었지만, 우리는 그 부품 회사에 지나지 않았기 때문이었다. 그렇지만 계속해서 찾아갔다.

"지금 스타정밀에 필요한 것은 장래에 대한 방향 제시인데, 우리에게는 그러한 능력이 없습니다. 어떤 말이라도 좋으니 충고해 주십시오."

결국 야마타 사장이 나의 끈기에 감동했고, 내가 사장으로서 역할을 자신 있게 수행할 때까지 1년에 두 번씩 결산 임원 회의에 참석해 주기로 약속하면서 우리 회사의 사장이 되어주었다.

업종을 전환하지 않으면 망한다

"스타는 이대로 가면 망할 것이네."

야마타 사장이 취임해서 두 번째 임원 회의에서 한 발언이다. 사장이 갑자기 망한다는 이야기를 꺼낸 것이다. 당시 이익이 1억 엔 이상이라서 지방 합리화 시범 공장 1호로 지정되었던 상황에서 '망한다'라는 말을 들을 까닭이 없다고 생각했다. 그렇지만 사장은 다음과 같은 충고를 내게 해주었다.

"이제부터는 전자 기술의 시대라네. 시계 업종도 예외가 아니야. 앞으로는 시간을 바늘이 아닌 숫자로 직접 보는 시대가 된다네. 톱니바퀴나 나사 따위는 없어지고 말 것이네. 나사 부품이나 그 공작 기계는 시대에 뒤떨어져 못쓰게 될 것이네. 빨리 업종을 바꾸게."

사실 회사가 잘 돌아가고 있는 상태라서 사장의 말이 가슴에 와닿지 않았다. 반년 후 임원 회의에서도 사장은 똑같은 말을 반복했다.

"사토, 자네 업종 전환 안건은 다 되었나? 서두르게. 정말 중요한 일이니까 다른 것은 제쳐두고 최우선적으로 준비하게."

정말 무엇을 해야 좋을지 몰랐다. 야마타 사장은 시티즌이라는 대기업의 총수이기도 해서 우리가 알 수 없는 세계의 최신 정보를 빨리 알 수 있었다. 그것을 바탕으로 한 충고라서 해야 한다는 것을 알면서도 방법이 없었다. 개운치 않은 나날이 계속되던 어느 날, 회사의 운명을 결정하는 전화가 집으로 걸려왔다.

"사토 전무님 댁입니까? 샤프의 사사키라고 합니다. 당신 회사에서는 기계에 관련된 작은 부품을 대단히 싸게 만드는 데 실력이 있는 회사라고 들었습니다. 공장을 둘러볼 수 있습니까?"

일본에서 처음으로 전자식 탁상 계산기를 개발한 샤프 기술진의 책임자였던 사사키 전무(당시)로부터의 전화였다. 일요일 오후였는데 당장 공장을 보고싶다고 했다. 무엇인가 느껴지는 것이 있는 듯했다. 시즈오카 역으로 마중을 나가 공장으로 안내했다. 그는 사원이 없는 무인 공장에서 시계 부품이 생산되고 있는 장면을 보았다.

"나사라는 것은 선반에서 몇 미크론이라는 정밀도로 가공합니다. 그리고 녹이 슬지 않게 도금을 합니다. 그것을 1그로스(12다스, 144개)나 1다스(12개)씩 봉투에 넣습니다. 그렇게 해서 1개당 35전부터 가장 복잡하고 큰 것은 1엔 정도의 원가가 듭니다. 이러한 공정을 철저히 합리화시켜 왔습니다."

시계 업계에서 일했던 나는 샤프라고 하면 모르는 사람이 없는 대기업의 전무인데도 다른 업계의 사람이라는 편안함이 있어서 "어떻습니까? 대단하지요."라고 다소 자랑스럽게 설명했다.

같은 상품이라도 2배의 가격으로 팔 수 있는 세계가 있다

사사키 전무는 눈을 동그랗게 뜨고 "미크론 단위의 정밀한 제품을 이 정도의 공정으로 1개에 35전이라니 정말 믿을 수 없이 싼 가격입니다. 대단하군요."라고 놀라워했다. '믿을 수 없는 싼 가격'이라는 말에 이번에는 내가 놀랐다. 정밀 업계에서는 나사 1개에 35전을 '믿을 수 없이 싼 가격'이라는 말을 들었던 적이 단 한 번도 없었다. 지금까지 어떻게 해서든 1전이 아닌 5리(1전의 1/10), 무리해서 2리라도 깎으려는 협상을 매년 계속해 왔던 것이다. 창업 이후 단 한 번도 값을 인상하지 않고 해왔다고 앞에서 말했지만 올릴 수도 없었던 것이다. 그래도 이익이 남는 회사이기에 그다지 나쁘지 않다고 생각하고 있었던 것이다. 그런데 가전 업계에서는 이 정도 정밀도의 부품이 35전이라는 것은 믿을 수 없는 가격이었다. 이와 같은 견해의 차이는 왜 생기는 것인지, 머리에 물을 뒤집어 쓴 느낌이었다.

나는 정밀 기술을 왜 정밀 업계에만 팔고 있는가? 같은 상품이라도 2배로 팔 수 있는 세계가 있을지 모른다는 것을 다른 업계의 사람에게 공장을 보이고 나서야 비로소 배웠던 것이다. 나는 지금도 사사키 전무와 만난 날을 잊을 수 없다. 우리 회사의 현재를 만들 수 있는 비전과 희망을 가져다 주었기 때문이다. 이것도 야마타 사장의 미래를 내다보는 방향 설정이 있었기 때문이라고 생각한다. '우리 회사의 기술을 전자 업계에 팔면 어떨까?' 야마타 사장의 숙제인 업종 전환의 실마리가 겨우 보였던 것이다.

서둘러 샤프의 기술진에게 공장을 보여주고 이용할 수 있는 기술이 있다면 무엇이든 말해 달라고 부탁했다. 동시에 우리 지역에 있는 히다치제작소 공장도 방문했다. 그러자 세계에서 가장 작은 테이프 레코드의 공동 개발, 비디오 테이프 부품의 공동 개발 등의 거래 협의가 들어왔다.

그런데 당시, 스타정밀에는 전기 기술자가 한 사람도 없었다. 나사 가공 한 분야만 해왔기에 당연한 것이었다. 그래서 사사키 전무의 풍부한 인맥의 도움으로 한 사람 두 사람 소개받아서 전자 기술과 기계의 결합, 메카트로닉스(기계 기술과 전자 기술을 유기적으로 결합시킨 새로운 기술)에 대응할 수 있는 준비를 갖추어 갔다. 때마침 벤처 붐으로 조성된 대기업의 우수한 기술자들이 자기 회사를 창업하기 위해 회사를 그만두고 연구소를 창설하는 예가 많아 다행이었다. 우리가 독립할 수 있도록 협력하는 대신 젊은 사원을 4~5명씩 파견하여 배우게 했다. 이렇게 해서 빠르게 스타정밀의 체질을 바꾸어갔다.

이러한 노력으로 예전의 스타정밀에서는 상상도 할 수 없었던 새로운 분야의 상품이 속속 등장하게 되었다. 세계 최소형 테이프레코더, 세계 최초의 포터블 프린터 부착의 탁상용 전자계산기, 트랜지스터 회로를 사용한 마이크로 부저 등이다. 그렇게 되자 시계 부문에서도 세계에서 가장 작은 초소형 클록 무브먼트(clock movement)를 개발하여 해외 전문지에도 소개되고 히트 상품이 되었다. 이제는 1개에 몇 전, 몇 엔이 아닌 천 배, 만 배의 가격에 팔렸다.

1980년대에 들어서면서 드디어 우리 회사의 새로운 효자 상품이 나왔다. 그 때는 퍼스널 컴퓨터 시대의 개막이었다. 힘들게 퍼스널 컴퓨터용 프린터를 생산·판매하자 매출이 급신장하여 전자 부문의 매출이 전년도에 비해 40% 증가, 회사 전체의 50%를 넘었던 것이다. 다음 해에도 전년도에 비해 31% 증가하는 대히트 상품이 되었고, 현재 메카트로닉스 분야의 매출이 회사 전체 매출의 70%를 차지하는 주력 상품이 되었다.

그 후 야마타 사장을 6년 동안 사장으로 모시고 1981년에는 내가 사장직을 이어받게 되었다. 어느새 사원도 1,000명을 넘어 1981년에는 나고야 증권거래소에 상장하였고, 1990년에는 동경 증권거래소 1부에 상장함으로써 오늘에 이르렀다.

지금까지 나의 경험을 말했다. 내가 독자에게 하고 싶은 말이 무엇인지 짐작할 수 있을 것이다.

사장의 최대 역할은 회사의 방향을 설정하는 것에 있다.

이것이 핵심이다. 회사는 영속적으로 번영해야 한다. 그것을 위해서는 사장의 역할 의식이 무엇보다 중요하다는 것도 말했다. 사장의 역할로서 특히 중요한 것이 '회사를 발전시키기 위한 장래의 방향 설정'이라는 것을 철저히 이해해야 한다.

영세기업의 10년 계획

이제부터는 다른 관점에서 나의 체험을 정리해 보고자 한다. 이 책의 주제인 '장기 계획'에 관한 것이다. 두 사람의 훌륭한 사장으로부터 사장의 방향 설정에 대한 계획적인 실천 방법에 대하여 철저히 배웠다. 전후 얼마 동안의 특수한 상황을 고려하더라도 대기업에서는 중졸 기술자로서의 한계를 느꼈으며, 단지 좋아하는 일을 마음껏 해보고 싶다는 극히 소박한 동기에서 회사를 창업하여 열심히 일해온 것은 앞에서 이미 말했다.

나를 지도했던 두 분 사장은 앞으로 어떻게 해야 하는가에 대한 장기적인 방침을 제시해 주었고, 항상 만날 때마다 그 때 지시한 일은 어떻게 진행되고 있으며 어떤 방법으로 하고 있는가를 물었다. 내가 적당히 대답하려고 하면 "무슨 말을 하는 것인가. 자네가 그렇게 대답해서는 안 된다는 것을 모르는가?"라고 책망하여 빠져나갈 수가 없었다. 아직 20대인 나에게 5년 후, 10년 후의 막연한 주제(당시 나는 뭐가 뭔지 몰랐던 것이다)를 지시하고는 틈을 주지 않고 재촉하는 것이었다. 중학교 졸업이 전부인 나의 입장에서는 당장 눈앞의 일을 하는 것도 힘겨운 처지에 미래의 일까지 책임지라는 것에 대해 두 분 사장을 야속하게 생각한 것이 솔직한 기분이었다.

그런데 두 분 사장은 나에게 여유를 주지 않았다.

"사토, 아직 모르나. 눈앞의 이익도 중요하지만 미래의 이익이 더 중요하네. 자네는 아직 젊지만 40~50대가 되어 회사가 내리막길로 간다면 무엇 때문에 사업을 하겠는가. 10년 후와 목표를 분명히 바라보고 지금 무엇을 해야 하는가를 알아야 하네."

물론, 당시 나에게도 장래에 대한 꿈과 야망도 있었다. 미래가 엉망인 기업을 만들기 위해 분할하는 바보는 없다. 보고 배우는 동안 3년, 5년, 10년 후의 목표를 설정하고 계획적으로 실천하는 습관을 조금씩 몸에 익혔던 것이다.

지방 공장인 영세기업의 10년 계획은 이렇게 해서 이루어졌다. 처음에는 잘 모르는 상태에서 장기 목표를 설정하고, 현재의 자금력이나 인재, 판매력으로 어떻게 실현할 것인지, 맹점은 없는지, 빈틈없이 실천하다 보니 새로운 것을 발견할 수 있었다. 실천 속도도 빨라지고 어느덧 목표를 달성하게 된 것도 깨닫게 되었다. 만약 이러한 장기 목표가 없었다면 기존의 일을 반복하면서 '왜 이익이 줄어드는지, 잘 안 되는 것인지, 왜 실적은 내리막이 되는가?'를 고민하면서 괴로워했을 것이다. 장래의 경영 목표를 정하고 현재의 사업을 목표에 접근시키는 일이야말로 우리가 해야할 일이라는 것을 자각하게 되었다.

사장으로부터 새로운 방향 설정이 나을 때마다 10년 계획에 새로운 수정이 이루어졌다. 이것을 여러 해 반복하는 동안 어느새 '이번에는 사장이 이렇게 말할 것이 틀림없어.'라고 대략 예측할 수 있었다. 이러한 과정을 거쳐서 어떤 방향으로 설정해야 5년 후, 10년 후에도 성장할 수 있는가를 생각하는 것이 습관처럼 되어갔다.

그렇게 되자 거래처와 상담할 때도 상대방의 말 한마디에 귀를 더 기울이게 되고, 신문에 눈을 돌려 다른 업계의 소식에도 신경을 쓰는 것은 물론, 거리에서나 술집에서도 지금까지는 관심이 없었던 일반 서민이나 상류층의 삶과 유행에도 관심을 갖게 되었다. 해외 기업과의 거래가 늘어남에 따라 국내뿐만 아니라 다른 나라의 정보도 점점 귀에 들어오게 되었다. 사업이나 영업에 대한 안테나의 감도가 점차 높아지고 인식할 수 있는 범위도 한층 강화되었다. 이러한 시행착오를 거치는 동안 10년 후까지는 예측할 수 없지만 적어도 2~3년 후의 상황 정도는 예측할 수 있게 되었던 것이다. 결과적으로 미흡했던 내게도 조금은 미래를 바라볼 수 있는 능력을 갖게 된 것이다.

사장은 장기적인 손익을 생각해야 한다

내가 사장이 된 후 최초로 내린 방향 설정은 전자시계로부터 벗어나는 것이었다. 전자시계는 프린터가 나오기 전의 인기 상품으로서 전자 기기 부문의 주력을 차지하고 있었다. 그런데 시계라는 상품은 미래에는 일본이 아니라 더 임금이 싼 나라에서 만들게 될 것이라는 정보가 들어왔다. 나는 직감적으로 그만둘 시점이라고 판단했다. 물론 그에 대한 조사를 충분히 했지만 판단에 망설임은 없었다. 그리고 다른 기업보다 먼저 여유를 가지고 사업을 정리했기에 채무는 남지 않았다. 대부분 사업을 정리하게 되면 마지막으로 팔고 남은 재고 때문에 덤핑 판매로 인한 손해가 발생하게 된다. 그런데 마지막으로 남왔던 금형까지 대만에 팔아서 이익을 얻을 만큼 사업 정리는 성공적이었다.

물론 매출은 큰 폭으로 감소했다. 실제로 1984년을 정점으로 5년간 계속 감소했다. 이것은 창업이래 처음 있는 일이었다. 그러나 매출의 감소는 이미 경영 계획에 포함되었던 것으로서 만반의 준비를 통해 의도적으로 시간을 두고 정리했기 때문에 별다른 문제는 없었다. 쇠퇴하는 사업 분야는 단념하고 프린터 부문에 주력하기로 마음먹고 있었기에 우리 회사를 걱정하는 외부의 잡음에는 전혀 신경을 쓰지 않았다.

5년 후, 10년 후의 고수익 실현을 위해서 주력 상품의 구조를 바꾼다는 것은 신념이라기보다 집념이 되었다. 이것은 미래를 내다보며 앞으로 나빠질 것은 버리고 좋아질 것은 키워간다는 경영 원칙을 두 사장으로부터 철저히 배운 덕분이었다.

이와 같이 스타는 40여 년 동안 한결같이 성장만 해온 것은 결코 아니다. 엔고 현상으로 흔들리기도 하고 컴퓨터 산업의 불황으로 실적이 불안정했던 적도 많았다. 그러나 실적이 떨어졌을 때는 반드시 장기 계획을 다시 세웠다. 그리고 떨어진 실적을 어떻게 극복할 것인가에 대한 장기 계획을 세우면 1~2년 내에, 아무리 나빠도 4~5년 내에 반드시 회복한다. 전망이 불투명한 사업은 과감하게 단념하고 전망이 밝은 사업은 반드시 확장해 간다. 눈앞의 이익이 아니라 장기적인 이익 목표를 세워야 한다. 이것이 가장 중요한 것이라고 생각한다.

무슨 일이든 장기적인 이익으로 생각하게 되면 경영은 그다지 어렵지 않다. 10년 계획을 세우기 시작했을 때는 주위의 경영자로부터

'1년 후의 일도 모르는데', '숫자나 이론으로 경영할 수 있다면 고생할 필요도 없다.' 라고 비웃음을 받았다. 아무튼 사원 10~20명으로 경영하던 회사에서, 더구나 공장 기름에 범벅이 된 애송이가 하는 일이었다. 비웃는 것이 당연했을 것이다. 그러나 스타의 발자취를 지금 뒤돌아보면 대략 10년마다 큰 전환기를 맞았고 그것을 장기적인 이익으로 바꾸어 키워왔던 것이다. 사장은 1년 동안 몇 차례밖에 나오지 않았지만 회사의 미래에 대한 큰 방향을 제시해 주었다. 전무인 내가 그 실행 계획을 세우고 실천했다. 이와 같은 사장과 전무의 조화는 회사 구조상 사장과 전무의 분업 체제의 확립이기도 했다.

| 4 |
사장의 일과 전무의 일

훌륭한 사장과 훌륭한 전무

기업 경영이란 방향이 결정되면 그것만으로 되는 것이 아니다. 그 방향을 구체적으로 어떻게 실현해 갈 수 있는가에 대한 계획·집행의 두 가지가 갖추어져 있지 않으면 안 된다. 단지 방향만으로 허둥댄다면 실속 없는 잔치로 끝나고 만다. 경영이라는 것은 실속이 없어서는 절대로 안 된다. 어떤 사장을 만나도 '우리 회사를 10년 후에 상장시킨다', '국제화에 대응해서 3년 후에는 해외 지점을 개설한다', '정보화 시대에 대응해서 멀티미디어 관련 사업에 진출, 5년 후에는 10억 엔 이상의 실적을 올리겠다' 등의 장기적인 구상을 모두 가지고 있다. 그런데 정말 할 수 있다는 이론적인 뒷받침은 거의 없다. 사실 그러한 구상들은 단지 사장의 바램만을 말한 것 일뿐, 그대로 실행되려면 당장 자금 문제와 이어지는 것이 대부분이다. 허공에 그린 그림에 지나지 않는 실속 없는 구상인 것이다.

사장이 인생을 건 야망이나 꿈을 단순히 실속 없는 구상으로 끝내서는 안 된다. 그래서 실속 없는 구상을 들으면 화가 난다. 그래서 나는 일본 전국청년회의소에서 싫어하는 사람이 된 것 같다. 왜냐하면 청년회의소는 실속 없는 조합이라고 여기저기에서 험담을 했기 때문이다. 분명히 청년회의소 회원들의 발상 그 자체는 훌륭하다. 발상이나 지식의 흡수력도 왕성하다. 그러나 실행력이 전혀 없다.

실속 있는 계획만 세우고 정작 실행은 남에게 맡기는 인상을 강하게 받았던 것이다. 실속 없는 계획만으로는 경영이 되지 않는다. 사장이 해야 할 본연의 일은 5년에 한 번이나 10년에 한 번, 분명한 방향을 제시하면 된다. 그러나 그 방향에 따라 실행 계획을 짜고 집행하고 관리해 갈 책임자가 기업 경영에는 필요한 것이다. 이것은 경영의 원칙이라고 해도 좋다.

자사의 인재 · 판매력 · 자금력 등을 활용하여 사장이 내놓은 방향을 어떻게 하면 효율적으로 헛되지 않게 실현해 갈 수 있을까? 그 구체적인 방법에 대해서 검토해 보아야 한다. 설비는 현 상태 대로 갈 수 있는지, 매출이 늘면 운용자금이 늘어나고 은행에서 돈을 들여오면 금리가 늘어나는데 대응할 수 있는지 등 여러 관점에서 경영 계획을 세우고 체크하며 때로는 방향을 수정하면서 집행과 관리를 할 수 있는 책임 부서가 없어서는 기업 경영이 제대로 이루어질 수 없다.

통상적으로 그와 같은 집행부의 책임자가 전무나 상무이다. 달리 말하면 좋은 회사에는 훌륭한 사장과 함께 훌륭한 전무 · 상무가 필요한 것이다. 내 경우는 좋은 사장을 만나면서 실행의 책임자로서 유능한 전무가 되도록 훈련받았다. 그러나 실제로 대기업이라면 몰라도 일반 회사에서 사장과 전무가 효율적인 시스템을 갖추고 있는 경우는 그다지 흔한 일이 아니다. 어떤 회사든지 사장의 의도를 확실하게 실현해 주는 전무를 갖고 싶어하는 마음은 간절하다. 그러나 중견 기업에서 그런 인재를 찾기는 어려운 것이 현실이다.

오전에는 사장의 일, 오후에는 전무의 일을 수행하다

유능한 전무가 없어서 사장 한 사람이 다 하는 외에는 다른 방법이 없다거나 사람이 없으니까 하지 않아도 된다는 생각으로는 기업을 경영할 수 없다. 기업을 경영함에 있어서 적당히 피해갈 수 있는 길은 절대로 없다. 피해갈 수 있는 길이 없는 이상, 만약 1인 2역을 해야 한다면 사장의 일은 오전에 하고 오후에는 전무의 일을 수행하는 것이다. 또는 1주일 동안 하루만 사장으로서의 일을 하고 나머지 6일은 전무로서의 일을 수행하는 것이다.

결국 의도적으로 사장과 전무의 자리바꿈을 하는 것이다. 이런 식으로 일을 할 수 없다면 그것은 핑계에 불과하다. 실제로 내가 관계하는 사토경영연구회의 젊은 경영자들도 처음에는 힘들어했지만, 점차 사고의 전환이 이루어져 1인 2역에 적응했다. 현재 시점에서, 만약 유능한 전무가 없다면 당연히 사장은 단순한 꿈만 말하는 것이 아니라 계획을 수립하고 실행할 수 있도록 꿈과 야망의 실현 방법까지를 회피하지 말고 끝까지 생각해 내는 것이 중요하다. 그렇게 양쪽 일에 강해지는 비결은 결국 장기 계획의 실천이다. 사장으로서 미래의 회사 방향을 정하고 전무로서 그 실행 계획을 세우는 것이다. 그래서 1주일 동안 6일은 전무의 일을 철저하게 수행한다. 이와 같이 1인 2역으로 장기 계획을 실천해감으로써 생각하지도 못했던 파급 효과를 가져왔다.

우선 당연하겠지만 실속 없는 경영을 막을 수 있었다. 또한 사장의 야망과 꿈의 실행 계획을 실천함으로써 보다 현실에 가까워졌으며, 그 과정에서 사장으로서의 시야가 넓어지고 앞을 내다볼 수 있는 선견지명도 생겨서 장기적으로 수익성도 높아진다.

한편 전무로서의 일을 겸하는 동안 확실히 수익성에도 강해지고 사업을 추진하는 능력을 키움으로써 부하 직원의 지도·육성 능력도 발휘하게 된다. 사장이 전무로서의 일을 겸함으로써 자연스럽게 사장과 전무 각각의 일을 수행하는 데 있어서 핵심에 익숙해진다. 이렇게 되면 사장에게 분명한 방향과 구체적인 방안이 있기에 부하 직원에게 지시하는 방법이나 관리하는 방법도 개선된다. 이러한 과정을 반복하는 동안 언젠가는 부하 직원 중에서 우수한 전무 후보가 성장할 것이다. 이렇게 함으로써 염원이었던 우수한 사장과 우수한 전무가 짜여지게 된다. 중소기업에서는 이와 같은 문제의 해결이 의외로 중요한 것이다.

어느 모임에서 이와 같은 사장의 일과 전무의 일에 관해서 이야기를 나누던 중 현역 사장들로부터 다음과 같은 질문을 받은 적이 있다.

"전무로서의 일을 수행하는 것은 나도 자신이 있다. 그러나 앞을 내다보고 회사의 방향을 결정하는 사장으로서의 일에는 자신을 가질 수 없다. 어떻게 하면 되는가?"

나는 이러한 물음에 다음과 같이 말해주었다.

"우리 스타에서 수행하는 것처럼 장기 계획을 세우고 실천해 보는 것입니다. 사장님의 꿈이 어떤 것인지 듣지 않아서 알 수 없지만, 막연하더라도 그것을 실현시키기 위해 장기적인 실행 계획을 즉시 세워 보는 것입니다. 그것을 인사와 관리, 자금, 설비 등 각 분야별로 검토해 가면 대강 체크한 것만으로도 지금의 방법으로는 그 꿈을 실현하기 어렵다는 중요한 힌트가 몇 가지 나올 것입니다. 그러한 장기 계획을 차례 대로 세워 가는 것입니다. 그래서 눈앞의 이익만이 아니라 장기적인 수익성에 비추어 회사를 다시 평가해 보는 것만으로도 몇 가지 실마리를 발견할 수 있는 것입니다. 사장의 부족한 능력을 보좌할 수 있는 유능한 인재를 외부에서 구하는 일도 생각할 수 있습니다. 세상에는 자신보다 앞을 내다보는 능력이 뛰어난 사람이 많이 있습니다. 같은 업종의 사람, 학자나 전문가나 경영 컨설턴트 등을 영입하는 것도 하나의 해결책입니다. 나 역시 기회를 주시면 기꺼이 돕겠습니다. 그러나 중요한 것은 먼저 장기 계획을 세워야 한다는 것입니다."

아무튼 어수선한 변명을 늘어놓지 말고 장기 계획을 수립해서 실천하는 일이다. 처음부터 완벽한 것을 위해 애쓰기 때문에 안 되는 것이다. 다른 누구의 회사가 아니라 바로 자신이 경영하는 회사의 일이다. 자신의 회사 장래를 어떻게 할 것인가는 사장이라면 누구나 생각해야 할 일이다. 그것을 모든 경영 문제에서 살펴보고 가장 좋은 방법을 찾아 실현 가능한 것으로 만들었을 때, 비로소 그것을 장기 경영 계획이라고 할 수 있다. 허황되지 않은 것을 만들고 실천해 보는 것에서 모든 것이 시작되는 것이다.

그렇게 함으로써 사장의 역할이 즐거워질 것이다. 그처럼 보람 있는 일은 없으며 다시 태어나도 또 사장을 하고 싶다고 말하게 된다. 바로 이와 같은 사장으로서의 인생을 찾기 바라면서 장기 계획의 구체적인 순서와 계획화 할 수 있는 실천 노하우를 이 책에 정리했다.

장기 계획은 사장의 일을 천직으로 삼는 사람에게는 자기 자신에 대한 인생 설계인 것이다.

2장

경영의 본질은 무엇인가

기업을 경영함에서 있어서 '얼마의 돈을 들여서 얼마를 벌었는가? 라는 가장 단순한 형태로 생각해 보면 경영의 본질이 보인다. 결론부터 말하면 사장은 기업 경영의 본질이 부가가치의 분배에 있다고 생각해야 한다. 회사의 이익이 매출에서 경비를 제하면 얻을 수 있다고 하는 생각은 경리 담당의 생각이지 사장의 사고방식은 아니다. 사장은 매출이 아니라 부가가치를 중심으로 경영을 생각해야 한다. 고부가가치 경영이야말로 경영의 핵심이다. 어떻게 하면 높은 부가가치를 창출할 수 있을까? 그리고 어떻게 하면 창출된 부가가치를 각 부문에 균형 있게 분배하느냐가 경영의 핵심이 되는 것이다.

· 1 ·

사장으로서 해야 할 일을 즐겨라

경영을 어렵게 해서는 안 된다

"사장의 일은 수지가 안 맞는 장사다."라고 말하는 경영자가 있다. 일반인들은 사장이 되면 돈을 마음대로 쓰고 멋진 차를 타고 뽐낼 수 있다고 선망의 눈으로 바라보는 경향이 있지만, 실제 사장으로서의 일에 종사해 보면 수지가 맞지 않는 직업이라는 것을 느끼게 된다.

예를 들어 사장은 사원에게 급여를 지급해야 한다. 이것은 당연한 일로서 정성을 다해 급여를 지급해도 '인색한 사장이다', '인상률이 낮다'라는 불평을 듣게 된다. 다음 주력 사업은 무엇으로 할 것인가 등 여러 가지 생각으로 밤을 꼬박 새우기도 한다. 그러나 직원들이 하는 말을 들어보면, 어느 간부는 지난밤에 골프 위성중계를 보느라 잠이 부족하다느니, 어느 간부는 접대 때문에 늦어져 잠이 부족하다는 등 좋지 않은 시각으로 말한다. 나 역시 때로는 평사원처럼 편안한 입장으로 돌아가고 싶은 생각을 할 때도 있다. 사장이라고 해봐야 수지가 맞지 않는 고된 자리임에는 틀림없다. 그러나 사장만큼 즐겁고 보람 있는 일은 없을 것이라는 생각을 하는 사장도 있을 것이다.

경영의 최고 책임자인 사장에게는 이토록 보람 있고 즐거운 일은 없다는 느낌도 가져보고, 때로는 수지가 맞지 않는 어려운 일이라는 느낌도 가져보는 양면성을 갖고 있는 것이 현실이다. 물론 나에게도 예외는 아니다. 그러나 어차피 사장을 하려면 즐겁고 보람 있는 시간이 많을수록 좋은 것은 당연하다. 여러 가지 이해타산을 초월하여 사장으로서의 일에 집중하여 자신의 꿈을 실현할 수 있다면 그보다 더 기쁜 일은 없을 것이다. 그러기 위해서는 다음의 두 가지 일이 중요하다.

하나는 사장의 역할을 반드시 완수하는 일이다. 앞에서 말했듯이 사장으로서 본래의 역할을 완수했을 때, 자신감과 보람을 느끼게 되고 사장만큼 즐겁고 멋진 직업이 없다고 생각하게 된다. 사장이란 이런 것이다. 그렇게 될 수 있도록 노력해야 한다.

다른 하나는 사업 경영을 어렵게 생각하지 않는 것이다. 사장의 역할이나 경영이라는 것은 그다지 어려운 일이 아니며, 경영은 간단한 것이라고 생각해야 한다.

나는 중학교밖에 졸업하지 못했다. 게다가 졸업 성적은 뒤에서 세는 게 빠를 정도였다. 담배를 피우다 정학 처분을 받은 적이 있을 만큼 머리도 좋지 않았고 성실한 학생도 아니었다. 그런 내가 현재는 해외에 있는 15개 회사를 포함해서 8백억 엔의 연매출과 3천 명의 사원이 근무하는 회사의 사장을 맡고 있다.

나에 관한 이야기를 소개하는 것은 나를 자랑하고 싶어서가 아니라 나와 같이 중학교만 졸업한 사람도 기업을 경영할 수 있다는, 그래서 경영이란 어려운 것이 아니라는 것을 말하고 싶기 때문이다. 예를 들어 경영상의 숫자는 초등학교 이상의 산수만 배우면 아무런 문제가 없다. 또한 외국어를 몰라도 통역을 통해서 해외 거래처와의 비즈니스에도 전혀 문제가 없다. 요컨대 경영이란 결코 어려운 것이 아니며, 또한 어렵게 해서도 안 된다. 이러한 생각을 머리 속에 넣어 두어야 한다.

반드시 해낸다

내 경험을 이야기한다면, 나는 가정 사정상 중학교를 졸업하자 곧 취직을 했고, 태어난 곳은 동경이지만 취직한 곳은 나고야의 미쓰비시중공업이다. 당시는 전쟁 중이었고 나라를 위해 비행기 1대라도 더 만들고 싶다는 생각이 있었기 때문이다. 나는 그곳에서 근무하는 동안 하나의 소중한 인생관을 얻게 되었다. 나는 현장 공원이 될 셈으로 미쓰비시에 입사했는데, 배치된 곳은 미쓰비시 나고야 발동기 연구소라는 곳이었다. 전쟁 중의 혼란한 상황 속에서 미쓰비시는 무엇을 착각했는지 중학교 졸업자인 나를 연구소라는 부서에 배치한 것이다.

부임해 보니 거기서의 일은 실제로 힘들었다. 매일 어려운 계산만 하게 했다. 머리 좋은 사람은 그것을 고등 수학으로 풀지만 나는 초등 수학밖에 몰랐다. 거기서 나는 초등 수학으로 그것을 풀어갔다. 예를 들어 적분이라는 것은 곱셈의 반복이고, 미분은 나눗셈의 반복이었다. 초등 수학으로 그것을 풀어가기에는 끈기로 할 수밖에 없었다. 머리가 좋은 사람은 퇴근 전에 해답을 정리한 보고서를 제출하고 퇴근했지만 나는 잔업을 해야 했다. 그래도 안되면 기숙사에 가지고 와서 필사적으로 풀어서 해답을 찾아냈다. 이런 나날이 계속되었다.

나는 3년 동안 이런 생활을 반복한 후 나고야에서 시즈오카로 전근 명령을 받았다. 전근할 때는 새로운 임지에 자신의 이력서를 가지고 간다. 그 이력서를 지금까지의 상사였던 과장에게 보이자 과장은 놀란 얼굴로 내게 말했다.

"어, 자네 중졸이었어. 몰랐네. 정말 열심히 노력했군."

중졸의 나를 과장은 대졸이라고 생각했던 것이다. 이런 경험에서 나는 귀중한 교훈을 얻었다. 그것은 머리가 나빠도 노력하여 다음날 아침까지 머리 좋은 사람과 같은 답을 낼 수만 있다면 우열이 없다는 교훈이었다. 이것은 내 인생관의 하나가 되었다. 여기에 하나의 경영 포인트가 있다. 머리가 좋지 않아도 상관없다. 단지, 다음날 아침까지 반드시 답을 내놓는다. 자신이 자는 시간을 줄여서라도 다음날 아침까지 답을 내놓을 수 있다면 하루 전에 답을 낸 사람과의 결과는 같은 것이 된다. 이것은 경영을 쉽게 하는데 도움이 된다고 생각한다.

다시 말하면, 경영자에게 정말 필요한 것은 어떤 일이 있어도 결과를 내놓겠다는 끈기와 집념인 것이다.

경영의 정석

이것은 다른 사람으로부터 들은 말인데, 1800년대의 학자인 다카노 조에이(高野長英)에 관한 하나의 에피소드가 있다. 다카노 조에이는 대단한 집념의 사람이었다. 공부도 다른 사람의 두 배를 했고 어떤 일이든 다른 사람에게 지고는 견디지 못했다고 한다. 의사로서의 능력도 어느 누구에게 지지 않았다고 한다. 그는 의학을 나가사키의 시볼트 학교에서 배웠다. 그가 거기서 배운 것은 의학만이 아니었다. 네덜란드어를 배우는 것은 물론, 유럽의 상황과 자연과학과 군사학, 국가에 대한 것도 배워서 우리나라의 미래에 관해 생각하는 모임을 만들었다. 그는 어느 날 이 모임에서 이러한 제안을 했다고 한다.

"오늘 이 모임에서 일본어는 일체 사용하지 않고 네덜란드어만 사용하자. 일본어를 쓴 사람에게는 벌금을 받기로 한다."

토론이 진행되자 무의식중에 일본어가 튀어나오는 것은 어쩔 수 없었다. 결국 조에이를 빼고는 모두가 벌금을 물었다. 남은 것은 조에이 단 한 사람뿐이었다. 그렇게 되자 다른 사람들은 화가 나서 조에이에게 일본어를 말하게 하려고 여러 가지 시도를 하였지만, 조에이의 입에서 일본어는 나오지 않은 채 모임이 끝나게 되었다. 2층에서 열렸던 모임이 끝나자 조에이가 네덜란드어로 인사하고 2층에서 내려가려고 했을 때였다. 바로 뒤에 서 있던 다른 동료가 조에이의 등을 떠밀었다. 급할 때는 누구나 모국어로 말하게 된다. 그렇지만 조에이는 계단에서 굴러 떨어지는 그 순간에도 큰 소리로 "게바르레이키"라고 외쳤다고 한다. '위험해'라는 의미의 네덜란드어였다.

이것은 조에이가 얼마나 집념이 강한 사람이었는가를 말하는 에피소드지만, 나는 이와 같은 집념이 경영자에게도 반드시 필요하다고 생각한다. 사장에게는 큰 책임이 있다. 사장으로서 해야 할 일들은 어떤 일이 있어도 끝까지 해내지 않으면 안 된다. 내일 아침까지 답을 내놓아야 한다면 밤을 세워서라도 답을 제시해야 한다. 이것은 경영자로서 당연한 행동일 것이다. 또한 경영의 기본 요건이자 경영의 정석이다.

경영에는 정석이 있다. 경영을 쉽게 하기 위해 경영의 정석을 지키는 것이다. 정석을 무시한 채 변칙적인 방법으로 기업이 성장한 예는 없다. 설령 있다고 해도 그것은 한 때의 번영을 가져올 뿐이다.

따라서 경영의 정석을 하나하나 쌓아 가는 것이 경영을 어렵게 하지 않는 요체라고 생각한다.

장기 계획은 경영을 쉽게 한다

앞에서 말했지만, 초대 사장과 2대 사장으로부터 배웠던 여러 가지 일들을 생각하면 거기에는 수많은 경영의 정석이 있음을 이미 느꼈을 것이다. '장래의 제조업은 어떻게 되어야 하는가?' 라는 높은 차원에서 사업 결정을 하고, 앞으로는 하청기업에서 벗어나야 하며 수출을 통해서 매출을 올려야 한다거나, 이제부터는 전자 기술의 시대라고 한 것처럼 끊임없이 시대의 흐름을 읽으면서 회사의 장래에 대한 방향을 잡아가는 것이야말로 사장이 해야 할 가장 중요한 역할이라는 것을 배웠다. 또한 두 분의 사장은 회사에는 방향을 설정하는 사람과 구체적이고 효율적으로 실현하는 사람이 동시에 필요하다는 것, 사업의 영속적인 번영을 위해서는 안될 것은 버리고 유망한 분야를 육성해야 한다는 것 등 주옥같은 경영의 정석을 제시했다.

그 중에서도 '기업 경영은 장기적으로 생각하라' 라는 정석은 경영을 쉽게 하는 첫 번째 포인트가 되었던 것이다. 이 책에서 말하는 장기 계획을 만들어 가는 순서 그 자체가 극히 실질적인 정석이다. 막연한 사장의 꿈이나 야망을 정리해서 경영 비전으로까지 정리하고 구체적인 사장의 방침으로 결정하는 데는 숫자와의 약속과 경영의 정석에 의한 검증이 필요하다. 경영의 정석에 따라 장기 계획을 만들면 불분명한 미래가 숫자로 명확하게 보인다. 경영상의 결단을 내리기가 쉬워지고 명쾌한 제시도 할 수 있다. 요컨대 경영이 쉽게 이루어지는 것이다.

장기 계획의 전제가 되는 정석의 몇 가지는 이미 말한 바와 같지만 두 가지 중요한 경영의 정석에 대하여 다루고자 한다.

하나는 경영의 본질은 무엇인가라는 것이며, 다른 하나는 부가가치 경영의 추진에 대해서이다. 두 가지 모두 장기 계획을 수립하는 데 있어서 전제가 된다는 것이 나의 기본적인 생각이다

' 2 '
기업 경영의 본질은 무엇인가?

경영의 원점

어느 정도의 자금을 조달하고, 그 돈으로 어느 정도의 이익을 창출해 낼 것인가 하는 것이 가장 단순한 경영의 정의일 것이다. 무엇을 위해서 회사를 경영하고 무엇을 목적으로 이익을 올리는가에 관한 것을 빼고 생각하면, 이것이 어느 기업에도 공통된 경영의 원점이 된다. 정의나 원점이라는 말이 타당하지 않으면 가장 단순한 경영의 자세라고 표현할 수도 있다.

사장으로서의 첫 번째 일은 회사에 어느 정도의 자금 조달력이 있고, 그 돈으로 어느 정도의 이익을 창출할 수 있는가를 명확히 파악하는 일이다. 이러한 현상(現狀)의 파악 없이는 장기 계획도 그 어떤 것도 있을 수 없다. 우선 자기가 서 있는 곳을 본다. 그것이 사장으로서의 첫 번째 일이다. 그런 후에 자기가 가야 할 지평선의 저편을 본다. 장기 계획은 여기서 나온다. 자기의 발끝만을 보고 있으면 경영은 현상의 이익 추구에 그칠 것이며, 그 상태에서 지평선의 저쪽을 바라보는 것은 실속이 없는 단순한 계획으로 끝나게 될 것이다.

회사의 자금 조달력은 대차대조표를 보면 금방 알 수 있다. 대차대조표를 보는 방법에 대해서는 3장에서 자세히 살펴보기로 하고, 다만 대차대조표의 우측이 '자금의 조달'을 나타내고, 좌측이 '자금의 사용'을 나타낸다는 것만은 잘 기억해 두기 바란다.

어느 쪽이 대변이고 어느 쪽이 차변인가 하는 것은 경리 담당자가 대차대조표를 보는 방법이며 사장으로서 대차대조표를 보는 방법이 아니다. 사장으로서 중요한 것은 어느 정도의 자금을 조달하고 그것을 어떻게 사용하여 어느 정도의 이익을 거두었는가 하는 사실의 파악인 것이다. 대차대조표의 우측 기재 항목은 다음 3장에서 설명하겠지만 자기 자금, 즉 자본금, 지금까지의 이익·저축, 또는 금융 신용도를 나타내고 있다. 따라서 그 기재 항목의 가장 밑에 나타내는 종합 수치, 이른바 '총자본'이라는 말은 회사의 자금 조달력을 나타내는 것이다. 이 총자본에서 손익계산서에 기재된 '세금공제전이익'을 빼고 보아야 한다. 이렇게 나온 수치를 '총자본이익률'이라한다. 이 수치가 회사의 현상을 파악하는 데 있어서 대단히 중요한 의미를 갖는다.

기업에서 총자본이익률 5% 이하가 갖는 의미

계산 결과 총자본이익률이 5% 이하라는 수치가 나왔다면 어떨까? 잘 생각해 보아야 한다. 불황 때문에 극단적으로 낮아지는 예도 있지만 금리는 통상 5~6%이다. 금리는 때에 따라 오르내리므로 때로는 10%까지 오르기도 하고 3~4% 이하로 내려가기도 하는 등 항상 변한다. 이러한 점을 감안하면 금리는 향후 5%로 보는 것이 타당할 것이다.

이것이 중요하다. 총자본이익률이 5% 이하라는 것은 사업 이율이 금리 이하라는 것이다. 예를 들어 가정주부라도 남편 몰래 절약하여 모은 돈을 은행에 가지고 가면 금리는 벌 수 있다. 더욱이 사업이라는 것은 회사라는 간판을 걸고 토지나 공장, 대규모의 인력을 운용하면서 자본가나 많은 사람의 협력을 얻어 행하는 것이다. 그 결과로서 총자본이익률이 5% 이하이면 그 경영자의 능력은 가정주부 이하라고 해도 과언이 아니며, 경영자로서 부끄러운 일이다. 사업을 전개하는 데 있어서 의미를 찾을 수 없는 것이다.

만일 대차대조표의 우측 항목이 종합해서 30억 엔이 되었다고 하자. 그 돈을 가지고 은행에 가서 정기예금을 하면 그 날부터 잠자코 있어도 상당한 금리가 붙는다. 금리를 5%로 계산하면 연간 1억 5,000만 엔의 이자를 틀림없이 받을 수 있다. 총자본이율이 금리 이하, 즉 세금공제전이익이 1억 5,000만엔 이하라면 사업을 그만두고 아무 것도 하지 않고 잠만 자고 있어도 그 사업으로 벌어들인 이익만큼을 은행에서 고맙다고 하면서 지급해 줄 것이다. 돈을 은행에 맡겨 두는 것이 더 이익인 것이다. 총자본이익률이 은행 금리 이상이 아니면 사업 경영의 의미가 없는 것이다. 기업으로서 존재하는 것을 부끄럽게 생각해야 한다. 이것은 어느 업종·업계에 관계없이 기업이라고 하는 모든 회사에 공통된 경영의 원점이다.

경영은 피해갈 수 있는 길이 없다. '불황이다, 호황이다, 벌었다, 못 벌었다' 라는 추상적인 말을 할 시간이 있다면 먼저 자기 회사의 대차대조표에서 총자본이익률을 산출해 보는 것이다. 만약 그것이 은행 금리를 넘지 못하면 사장을 그만 두고 은행에 자금을 예치하는 것이 좋다. 간단하게 말해서 이것이 가장 간단한 경영 방법이다. 총자본이익률이 5%라는 것은 기업으로서의 존재 가치와 사장의 경영 능력을 평가할 수 있는 하나의 중요한 체크 포인트인 것이다.

이익은 뺄셈이 아니라 덧셈으로 생각하라

이익이라는 것을 조금 다른 각도에서 바라보자. 기업 경영이란 영업 활동을 통해서 매출을 발생시키고 이익을 창출해 가는 일이다. 이것은 어느 회사에서나 마찬가지이다. 그렇지만 이익을 창출하기까지의 과정을 생각해 보면 알 수 있듯이 그 모든 것을 기업 내에서만 이룰 수는 없다.

예를 들어 제조업자도 모든 제품을 회사에서만 만든다는 것은 불가능하다. 재료는 타사에서 매입해 와야 한다. 그리고 전문 가공업자나 하청 기업의 협력을 얻어야 비로소 제품이 완성되어 간다. 또한 그것을 판매하는 경우에는 다른 유통업체의 협력을 얻어야 한다.

이와 같이 외부의 여러 협력에 의해 비로소 매출과 이익이 발생하면서 기업으로 성장해 간다. 바꾸어 말하면, 외부에서의 협력을 얻으면서 기업 내의 자본과 노동이 협력하여 이익을 창출해 가는 것이 기업 경영인 것이다.

즉 이익은 경영자와 사원이 한 몸이 되어서 외부의 여러 협력을 얻어 창출해 간다. 이익은 덧셈으로 해야 할 필요가 있는 것이다. 그렇지만 일반적으로는 손익계산서를 보아도 알 수 있듯이 이익은 뺄셈으로 하는 것이 통념으로 되었다. 처음에 매출액이 있고 거기서 매출원가를 빼면 매출총이익이 나온다. 다시 매출총이익에서 영업비를 뺀 가영업이익이 나오고, 다시 세금을 빼면 영업이익이 나온다. 영업이익에서 영업외손익을 뺀 것이 경상이익이고, 경상이익에서 특별손익을 뺀 것이 세금공제전이익으로서 여기에서 납세충당금을 빼면 당기순이익이 된다. 그리고 마지막으로 임원 상여금과 배당금을 뺀 것이 내부유보이다.

이와 같이 가장 윗 부분에 매출액이 있는 것은 매출액이 최고라는 발상밖에 안 된다. 매출액을 기준으로 해서 모든 것을 생각한다. 이것이 앞으로의 기업 경영에서는 큰 폐해가 될 것이다. 이렇게 되면 뒤에서 말하게 될 분배의 발상이 나오지 않는다. 분배의 발상 없이 장기 계획은 있을 수 없다. 이익은 뺄셈이 아니라 덧셈에서 구하는 발상이 여기서 나온다.

따라서 이익은 다음 단원에서 말하는 부가가치라는 개념으로 받아들이는 것이 옳을 것이다. 부가가치 경영이야말로 새로운 경영의 본질인 것이다.

| 3 |

부가가치 경영의 중요성

부가가치란?

아직도 '부가가치'라는 말은 낯설게 느끼는 경영자가 있을 것이라 생각된다. 부가가치란 기업이 스스로 창출한 가치라는 의미로서 '매출총이익'과 같은 것으로 생각해도 된다. 예를 들어 매출 1억 엔, 매입원가 6천만 엔, 매출총이익이 4천만 엔이라고 하면 1억 엔은 외관상의 금액이며 다른 곳에서 6천만 엔을 빌려와 1억 엔이 되었으므로 4천만 엔은 기업이 벌어들인 부가가치인 셈이다. 부가가치와 비슷한 것으로 다른 용어나 표현이 있겠지만, 이 책은 회계나 경리 전문서가 아니기에 부가가치라는 용어를 사용하겠다.

사업 경영의 목적은 부가가치를 창출하는 것이다. 조금 더 자세히 말하면 경영자와 사원이 일체가 되고, 외부의 여러 힘을 빌려서 재화나 서비스를 만들어 부가가치를 창출해 가는 일이다. 그렇게 하기 위해서는 우선 기업이 속한 지역의 협력을 얻어야 한다. 또한 일해 주는 사람들, 자금 제공자, 금융기관의 협력도 필요할 것이며, 사업 수행을 위해서는 적당한 경비나 설비 교체를 위한 감가상각비도 필요하다.

이처럼 많은 협력자들을 어떻게 하면 잘 조화시켜서 성과를 거둘 수 있을까? 오케스트라의 지휘자와 같이 어떻게 전체적 하모니를 이루어 힘을 발휘시킬 것인지, 이를 위해 이들 협력자에게 창출된 부가가치를 어떻게 하면 균형 있게 분배해 가느냐가 경영의 본질인 것이다.

결국 부가가치란 '회사를 뒷받침하는 관계자에게 분배해야 하는 금액' 이라고도 할 수 있을 것이다.

〈그림 1〉 매출이익과 부가가치의 비교

매출원가	매출총이익								
	인건비	판매비 및 일반경비	감가상각비	선행투자	영업외손익	특별손익	임원보수	세금	순이익

매출원가	부가가치									
	사원	일반경비	재생산	선행투자	금융	안전	경영자	사회	자본	축적(내부유보)

〈그림 1〉은 모든 손익 계산에서 매출총이익과 내가 말한 부가가치를 비교한 것이다. 사장으로서 생각해야 할 것은 별색으로 표시한 부

분이다. 손익계산으로는 별색 부분이 빠져나가는 것이 되지만 부가가치로 보면 이익을 포함해 '분배할 것'이 된다. 사장은 이러한 별색 부분을 경비가 아니라 분배로 받아들여야 한다. 뺄셈이 아니라 덧셈이라고 주장하는 이유이다. 극단적으로 말해서 '경영은 분배'라고 바꾸어 말해도 된다. 그 이유를 구체적으로 설명하기로 한다.

부가가치의 배분

다음 페이지에 제시한 〈그림 2〉는 부가가치 배분을 그림으로 나타낸 것이다. 나는 몇 백년 된 나무를 볼 때마다 사업도 이 나무처럼 키우고 싶다는 생각을 한다. 그래서 가지의 모양, 대지에 뿌리를 견고히 내리고 있는 모습, 거친 바람에도 쓰러지는 일 없이 몇 백년이고 계속 성장하는 훌륭한 거목을 볼 때마다 우리 회사를 함께 생각한다.

이 그림은 사업의 장기적인 성장과 번영을 거목에 비유하여 부가가치의 배분 관계를 나타낸 것이다. 앞에서 경영의 본질은 분배라고 말했다. 여러 협력자에게 창출된 부가가치를 얼마만큼 균형 있게 배분할 것인가를 결정하기 위해서는 사장의 미래 구상에 기초한 배분 정책이 있어야 한다.

〈그림 2〉를 보면 어느 가지를 키워 줄기로 하며, 어느 가지를 자를 것인가는 사장이 이 나무를 어떻게 키울 것인가 하는 구상을 분명히 함으로써 가능하다. 나는 키워야 할 가지, 즉 부가가치를 배분할 곳을 10개로 나누었다.

〈그림 2〉를 보면, 우선 '사원 배분'의 가지가 있다. 기업은 창출된

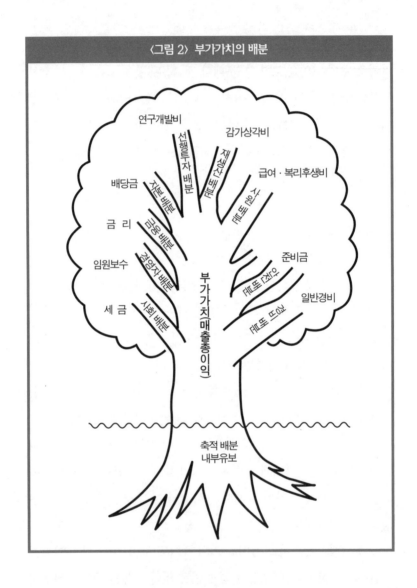

〈그림 2〉 부가가치의 배분

연구개발비

선행투자 배분

감가상각비

재생산 배분

배당금

자본 배분

급여·복리후생비

노동 배분

금 리

비용 배분

임원보수

경영자 배분

준비금

안정 배분

세 금

사회 배분

일반경비

유지 배분

부가가치(매출총이익)

축적 배분
내부유보

부가가치를 급여나 상여금이라는 형태로 사원에게 분배해야 한다.
이것이 사원에 대한 경영 역할이다. 또한 헛된 경비를 줄이고 절약하
라는 것은 말만으로는 안 된다. 불필요한 경비가 아닌 적정한 경비에

대해서는 창출된 부가가치의 일부를 분배할 필요가 있다. 이것이 '경비 배분'의 가지이다.

'재생산 배분'의 가지는 조금 낯설지 모르지만 감가상각비라고 생각하면 된다. 기계는 사용하는 만큼 수명이 줄어들게 되며 기계에 따라서 일정한 기간의 정해진 수명이 있다. 따라서 수명이 다한 제품은 당연히 신제품으로 바꾸어야 할 것이다. 감가상각비는 세법에서도 인정하고 있지만 재생산에 대한 준비라는 의미에서 '재생산 배분'으로 했다.

'선행투자 배분'의 가지는 연구 개발비 · 신제품 개발비 · 신업종 조사비용을 말한다. 기업은 눈앞의 일만 하는 것이 아니다. 장래의 결과를 얻기 위한 투자도 필요하다. 그것을 게을리 하면 다음 시대의 발전은 없을 것이다. 따라서 기업 규모에 따라 어떤 틀을 정하고 계속 투자해 나가야 한다. 많고 적은 것은 별개이나 절대로 필요하다. 그것을 위한 배분이 선행투자 배분이다.

다음은 '금융 배분'의 가지이다. 특수한 경우를 빼면 사업에는 금융기관으로부터의 자금 대출은 따라다니는 것이다. 그러므로 금융기관에 대해서 금리라는 형태의 배분을 생각하는 것은 당연한 일이다. 돈을 빌린 채 금리를 지급하지 않는다면 금융기관의 협력을 얻을 수 없고, 결과적으로 회사는 운영해 갈 수 없다. 그러나 그 배분에는 한도가 있다.

'안전 배분'의 가지도 필요하다. 기업이라는 것은 언제 무슨 일이 일어날지 모른다. 불행하게도 고객이 사라지고 부도를 당할 가능성도 있을 수 있다. 이런 일에 대한 위험부담금을 준비하는 등 항상 안전을 고려하면서 사업을 해야 한다. 혹은 아직 내용연수에 달하지 않은 기계 등의 고정자산을 팔아 새로운 근대적 설비로 바꿀 필요도 있다. 그 때에 발생하는 적자도 각오해야 한다. 결산상에서 말하는 특별손익이나 고정자산의 매각손익에 해당하는 것이다. 또한 재고품의 평가감도 필요할 것이다. 그것을 준비해 둔다. 이것이 안전 배분이다.

'사회 배분' 의 가지는 세금이다. 우리 회사를 예로 들면 일본이라는 국가 혹은 시즈오카현이나 시즈오카시라는 지역의 협력에 대해 지방세, 사업세, 법인세라는 형태로 부가가치 중에서 몇 %의 배분을 해야 한다. 우리는 일본이라는 나라가 있어서 또는 시즈오카시라는 지역 덕분에 사업을 할 수 있는 것이다. 그것에 대한 배분을 생각하는 것은 경영자로서의 당연한 의무일 것이다. 앞의 1장에서 세금을 제대로 내지 않는 경영자는 거리를 활보하지 말라고 말했던 것은 이러한 사회 배분을 하는 것이 경영자로서의 큰 역할의 하나라는 것을 말하고 싶었기 때문이다.

'자본 배분' 의 가지는 회사에 자본을 제공해 주는 사람, 즉 자본가에 대한 배분이다. 봉사하기 위해 회사에 자금을 제공하는 사람은 없을 것이다. 회사로서도 자본가의 협력은 절대로 필요하다. 따라서 자본가에 대한 배분은 배당 또는 무상증자라는 방법으로 항상 생각해야 한다. 이것이 자본 배분이다.

'경영자 배분' 의 가지도 필요하다. 2장의 처음에 경영자의 일은 수지가 맞지 않는다고 말했지만, 분명히 경영자에게는 경영자로서의 중요한 일이 있으며 노력이 따른다. 무보수란 있을 수 없다. 당연히 경영자도 적정한 배분을 받을 수 있어야 한다.

마지막 열 번째의 배분이 '축적 배분' 으로서 거목의 뿌리에 해당

되는 부분이다. 기업으로서의 저축은 각각의 가정생활을 생각하면 알기 쉬울 것이다. 대개 가정에서는 급여가 들어와 그것을 봉투에 나누어 넣는다면 식비는 얼마, 교육비는 얼마, 보험료는 얼마, 대출상환금은 얼마, 자신의 용돈은 얼마라고 분류할 것이다. 그리고 적으나마 장래에 대한 저금을 생각한다. 기업도 마찬가지다. 금액이나 비율의 많고 적음은 별개이나 장래 예기치 않은 일에 대비한 저축을 항상 생각하고 그것에 대한 배분을 해 두어야 한다.

이상 10개의 가지가 기업이 창출한 부가가치를 배분해야 할 곳이다. 회사에 따라서는 이것에 덧붙여 '교육'의 가지도 별도로 필요하다고 하는 의견도 있으며 다른 가지를 더 늘려도 된다. 나는 이들 10개의 가지로 충분하다고 생각하며 이 책에서도 그에 따라 설명해 갈 생각이다.

어린 나무일 때는 어떤 가지를 키우면 거목이 될 것인지 점차 성장하면 어느 가지를 줄기로 해서 거목으로 키울 것인지 모든 것을 사장이 장기적인 시야에서 자신의 배분 방침에 따라 의식적으로 결정해야 한다. 경영이라는 거목은 뿌리의 영양만이 아니라 가지에서 흡수하는 자연 에너지에 의해 멋진 거목으로 되는 것이다.

자신의 사업이 작은 규모일 때부터 사장이 의도적으로 배분을 생각해 두지 않으면 경영자 배분의 줄기만 자라서 나중에는 작은 가지만 무성한 잡목으로 끝나버릴 수도 있다. 혹은 축적 배분이 없어서 겉보기는 훌륭한 거목이지만 대수롭지 않은 바람에 여지없이 쓰러질 수도 있다. 거목으로 키우는 일은 짧은 시간에 할 수 있는 일이 아닌 것이다.

사장의 역할의식이야말로 결정적 수단이다

창출된 부가가치를 이와 같이 사원 배분에서 축적 배분까지 모두 배분해 버리면 결국 남는 것은 제로가 된다는 것을 알아야 한다. 이익을 남기는 기업이라서 100억 엔의 부가가치를 창출했어도 남는 것은 제로가 된다. 모든 것을 배분했기에 남는 것이 제로가 되는 것은 당연하다. 그러나 여기에 큰 의미가 있다는 것을 말하고 싶다.

이상의 10가지 배분에는 서로 한쪽을 증가시키면 그만큼 다른 한쪽이 줄어들게 된다. 이른바 제로섬(zero sum, 레스터 더러 교수의 저서에 등장하는 말로서 승자가 있으면 패자가 있듯이 이익을 얻은 개인이나 집단이 있으면 반드시 그에 따른 손실을 입는 개인이나 집단이 생기는 현대 사회를 의미한다)의 관계에 있다. 게다가 어느 배분처 한 곳에서 협력을 얻을 수 없게 되면 부가가치를 생각대로 창출할 수가 없다. 각각의 부가가치 창출의 역할에 대해 정당한 배분이 되어야 협력을 얻을 수 있는 관계가 된다. 결국 배분 방침에 따라서 회사는 좋게도 되고 나쁘게도 된다.

즉 기업의 궁극적인 목적은 이익을 내는 일이 아니라 창출된 부가가치를 어떻게 배분하는가 하는 것에 있다. 그것이 경영이다. 앞에서 '경영은 분배'라고 말했던 것은 바로 이것을 의미하는 것이다. 사장은 '부가가치를 바르게 배분할 수 있는 사람'이어야 한다. 각각의 입장 차이는 있을 수 있으나 10개의 배분처가 나름대로 만족해하는 배분을 하는 것이 경영자의 역할인 것이다. 그 역할을 다했을 때 비로소 사장은 훌륭한 경영자라는 평가를 받게 된다. 그것이 경영의 첫 번째 정의일 것이다.

예를 들어 사원 배분을 적게 하고 경영자 배분만을 많이 했다면 이런 경영자는 근로자로부터 결코 존경받을 리가 없다. 혹은 감가상각비를 줄이고 그만큼 이익을 올렸다고 자랑하는 뺄셈형 경영자가 있다면 윗자리에 둘 수 없는 경영자라고 해도 과언이 아닐 것이다.

경리적인 발상으로 생각한다면 열 가지 배분처의 대부분은 경비이다. 경비라는 것은 모두 적게 드는 것이 좋기 마련이다. 경비를 깎고 늦게 지급하는 것도 이익을 가능한 한 많이 내고 싶기 때문이다. 그렇지만 사장은 경리 담당자가 아니다. 사장은 배분해야 할 것을 깎는 뺄셈의 발상으로 이익을 생각해서는 안 된다.

사업의 발전은 모두가 힘을 합쳐서 어떻게 하면 높은 부가가치를 얻을 수 있을까? 그리고 그것을 달성하여 어떻게 하면 균형 있게 배분하고 장래의 발전으로 연결시키는가에 달려 있는 것이다. 각각의 협력에 의해 높은 부가가치를 창출하고 그것을 내일의 의욕으로 이어지도록 불만 없이 배분할 때 더 큰 부가가치를 창출할 수 있다. 그러한 반복이 작은 나무를 훌륭한 거목으로 성장시키는 것이다. 그것을 위해 동기를 부여하고 부가가치를 점점 높여가도록 협력자들을 생산적으로 조정해 가는 것이 사장의 일이다.

사장에게 이러한 역할의식이 있느냐 없느냐가 기업 경영의 결정적 수단이 된다. 사장의 역할의식 없이 이상과 같은 부가가치 배분은 생각할 수 없다. 역할을 의식하지 않는 사장은 이익을 뺄셈으로 생각할 뿐만 아니라, 차원이 낮은 눈앞의 손익계산에만 매달리게 된다.

귤 하나에 5백 엔

앞에서 총자본이익률이 은행 금리 이하라면 경영을 그만두라고 심한 말을 했다. 그러면 은행 금리 이상이라면 어떤 이익도 괜찮은 것인가? 요컨대 돈을 벌 수만 있다면 무엇이라도 좋은가? 그렇지 않다.

부가가치는 많으면 많을수록 좋기 마련이다. 부가가치를 생각할 경우 사장으로서 확인해야 할 또 하나의 중요한 관점이 있다. 부가가치를 갖도록 해주는 고객과 시장의 존재이다. 정당하지 못한 방법으로 소비자를 속이고 부당한 폭리를 취하는 극단적인 이야기를 여기서 문제삼을 생각은 없다. 그 의도가 드러나는 순간 폭리로 끝나게 되기 때문이다. 학자와 같은 가치론을 전개할 지식은 없지만 고객과 시장에 제공하는 가치에 대해서도 사장은 장기적인 전망으로 생각해야 한다.

귤의 경우를 예로 들면, 제철이 아닌 때에 하우스 귤을 재배해서 그 시기에는 전혀 손에 넣을 수 없는 귀한 것으로 과일가게를 장식하는 경우이다. 제철에는 한 무더기에 100엔 하는 귤이 하우스 재배로 일찍 출하되면 1개에 5백 엔이나 하는 것이다. 한여름에 귤이 나온다면 한겨울에는 수박도 나올 수 있다. 제철이 아닌 때에 출하하는 것은 수고와 시간을 들이고 냉방과 난방으로 비용이 더 들기 때문에 값이 비싸진다. 내가 말하는 부가가치란 이런 것을 말하는 것이 아니다.

애초 기업이 창출한 고부가가치란 사회적으로도 높은 의의를 가지고 있어야 한다. 귤이 1개에 5백 엔이라는 것은 사회적인 가치라는 점에서 볼 때는 바르다고 할 수 없다. 거품경제 시대에는 이와 같은 상품이 국내에 흘러넘쳤다. 옷 한 벌에 30~40만 엔이나 하는 양복을 포함해서 고가 상품이 나돌았다. 쌀을 씻기 싫어하는 주부를 대상으로 씻을 필요가 없다는 가치를 부가하여 비싼 쌀까지 판매되었다.

이런 말을 들은 적이 있다. 신혼부부가 있었는데 어느 날 아침 젊은 주부가 처음으로 된장국을 끓였다. 그 된장국의 맛에 대해 남편이 한마디했다. "이 된장국, 조금 짜네." 젊은 주부는 "어머, 미안해요…"라고 말하고는 갑자기 된장국에 설탕을 넣었다고 한다.

이런 이야기가 있을 정도이니 쌀을 씻지 않는 주부가 분명히 늘어나고 있음에 틀림없다. 그러나 그렇다고 해서 씻을 필요가 없는 쌀을 비싸게 판매하는 것에 대해 어느 만큼의 사회적인 의의가 있다고 할 수 있을까? 가치관의 차이라고 하면 어쩔 수 없다. 이런 상품은 모두 거품경제의 발상에서 나온 상품이라는 것이 지나친 말이라면 이익이라는 것을 그 때의 호·불황이라는 단기적인 시각에서 받아들인 한 때의 즉흥적인 상품에 지나지 않는다고 생각한다.

나도 그와 같은 상품을 예전에 다룬 적이 있다. 한 때는 괜찮은 이익을 준 적도 있지만 곧 못쓰게 되었다. 사업의 뼈나 살이 되지 않고 방해만 되었다. 처음에는 이익으로 다가올지 모르지만 나중에는 아픔을 주고 수술로 피를 흘리며 자르게 된다. 오히려 제대로 된 성장을 저해하는 요인이 되었던 괴로운 경험이었다고 생각한다.

내가 말하는 부가가치란 그런 상품을 만드는 일이 아니다. 지금까지 했던 말에서도 분명하듯이 결코 단기적인 시각으로는 얻을 수 없는 것이다. 5년, 10년이라는 장기적인 시각으로 받아들이고, 상품이나 서비스를 시장에 제공할 때에 비로소 높은 부가가치를 얻는다. 그것을 장기간에 걸쳐 계획적으로 배분하여 보다 높은 부가가치를 추구해 가야 한다. 그것이 경영자의 일이며 사장의 장기 계획이라는 것을 말하고 싶다.

경비는 매출 기준에서 부가가치 기준으로

경영 분석 책을 보면 '매출액 대 인건비 비율'이나 '매출액 대 지출이자율'이라는 용어가 널리 사용되고 있다. 그 때문은 아니겠지만 경리 부문이나 회계사의 대부분은 '우리 회사의 매출에 대해 인건비는 몇 %, 일반경비는 몇 %, 금융비용은 몇 %'라고 매출액을 기준으로 이것저것 경비에 대해 생각하는 경향이 있다. 그러나 앞으로의 기업 경영을 생각한다면 사장에게 이와 같은 매출액 기준은 백해무익하다고 할 정도로 경영 실무에서는 아무 의미가 없다. 사장은 모든 사물의 사고 기준을 이제부터는 '부가가치에 대해서 몇 %'라고 바꾸어 주기 바란다. 부가가치로 모든 일을 판단하는 것이다. 요컨대 부가가치를 기준으로 경비를 생각하지 않으면 경영이 이루어지지 않는다. 여기에 부가가치 경영이 필요해지는 또 하나의 배경이 있다.

모든 세계가 저성장 시대에 들어가는 것은 부정할 수 없는 사실이다. 예를 들어 냉전 해소를 계기로 군수 산업이 감소할 것이라는 것만으로도 이해할 수 있다. 혹은 과거 5년 동안 유럽 각 국은 EC 통합 후의 경제적 발언력을 높이려고 자국의 경제력을 무시한 고도 성장의 길을 걸어왔지만, 통합이 실현된 지금 그 반작용이 일어나고 있다. 이와 같이 전세계가 저성장 시대에 들어갔다.

우리도 예외는 아니다. 고도 성장 시대에 있어서는 부가가치보다 매출액에 집중하면 경영 방침에서 크게 실수하는 일이 적었을지 모른다. 그러나 경제적으로 저성장 시대가 되면 매출의 증가가 바로 부가가치의 증가로 이어지지 않는다. 기업이 창출한 부가가치의 비율이 전체적으로 내려가기 때문이다. 이제부터는 부가가치를 크게 높일 수 있다는 것을 전제로 자사의 장기적인 경영을 생각하는 상황은 아니라는 것이다. 예전처럼 매출을 계속 늘리는 것은 지극히 어려운 일이다. 외주 비용은 내려간다고 생각하지 않는 것이 좋다. 원재료, 부품 대금 등 대부분의 비용이 조금씩이라도 매년 올라간다. 매출이나 인플레와 같은 비율로만 올라가면 문제가 없지만, 그렇지 않으면 부가가치는 내려가게 된다. 이제까지는 '적극적 경영'이라는 인기 있었던 방법이 오히려 '방만 경영'이라고 비난을 받을 수 있는 시대가 되었다.

물론 부가가치를 늘려 가는 연구가 중요한 것은 말할 것도 없다. 이익이 큰 새로운 히트 상품을 만들 수도 있고 생산 합리화에 성공하여 효율성이 개선되면 매출이 증가함으로써 부가가치의 증가로 이어진다. 그러나 부가가치를 올리는 일이 점점 어려워진다는 전제에서 장기 계획을 생각하는 것이 계획의 잘못됨을 막는 최선의 방법이다.

부가가치가 점점 떨어진다고 해서 매출에 따라 경비를 맞추게 되면 그 안에서 이익이 나오지 않게 된다. 사장이 경비를 생각할 때는 '모든 부가가치에 대해서 몇 %'라는 생각으로 바꾸어야 한다고 앞에서 언급했던 것도 그 때문이다.

지금까지 2장에서는 부가가치 경영의 사고방식을 중심으로 경영의 본질에 대해서 언급했다. 약간 낯선 단어라 설명이 부족한 부분이 있지만 내가 말하고자 하는 핵심이 무엇인지 독자 여러분이 이해하셨으리라 생각하고, 이제부터는 장기 계획의 구체적인 작성에 들어가기로 한다. 그 첫 번째 순서는 자기 회사의 현상(現狀)을 정확하게 파악하는 것이다. 미래는 과거의 연장선상에 있다. 회사의 현상을 어떻게 파악하고, 회사의 미래를 어떻게 읽을 것인가? 이것이 다음 3장의 주제이다.

3장

미래를 계획하려면 실태를 파악하라

'미래는 과거의 연장선상에 있다.' 라는 생각으로 회사의 과거 수치를 보면 장래의 모습을 예측할 수 있다. 만약 그것이 사장의 야망과 멀다면 그 차이를 좁혀 가야 한다. 이처럼 현실과 이상의 차이를 아는 것이 장기적인 경영 계획의 출발점이다. 회사의 실태를 구체적으로 알 수 있는 단서는 과거의 대차대조표에 집약되어 있다. 즉 이익을 남기는 체질인지, 만일의 경우에도 안전한 체질인가를 알기 위해서는 경리 담당자의 위치가 아니라 어디까지나 사장의 위치에서 대차대조표를 읽고 충분히 이해할 필요가 있다. 회사의 현실을 정확히 알면 알수록 장기 계획의 구체적인 과제가 사장의 눈에 명확히 보이게 된다.

1

사장으로서 회사의 체질을 파악하라

과거의 숫자가 말해주는 것

미래는 과거의 연장선상에 있다. 이것은 장기 계획 작성의 출발점이 되는 중요한 생각이다. 회사의 장래를 계획할 때 지금까지의 기업 체질을 떠나서 생각할 수는 없다. 미래 경영은 과거 체질의 연장선상에 플러스 마이너스 알파가 가미된 모습으로 되어 가는 것이다. 만약 사장에게 명확한 체질 개선 의식과 대응이 없다면 미래에도 그 범위를 넘는 변화는 도저히 기대할 수 없다.

그리고 지금까지 여의치 않았던 회사가 내일부터 금방 고수익을 올릴 수 있는 회사로 변신하고 싶어해도 무리다. 실적이 좋은 회사로 만들고 싶다면 과거의 숫자를 검증하여 개선해야 할 포인트를 발견하고, 시간을 들여서 그것을 수정해 갈 수밖에 없다. 과거의 숫자를 분석하는 것은 회사의 체질을 알기 위해 반드시 필요한 것이다. 그러나 현실에서는 과거의 일은 어쩔 수 없다고 하여 지나간 일에 눈을 돌리지 않은 경영자가 많다. 시선은 오히려 눈앞의 득실에만 집중되어 있는 것이다.

일반적으로 손익계산서에 관심이 있는 경영자는 많지만 대차대조표에 관심을 보이는 경영자는 그렇게 많지 않다. 100명의 경영자를 만나 손익계산서와 대차대조표 중 어느 쪽이 중요하고, 어느 쪽에 관심을 가지고 있는가를 물어보면 아마도 90명의 경영자가 손익계산서를 선택할 것이다. 요컨대 대부분의 경영자는 '얼마를 벌었는가?', '경비는 얼마나 나갔는가?' 라는 눈앞의 득실이 걱정되어서 손익계산서로 시선이 집중된다. 이해할 수 없는 것은 아니지만 잘 생각해 보아야 한다.

손익계산서는 겨우 1년 동안의 경영 결과를 나타내는 것에 지나지 않는다. 결국 1년 동안에 얼마나 벌었으며, 또는 얼마만큼을 손해보았는가를 나타내는 것이 손익계산서이다. 경기가 나빠지면 원칙적으로 이익은 줄어드는 것이다. 경기가 회복하면 그것은 곧 본래대로 돌아간다. 이와 같이 변하기 쉬운 수치가 손익계산서의 수치인 것이다.

때에 따라서는 손해가 오히려 좋은 경우조차 있다. 그 손해가 미래를 위해 의미가 있다면 의도적으로 손해를 보는 일도 있을 수 있을 것이다. 즉 경영에 있어서는 눈앞의 손익이 문제인 것은 아니다. 손익을 무시해도 된다는 얘기는 아니지만 사장은 그런 일로 일희일비할 필요가 없다는 것이다.

반면에 대차대조표는 회사 창업 이래의 누적 결과를 나타낸 것이다. 말하자면 창업이래 현재까지 축적해 온 회사의 역량과 회사가 현재 가지고 있는 체력의 모든 것을 나타내고 있는 것이 대차대조표인 것이다. 또한 대차대조표에는 사업의 역사와 사장의 판단이 좋고 나빴음을 포함해서 모든 것이 응축된 형태로 나타나 있다. 즉 회사의 체질, 체력, 사장의 성격, 경영 방법 등이 대차대조표에 고스란히 나타나 있다고 해도 된다. 이것이 중요한 점이다. 오랜 기간에 걸쳐 만들어진 체질은 금방 변하지 않는다. 또한 체력도 급히 키울 수 없는 것이다.

사장이 대차대조표에서 파악해야 할 두 가지

회사의 체질과 체력을 알지 못하고 장기 계획을 만든다는 것은 의미가 없다. 앞에서도 장기 계획은 기업의 실태, 현상 파악에서 시작된다고 말했다. 기업의 현재 체질이 좋은 상태인지 나쁜 상태인지, 문제점은 어디에 있는가를 아는 일이 장기 계획 수립의 기본이다. 그런데 대부분의 사장은 이러한 중요 실태를 정확히 파악하고 있지 않다.

예를 들어 자금 조달을 대비하지 못해서 미래 경영을 대단히 어렵게 하는 회사가 의외로 많은 것을 볼 수 있다. 사장의 방침이 없어 필요 이상의 재고를 보유하는 바람에 사업의 수익력이 떨어지는 것을 스스로 깨닫지 못한다거나 자금이 지나치게 고정화되어 있어 우려되는 대차대조표를 보게 된다. 이러한 경영의 체질은 반드시 바꿔 나가야 하는데도 정작 사장이 깨닫지 못하고 있다면 큰일이다. 눈앞의 이익을 늘리는 일보다도 훨씬 중요한 일이다.

사장은 과거의 대차대조표에서 다음과 같은 두 가지 포인트만은 확실하게 알아두어야 한다. 하나는 회사가 이익을 남기는 체질인지 아닌지, 그 요인은 무엇인가를 파악함으로써 회사의 수익을 올리는 실질적인 힘을 정확하게 알아야 한다. 다른 하나는 만일의 경우 어느 정도의 저항력이 있는지, 소액의 부도에도 흔들리는 허약한 체질인지, 작은 어려움도 감당하지 못하는 체질인지 등을 파악함으로써 회사의 안전성에 대해서도 그 실태를 정확히 알아야 한다.

이와 같은 수익성과 안전성의 두 가지 포인트가 미래 계획의 수립을 위한 전제가 된다. 물론 회사의 체질은 앞에서 말한 것처럼 간단하게 바꾸어지는 것은 아니다. 어느 정도의 시간이 필요할 것이다. 그렇지만 체질을 바꾼다면 회사 발전의 확실한 기초가 된다. 그러기에 대차대조표를 두 가지 포인트에서 잘 파악해 두지 않으면 안 된다.

반복하지만 미래는 과거의 연장선상에 있다. 현재는 과거의 거울이다. 그것이 궤도 수정을 하면서 미래로 이어진다. 현재의 마이너스가 내일은 플러스로 금방 바뀔 수는 없다. 그것은 반드시 어딘가에 무리가 따르게 된다. 자동차는 급격하게 회전할 수 없으며 급한 핸들 조작은 사고의 시작이다. 오랜 역사 속에서 만들어진 마이너스는 시간을 들여 수정해 갈 수밖에 없는 것이다. 사장으로서 가장 중요한 일의 하나는 미래를 향해 계획적으로 기업의 수익성과 안전성의 두 가지 체질을 구체적으로 개선해 가는 일이다. 대차대조표는 그 근거가 되는 중요한 것이다.

대차대조표의 우측에는 무엇이 쓰여 있나

대차대조표는 보는 것이 아니라 읽는 것이다. 대차대조표에는 무엇이 쓰여져 있을까? 나는 솔직히 경리 업무에 대해서는 아무 것도 모르는 사람이다. 지금도 대차대조표의 어느 쪽이 대변이며 어느 쪽이 차변인지 때때로 착각할 정도이다. 그래도 좋다. 2장에서 말했듯이 사장은 어느 쪽이 대변이며 어느 쪽이 차변인지 시각으로 대차대조표를 볼 필요는 없다. 그것은 경리 담당자의 업무이지 사장은 경리가 아니다. 사장에게 필요한 것은 경리가 아니라 경영이다. 따라서 사장은 우측과 좌측을 보는 것으로 충분하다.

대차대조표의 우측은 부채 및 자본이다. 크게 유동부채, 고정부채, 제준비금, 자본의 4가지로 나누어지고, 유동부채는 지급어음, 외상매입금, 단기차입금, 미지급법인세 등이고, 고정부채는 장기차입금, 장기예수금 등이며 자본은 자본금, 제적립금, 당기이익으로 각각의 세부 과목이 기재되어 있다. 마지막으로 그것의 합계가 있다. 이것이 대차대조표의 일반적인 형식이다(그림 3). 그러면 이상의 계정과목은 각각 무엇을 의미하고 있는지 각 계정과목에 대해서 간단하게 설명한다.

외상매입금 - 매입대금의 결제는 현금으로 하는 것이 원칙이다. 물품을 구입하는 이상 현금을 지급하는 것이 거래의 기본이다. 그렇지만 경제 규모가 커지고 구입하는 물품이 많아지면 하나하나 현금을 들고 물품을 사러갈 수는 없다. 그래서 월말에 청구서를 받고 일괄적으로 지급하는 형태를 취하는데, 이것이 외상매입대금이다. 알기 쉽게 말하면 1개월 분의 매입대금의 합계 잔고라고도 할 수 있다. 물론

〈그림 3〉 대차대조표 읽기	
(자금의 사용)	(자금의 조달)
(자 산) 　유동자산 　고정자산 　투자	(부 채) 　유동부채 　고정부채 　제준비금 (자 본) 　자본금 　제적립금 　당기이익

이것은 회사가 신용이 있을 때의 이야기이다. 언제 무너질지 모르는 회사에 외상으로 물건을 파는 일은 있을 수 없다. 따라서 신용이 없는 곳에 외상매입은 발생하지 않는다.

지급어음 - 구입한 물품대금의 1개월 분을 월말에 모두 지급하면 되지만 판매하는 쪽에서 이후의 지속적인 거래관계를 고려하여 2~3개월 조건의 어음거래를 제안하기도 한다. 이것이 지급어음이다. 물론 이것도 신용이 없으면 발생하지 않는다. 3개월 후, 6개월 후에 반드시 지급한다는 신용이 있으면 어음을 받고 물품을 판매한다.

단기차입금 - 문자 그대로 은행에서 단기간으로 빌리는 돈이다. 은행 예금을 담보로 넣는 일도 있지만, 이것도 역시 신용이 없으면 발생하지 않는다.

장기차입금 - 고정자산을 담보로 하지만 역시 기본적으로 신용이 있을 때 비로소 발생하는 것이다.

준비금 - 일반 기업에서는 대손충당금일 것이다. 매출채권, 외상매출금, 고객에 대한 대출금은 언제 무슨 일이 있을지 모른다. 만일의 경우에 대한 위험 부담을 예상하고 그 잔고에 대해 이익의 일부에서 세법상 몇 %의 준비금을 적립하는 것이다. 이익의 일부를 세법상 손실금으로 인정하는 것이어서 결국은 이익의 일종이며 이익의 변형인 것이다.

그밖에 퇴직급여준비금과 상여준비금도 있지만 준비금은 모두 이익의 변형으로 보아도 된다 예를 들어 퇴직급여준비금이란 것은 당장 지급할 필요는 없지만 퇴직자가 있을 경우의 준비로서 세법상 이익에서 필요 지급액의 35%는 매월 준비금으로 정해두어도 되는 것이며, 결국은 이익의 변형이고 이익의 일부를 시간적으로 미루어 둔 것이다.

자본금 - 두말할 것 없이 자신의 돈이다.

제적립금 - 지금까지 및 십 년 동안 경영해서 거둔 이익의 나머지, 즉 저금이다.

당기이익 - 문자 그대로 이익이다.

이상이 대차대조표의 우측에 쓰여진 계정과목의 의미이다.

사장의 의지가 담긴 대차대조표로 다시 만들어라

이상의 계정과목을 종합한 합계가 무엇인가를 생각해 보자. 이미 아는 바와 같이 대차대조표의 '부채 및 자본', 즉 대차대조표의 우측은 회사가 가지고 있는 자신의 돈, 저금, 이익과 신용의 누계이며 결국은 이만큼의 자금을 사용하여 회사 경영을 한다는 자금 조달력을 나타낸 것이다. 이른바 지금까지 몇 십 년 동안 축적해 온 회사의 체력을 나타내고 있다고 해도 된다. 이것이 대차대조표의 우측이다.

이와 같이 대차대조표의 우측은 자금 조달력을 나타낸 것이지만 그것만은 아니다. 어디에서 자금을 조달하고 있는지, 자신의 돈인지, 은행에서 대출을 받은 돈인지, 신용에 의해 외상매입으로 조달한 돈인지, 자금의 조달처도 나타나 있다. 외상매입금과 지급어음이란 것은 '신용에 의한 조달'이며 단기차입금과 장기차입금, 할인어음은 '금융에 의한 조달'이다. 준비금은 '준비 조달'이며 자본금이나 적립금은 '자기 조달'이다. 기업의 자금 조달은 결국 이러한 4가지 밖에 없다. 그것을 나타낸 것이 대차대조표의 우측이다.

회사에 따라서는 준비금이 대차대조표의 우측이 아니라 좌측에 쓰여진 경우도 있다. 좌측의 유동자산 아래에 대손충당금이 마이너스로 되어 있는 경우이다 이것은 유동자산의 매출채권 과목에서 몇 %를 대손충당금으로 셈한 것이지만 그것은 잘못이다. 예를 들어 외상매출금이 10억 엔이라면 3천만 엔을 계정할 수 있는 것이 대손충당금이지만 반드시 3천만 엔의 대손이 발생한다고 할 수 없다. 만일의 경우를 위해 모아둔 자금이다. 따라서 총자본을 보는 경우는 이것을 우측으로 옮겨 더해서 보아야 한다 결국 이 경우에는 우측으로 옮긴 기분으로 본다. 그것이 경영하는 입장에서는 보기가 쉬울 것이다. 사장으로서 대차대조표를 볼 때 뺄셈을 하지 않고 우측으로 옮겨 보는 것이 전체 자금의 조달을 잘 알 수 있을 것이다.

대차대조표의 우측을 볼 경우 사장에게 있어서 필요한 것은 외상매입금이나 지급어음의 세부 과목은 아니다. 필요한 것은 어디로부터 자금을 조달하는가 하는 조달처, 즉 신용 조달, 금융 조달, 준비 조

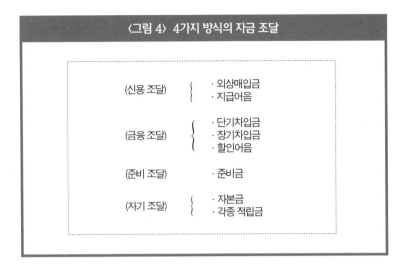

<그림 4> 4가지 방식의 자금 조달

(신용 조달)	{	· 외상매입금 · 지급어음
(금융 조달)	{	· 단기차입금 · 장기차입금 · 할인어음
(준비 조달)		· 준비금
(자기 조달)	{	· 자본금 · 각종 적립금

달, 자기 조달의 4가지와 그 합계이다. 이러한 4가지 요소를 기본으로 해서 대차대조표를 단순한 서식으로 다시 만들어 사장이 읽기 쉬운 대차대조표로 해두면 편리하다(그림 4).

경영자로서의 대차대조표를 스스로 만들어 보는 것이다. 그리고 4가지 각각의 구성 비율이 몇 %이며 그것이 연도별로 어떻게 변했는가를 알 수 있도록 자료로 만들어 둔다. 그것을 보면서 자금 조달처가 옳은지, 혹은 경영 내용이 좋아졌는지, 악화되었는가를 파악하여 어떤 대응 방법을 생각하면 되는가를 항상 생각할 수 있게 해둔다. 이것이 경영자의 대차대조표이다. 이와 같이 지혜를 짜내서 자신이 사용하기 쉬운 대차대조표를 다시 만들어 두면 대차대조표가 갖는 의미를 잘 알 수 있으므로 경영자로서의 발상도 떠오르게 된다는 점을 잊지 말자.

대차대조표의 좌측에는 무엇이 쓰여 있나

다음은 대차대조표의 좌측을 보자. 대차대조표의 좌측은 '자산'으로서 크게 '유동자산, 고정자산, 투자'의 세 가지가 있다. 유동자산에는 환예금, 외상매출금, 받을어음, 재고가 있고, 재고 중에는 제품 재고, 제작중인 재고, 원재료, 기타 가불금 등 모든 과목이 들어 있다. 고정자산에는 유형고정자산과 무형고정자산이 있으며 유형고정자산에는 토지, 건물, 설비가 있고, 무형고정자산에는 토지임대권, 전화가입권 등이 들어 있다. 그리고 투자와 합계가 있다. 대체로 이것이 대차대조표 좌측의 기본적인 형태이다.

문제는 이들 계정과목이 무엇을 나타내고 있느냐 하는 것이다. 그것은 대차대조표의 우측에서 조달된 자금을 어떻게 사용하고 있느냐 하는 자금의 사용 방법을 나타내고 있다. 즉 조달된 자금을 외상매출금이나 어음 등의 유동자산으로 가지고 있는지, 고정자산으로 가지고 있는지, 혹은 투자계정으로 가지고 있는지 등 조달된 돈을 어떻게 사용할 것인가를 나타내는 것이 대차대조표의 좌측이다.

즉 대차대조표의 우측은 자금 조달이 쓰여져 있고, 좌측은 그 조달된 자금의 용도가 쓰여져 있다. 따라서 대차대조표는 우측 합계와 좌측 합계가 맞게 되어 있다. 대차대조표의 좌측 숫자를 줄이면 우측의 숫자도 줄어든다. 대차대조표의 좌측을 효과적으로 줄이면 우측의 자금 조달도 줄어든다. 외상매출금을 줄이면 그만큼 자금 조달도 줄어들고 재고를 줄이면 그만큼 자금 조달의 필요성이 줄게 된다.

요컨대 대차대조표의 좌측을 줄이는 것이 기업의 몸을 가볍게 하여 군살이 빠진 가벼운 체질로 만들어 가는 가장 큰 요인이 되는 것이다. 원래 기업 경영은 얼마만큼의 돈을 투자하여 얼마만큼의 수익을 올리는가에 달려 있다. 그렇게 하기 위해서는 대차대조표의 좌측의 내용을 잘 살펴서 불필요한 요소를 제거함으로써 금리를 지급해야 하는 금융 조달을 줄인다. 이렇게 하면 자연히 이익은 늘어난다.

이제 대차대조표의 구성을 알았으니 앞에서 말했던 수익성과 안전성에 대한 회사의 실태를 파악하는 방법에 대해 상세하게 설명하기로 한다.

┃2┃
고수익 체질을 만들기 위해서는

사업의 수익성을 체크해야 한다

총자본이익률이 은행 금리 이하라면 사업을 해야 하는 의미가 없다. 이것은 제조업·유통업을 불문하고 어느 기업에도 공통된 경영의 정의라고 앞에서 말했다.

총자본이익률이란 대차대조표의 우측 합계액에서 세금공제전이익을 나눈 수치, 즉 '조달된 돈을 써서 어떻게 이익을 올렸는가?' 라는 기업의 수익성과 사업의 효율을 판단하는 지표이다. 이러한 총자본이익률은 다음과 같은 식으로 산출된다.

총자본이익률 = 세금공제전이익/총자본
= (세금공제전이익/매출액) × (매출액/총자본)

세금공제전이익을 매출액으로 나누면 세금공제전이익률이 되고, 매출액을 총자본으로 나누면 총자본회전율이 된다. 용어가 다소 전문적이지만 이익의 폭이 클수록 또 조달된 자금을 효율적으로 잘 쓸수록 이익이 난다. 즉 총자본이익률이 좋아지는 것이다. 이익의 폭이 크고 자금이 효율적으로 활용될 때 회사의 이익은 가장 커지는 것이다. 여기까지는 경리 업무의 지식에 지나지 않는다. 사장은 총자본이익률을 생각하지 않으면 안 된다. 우선 이익의 폭을 늘린다는 것을 생각해 보기로 하자.

새로운 주력 사업이나 상품을 추가해야 한다

지금까지와 똑같은 상품이나 서비스, 시장 체제로 사업을 계속한다면 이익의 폭을 늘리는 일은 지극히 어려운 일이다. 불가능에 가까운 일일 것이다. 결국 장기간에 걸쳐 이익의 폭을 감소시키지 않고 높은 이익률을 유지하려면 현재까지의 이익을 보다 더 키울 수 있는 새로운 상품을 찾든지, 아니면 이익의 폭이 감소하는 상품을 없애든지, 또는 조금이라도 더 높은 가격으로 팔 수 있는 새로운 시장을 개척하는 수밖에 없다.

지금까지 몇 번이고 강조해 왔지만 고부가가치를 목표로 미래의 방향을 결정하는 것이 중요하다는 것은 두말할 필요가 없다. 시대의 흐름을 읽어서 유망한 사업은 늘리고 불투명한 사업을 정리한다는 것은 당연하고 중요한 일이지만 결코 쉬운 일은 아니다. 상품·서비스·시장의 끊임없는 강화에 의해 새로운 주력 사업이나 상품을 추가하고 새로운 성장 시장으로 진출하는 것은 사업의 출발점이다. 쇠퇴하고 있는 업종에서는 대담한 업종 전환도 필요하다. 고부가가치를 취할 수 있는 것을 찾고 새로운 방법으로 시행착오를 거치면서 매출을 늘릴 수 있는 방법을 찾아 이익의 폭을 넓힐 수 있는 상품이나 시장을 개척하지 않으면 회사의 미래는 없는 것이다. 숫자를 조작하는 것만으로는 아무 것도 되지 않는다. 이것은 앞에서도 여러 사례를 들어 설명한 바와 같다. 사장이 해야 할 최대 역할이 회사의 방향 설정에 있다고 강조한 이유가 바로 그 때문이다.

물론 많은 독자들은 이 사실을 충분히 알고 있을 것이다. 그러나 그것은 그렇게 간단한 것이 아니다. 이익의 폭을 늘릴 수 있는 것을 쉽게 찾을 수 있다는 것을 전제로 장기 계획을 세울 수는 없다. 새로운 방향 설정의 보람이 나타나서 대폭적인 이익률의 개선 효과를 실제로 얻기까지는 이익의 폭, 즉 매출총이익률은 해마다 감소할 것도 생각해야 한다. 만일 예상보다 빨리 이익의 폭을 늘릴 수 있는 상품이나 시장이 손에 잡힌다면 그 때는 수정 계획을 다시 세워야 한다. 그것이 현실적인 사고이다.

기존의 계획대로는 이익의 폭이 감소하기 때문에 이익의 폭을 늘리는 방향으로 지혜를 찾아내고 방법을 강구함과 동시에 앞으로는 이익의 폭이 감소한다는 것을 전제로 한 실현 가능한 계획을 세운다. 이것이 사장으로서의 취할 자세이다. 그렇게 되면 총자본의 회전율을 올리는 것이 이익을 높이는 체질 만들기의 중요한 실무적 착안점이 된다.

자본의 효율성을 체크해야 한다

조달 자금의 효율, 즉 총자본회전율은 매출액을 분자로, 총자본을 분모로 하여 산출한다. 이것은 매출을 늘리느냐, 총자본을 줄이느냐에 눈을 돌리는 것이다. 호황일 때 매출액을 늘리는 것은 어느 회사나 그렇게 어려운 일이 아니다. 그러나 매출액이 증가하면 총자본이 팽창하는 경향이 있다. 자금을 함부로 쓰는 일이 늘어난다. 예를 들면 무의미한 재고, 신중하지 못한 투자, 필요 이상의 현금과 예금 등이 존재함으로써 총자본을 부풀린 상태로 만들어 버린다.

호황이 있으면 반드시 불황이 이어지는 것이 세상 이치이다. 불황이 되면 매출액을 늘리기가 어렵다. 결국 총자본이 적은 회사는 불황에 대한 저항력이 있지만, 부풀려진 회사는 어려움을 겪을 수밖에 없다. 1990년대의 거품 붕괴를 생각할 것까지도 없다. 몇 번이나 겪었던 대로 호황이 끝나고 불황이 시작할 때는 방만 경영에 의한 실적 악화를 말해 왔다. 대체로 1990년대 거품 경제의 폐해 역시 토지나 주식의 폭등과 폭락에 있었던 것은 아니다. 다름 아닌 인간의 머리가 거품이 되었던 것이 문제였다.

분모의 총자본이 커지면 효율이 나빠지고 분모가 작아지면 좋아진다. 경영이란 고작 이 정도의 단순한 구조로 좋든 나쁘든 결정되어 버리는 것이다. 우선 5년 동안의 회사 총자본이익률의 추이를 살펴보는 것이다. 5년 동안의 수치를 비교해 보고, 만일 매출액의 증가 경향에도 불구하고 총자본이익률이 내려갔다면 유감스럽지만 사장의 머리가 상당히 거품으로 쌓여 있다는 증거이다. 필요 없는 돈을 빌렸다든가, 또는 빌리게 했던가 하는 것이다.

은행의 권유대로 돈을 빌려 옳게 활용하지 않음으로써 자금 조달만 증가시켰다면 어떻게 될까? 기업의 실태 이상으로 자금 조달을 늘리면 지급이자만 증가하게 되어 이익률이나 매출액이 늘지 않는 한 총자본이익률이 줄어드는 것은 당연하다.

결국 총자본이익률을 늘리기 위해서는 불합리한 자금의 지출을 막는 것이다. 분모인 총자본의 다이어트가 가장 간단한 방법이다. 은행 금리에도 미치지 못하는 총자본이익률이 계속되는 회사가 있다면, 우선 세금공제전이익을 은행 금리로 나누어 보면 된다. 산출된 수치가 은행 금리 정도의 이익을 낼 수 있는 총자본이 적절한 상태라 할 것이다.

예를 들어 총자본 50억 엔, 세금공제전이익이 1억 엔인 회사가 있다고 하자. 이 경우 총자본이익률은 2%이다. 만일 은행 금리를 4%로 하면 1억 엔을 0.04로 나누어 얻어진 숫자, 즉 25억 엔이 총자본이라면 1억 엔의 이익으로 4%가 된다. 즉 이익 조성에 직접 도움을 주지 않는 25억 엔의 불필요한 자본이 있는 것이다. 사장에게 중요한 일은 이러한 실태를 한시라도 빨리 파악하는 일이다.

아마도 이 회사의 사장은 회사가 구조적으로 이익이 나지 않는 체질인 것을 알고 깜짝 놀랄 것임에 틀림없다. 그러나 총자본의 적정 규모를 알게 되면 사장으로서의 방침도 나올 수 있다.

"지금까지 경리 담당자나 담당 회계사가 가끔 자금의 사용 방법에 대해 말해 주었지만 이토록 중요한 일이었던가?"

대차대조표의 좌측을 보고 외상매출금의 회수, 재고의 축소, 효율이 나쁜 투자의 정리 등 자금 낭비의 원인을 체크하는 데서 느끼는 실감이 다를 것이다. 이와 같이 구체적으로 자기 회사의 실태를 찾아서 대책을 강구하는 것은 매우 중요하다. 이것이 사장으로서의 대차대조표를 읽는 방법이다.

대출을 받아서 돈벌던 시대는 끝났다

회사를 이익이 나지 않는 체질로 만드는 원인, 특히 중소기업에서는 영업외손익의 금융비용일 것이다. 금융비용이 어떻게 해서 이익 상승에 브레이크를 걸고 있는가를 아는 것은 매출에 대한 금융비용의 비율이 아니라, 부가가치에 대한 금융비용의 비율을 생각하면 된다. 만일 부가가치율이 30%이고 매출에 대한 금융비용의 비율이 3%라고 하면, 부가가치에 대한 금융비용의 비율은 10%나 된다. 특히 상사의 경우 매출액이 큰 것에 비해 부가가치는 적기 때문에 이 차이는 한층 더 극단적인 것이 된다. 잘못하면 인건비보다 금융비용이 더 많은 회사도 있을 정도이다. 이러한 체질은 대차대조표를 바꾸지 않는 한 변하지 않는다.

대차대조표 좌측의 방만한 비용은 그대로 둔 채 우측의 불필요한 자금 조달로 이어지는 경우가 많다. 결국 불필요한 자금을 빌려서 이익이 줄어들게 하고 있는 것은 아닌지 사장은 정확하게 체크할 필요가 있다. 반복해서 말하지만 총자본을 줄이는 일이 이익률을 높이는 가장 확실한 방법이다. 만일 이익을 내지 못하는 체질인 회사가 있다면 총자본에서 금리를 지불해야 하는 돈이 어느 정도인가를 파악해야만 한다. 이를 위해 필요한 수치가 이자 있는 부채 비율(유이자부채비율)이다.

총자본 중에는 단기차입금, 장기차입금, 사채, 할인어음의 4가지가 금리를 지불하는 돈이다. 따라서 이 4가지를 더해서 총자본으로 나누면 자금 조달 중에서 금리를 지불하는 자금이 몇 %가 되는지 수치가 나온다. 이것이 유이자부채비율이다. 이 지표를 기억해 두면 사장의 정책 결정의 폭이 넓어진다.

만일 유이자부채비율이 30%로 나온다면 어떨까? 그 회사는 위험 수위에 들어 있다고 해도 된다. 50%라면 빈사 상태의 중상이다. 아마 은행에서 빌린 돈을 갚기 위해서만 일해야 할 것이다. 회사는 금리를 지불하기 위해 일을 하는 것이 아니며 은행을 위해 일하는 것도 아니다. 그러나 경기의 호·불황으로 5년이나 10년 이상 금리를 지불하기 위해서 일을 하는 회사가 주위에는 많다. 그와 같은 회사의 사장은 예상이 빗나갔다고 변명하겠지만 대차대조표를 분명히 읽어두었더라면 막을 수도 있었을 것이다.

과거 고도 성장 시대에는 돈을 빌리는 것도 실력이라 하고, 빌린 돈으로 사업을 키우고 확대해 가는 것이 기업 발전의 정석이라고 말했을 때가 있었다. 큰 폭의 인플레가 계속됨을 전제로 하면 빌렸을 때의 1억 엔이 갚을 때는 실질적으로 4천~5천만 엔, 돈을 빌려서 설비했거나 토지를 구입해 두면 높은 금리를 지불해도 충분히 본전을 찾을 수 있다고 많은 경영자가 생각하고 있었다. 게다가 이익이 나고 있으면 이자는 경비로 처리할 수 있기 때문에 돈을 빌리지 않는 것이 오히려 손해라고까지 공언하는 경영자도 적지 않았다. 그러나 앞으로는 어떻게 될까?

5년 후, 10년 후의 계획을 세울 때는 종래와 같이 돈을 빌리지 않으면 손해라는 생각은 버려야 한다. 사장은 대차대조표의 요점을 분명히 알고 자금을 효율적으로 사용하는 일이 더욱 중요해질 것이다. 자신의 실패를 인플레 경제가 상쇄해 줄 것으로 기대해서는 안 된다. 대차대조표 좌측의 불필요한 요소를 줄이면 우측의 자금 조달도 그만큼 줄일 수 있다. 줄일 수 있다면 이자가 나가는 돈부터 줄여야 한다. 경영이란 결코 어려운 것이 아니다. 이익은 이렇게 함으로써 확실히 늘어간다. 경영에서는 '확실히'라는 점이 가장 중요하다.

| 3 |

어려운 상황에도 흔들리지 않는 체질

안전성이란 어떤 것인가?

회사를 수익 체질로 만들기 위해 자금의 효율 면에서 대차대조표를 어떻게 보아야 하는가에 대해 설명했다. 그러나 이것만으로는 안된다. 자금의 비효율을 철저히 막고, 합리적이고 효율적으로 썼다고 해도 어려운 사태가 생겼을 때 회사가 망한다면 소용없는 일이다. 사장은 효율적인 경영을 함과 동시에 예측할 수 없었던 사태가 일어난다 해도 회사가 무너지지 않도록 해야만 한다는 것을 생각해 두어야한다.

대차대조표가 회사의 체질을 나타내는 것이라고 한다면 효율적인 체질과 동시에 안전한 체질이 되도록 해야 한다. 어떤 어려운 사태에도 흔들리지 않는 체질, 이것이 회사의 안전성을 표현한 말이다. 회사를 안전한 체질로 만드는 것도 사장의 중요한 일 가운데 하나이다.

신뢰했던 거래처에서 부도를 냈다고 하자. 기업의 체질을 판단할 수 있는 것은 이런 때이다. 스스로가 그 입장이 되어 생각해 보자. 작은 액수의 어음이라면 괜찮겠지만, 이것이 큰 액수의 어음이었다면 문제가 된다. 이 쪽에서도 거래처에 지불할 어음을 발행하였으므로 그것을 결제해야 한다. 그러지 못하면 이 쪽이 도산한다. 어렵게 되었다고 고민만 하고 있어서는 안 된다. 신속하게 방법을 강구해야 한다. 이런 경우에는 우선 수중에 있는 돈을 모아서 지불에 충당하는 것이다. 그러나 전액을 현금으로 준비하기는 어렵다. 그럴 때에는 준비된 만큼의 현금을 가지고 지불어음을 보유하고 있는 거래처를 방문하여 상황을 설명해 주고 양해를 구하도록 해야 한다.

"사실은 받을 어음이 부도가 났습니다. 이번 달 말일 자로 어음을 발행했는데, 여기 마련할 수 있는 현금을 준비했습니다. 죄송하지만 이 돈을 받아주시고 나머지는 한 달만 더 연기해 주시지 않겠습니까? 어음금에 대한 추심을 연기해 주십시오. 그리고 우리는 지금 일정 금액의 매출채권이 있습니다. 이것을 회수해서 다음 달에는 어음금을 결제하도록 노력하겠습니다. 그래도 부족하면 우리가 보유하고 있는 재고를 처분하겠습니다. 귀사에 지급한 어음에 대해서는 결코 손해가 발생하지 않도록 최선을 다하겠습니다."

이것이 정석이다. 이 이상의 방법은 없을 것이다. 결국 회사가 유사시에 안전성이 높고 낮음은 즉시 현금화 할 수 있는 자금을 얼마만큼 보유하고 있느냐에 달려있다.

유동(流動)의 의미

회사가 안전한 체질인가를 아는 첫 번째 지표는 유동비율(流動比

率)이다. 물론 독자 여러분도 유동비율은 기초의 기초이며 상식이라고 하는 분도 많을 것이다. 그러나 이 유동이 무엇을 의미하는지 단순한 용어에 대한 지식으로서가 아니라 사장의 책무로서 정확히 알아둘 필요가 있을 것이다.

어느 회사의 대차대조표에도 유동자산이나 유동부채라는 말이 나오지만, 유동이란 '1년 이내' 라는 의미이다. 따라서 유동자산이란 1년 이내에 회수되는 자산, 유동부채란 1년 이내에 결제하는 부채를 말한다. 사장은 이것을 머릿속에 넣어두고 대차대조표의 내용을 정확히 알아두는 것이 중요하다.

더 자세히 말하면 유동자산이란 현금 · 예금, 매출채권, 재고, 그밖에 1년 이내에 회수되는 자산이며, 유동부채란 매입채무, 단기차입금, 미납부 법인세, 그밖에 1년 이내에 결제해야 하는 부채를 말한다. 사업이라는 것은 단지 물건을 팔면 되는 것이라고만 할 수 없다. 판매한 돈을 회수하지 않으면 사업은 이루어지지 않는다. 외상매출금의 회수는 아무리 길어도 1년을 넘길 수 없다. 또한 부품이나 물건을 들여오는 일도 있다. 들여온 이상 물품대금을 지불해야 한다. 길어도 1년을 넘긴다는 것은 원칙적으로 있을 수 없다. 게다가 들여온 것을 팔지 못하여 재고로 쌓아둔다는 것은 무엇을 위한 사업인지 분간할 수 없다. 재고는 길어야 1년 이내에 회전시켜야 하는 것이 상식이다.

1년 이상의 재고를 가지고도 사업을 할 수 있다는 것은 애당초 생각할 수 없다. 매출총이익률이 점점 줄어가는데도 매출이나 매입에 대해 몇 개월 분의 재고를 가지고 있다면 그 회사는 흑자 도산할 것이다. 매출총이익률이 줄었다면 재고도 줄인다. 적정 재고는 업종, 업태를 불문하고 매출총이익에 대한 4개월 분이라고 할 수 있다(왜 4

개월인가는 8장에서 자세히 다루기로 한다).

유동이라는 의미는 1년 이내라고 생각하는 것이 거래의 약속이다. 그것을 분명히 알아두어야 한다. 사장은 경리가 아니므로 그 이외의 자질구레한 일은 깊이 생각할 필요가 없다. 오히려 이와 같은 포인트를 확실히 파악하는 일이 예측할 수 없었던 사태에서도 흔들리지 않는 안전한 체질의 기업으로 만들어 갈 것이다.

안전성을 측정하는 세 가지 지표

경영 분석에 관한 책에서는 기업의 안전성을 분석하는 지표로서 유동비율 외에도 당좌비율·현금비율이라는 지표도 자주 나온다. 이들 세 가지 지표는 각각 다음 식으로 산출한다.

① 유동비율 = 유동자산/유동부채 = 125% 이상
② 당좌비율 = (유동자산 - 재고)/유동부채 = 70% 이상
③ 현금비율 = 현재 예금/유동부채 = 30% 이상

①, ②, ③의 수치가 각각 무엇을 의미하는지 알기 쉽게 하기 위해 조금 더 구체적으로 설명하겠다. 자금이 막히는 부도를 당하게 될 경우, 앞에서 말했듯이 즉각 현금·예금을 가지고 지급어음을 소지한 거래처에 먼저 부탁하러 가야 한다. 그것이 상식이다. 그 경우 부채의 일부 금액에 상당하는 현금을 가지고 가서 나머지는 다음으로 연기하는 것을 의뢰하면 과연 상대방은 승낙해 줄 수 있을까? 무리일

것이다. 그렇게 납득해 준다면 상대는 상당히 마음 편한 경영자이다.

부채액의 몇 %의 현금이면 가능할까? 상식적으로 말해서 그것은 30%이다. 그 정도라면 들어줄 것이다. 그렇지만 얘기는 그것으로 끝나지 않는다. "알겠습니다. 일단 생각해 보겠습니다. 그런데 30% 정도는 되었지만, 나머지는 어떻게 할 생각입니까?" 상대는 반드시 이렇게 묻게 마련이다. 요컨대 잔고 결제를 어떻게 할 것인가 하는 것이 문제이다. 재고를 처분하기에는 약간 시간이 걸린다. 따라서 현금 다음으로는 유동자산에서 재고를 제한 것으로 충당해야 한다. 즉 매출채권, 받아야 할 어음, 가불금, 선급금 등을 현금화해서 회수할 수 있을 것이다.

"나머지 잔액은 이후 1개월 정도의 여유를 주십시오. 매출채권이 있기 때문에 그것을 회수하여 현금이나 어음으로 가져오겠습니다. 받아야 할 어음은 은행에서 할인해서 가져오겠습니다." 이에 대해 상대방은 "그러면 어느 정도 지급해 줄 수 있습니까?"라고 물을 것이다.

방법에 따라서 양해할 수 있다는 말인데, 이것은 당연한 말이다. 그러면 어느 정도 지불해야 상대는 납득해 줄 것인가? 물론 100% 완전 결제보다 더 좋은 일은 없다. 그렇지만 사정이 사정인 만큼 당장 지불할 현금을 70%로 한다면 상대가 매정하지 않는 한, 지금까지의 오랜 거래관계를 고려해서 부탁을 들어 줄 것이다. 물론 잔고는 재고를 처분해서 전액 갚는다는 확약이 있을 때의 이야기이다. 여기서 앞에서 말했던 안전성 분석의 세 가지 수치를 생각해 주기 바란다. 현금비율 30% 이상, 당좌비율 70% 이상, 유동비율 125% 이상, 이러한 세 가지 수치는 앞에서 했던 말을 배경으로 한 현실적인 수치이며 경영의 정석을 나타내는 수치이다.

사장은 경영분석 수치를 어떻게 받아들여야 하는가?

첫째 현금비율이다. '현금비율 = 30% 이상'이라는 것은 어음의 연기를 의뢰함에 있어 부채액의 30% 이상의 현금을 가지고 가면 상대가 납득해 줄 수 있는 수치이다. 요컨대 유동부채에 대해 적어도 30% 이상의 현금·예금을 가지고 있지 않으면 기업 경영이 안전하지 않다는 것을 나타내는 수치이며, 기업의 안전성을 평가하는 중요한 지표가 되는 수치이다.

다음으로 당좌비율이다. 거래처에 즉각 부채액의 30%에 해당하는 현금을 건네고 남은 잔액은 잠시동안 여유를 얻었다. 그렇지만 그것만으로는 상대가 납득하지 않는다. 외상매출금을 회수하여 지불할 수 있는 돈이 부채액의 70% 이상에 달하면 상대가 납득해 줄 수 있다는 것이 '당좌비율 = 70% 이상'의 의미이다.

결국 유동부채에 대해 유동자산에서 재고를 뺀 나머지가 항상 70% 이상이 되지 못하면 기업 경영은 안전하다고 할 수 없다. 70% 이상이라는 것은 바로미터가 되는 수치인 셈이다.

그러면 '유동비율 = 125% 이상'이라는 것은 어떤 의미일까? 유동비율이란 유동부채로 유동자산을 나눈 것이다. 유동자산에는 당연히 재고도 포함된다. 이 재고가 때때로 걱정거리가 된다. 재고에는 평가가 따른다. 예를 들어 어느 회사가 어음 부도로 도산하게 되었다. 재고품을 처분한다. 그렇게 되면 세상의 인심은 냉혹하기 때문에 좋은 기회라 생각하고 값을 후려쳐서 사려는 상황이 일어난다. 그것이 보편적이며 회사의 입장을 동정해서 비싸게 사주려는 사람은 없다. 따라서 재고가 만약 1억 엔이라 해도 1억 엔으로 처분할 수는 없는 것이다. 재고는 그렇게 평가된다. 유동자산에는 이러한 재고도 들어 있기 때문에 그것을 유동부채로 나눈 유동비율은 반드시 100% 이상이 되어야 한다. 가능하면 125% 이상이 바람직한데, 이것이 '유동비율 = 125% 이상'의 의미이다. 그 이하로는 기업의 체질이 안전하다고 할 수 없을 것이다.

장기 계획의 두 가지 테마

회사의 체질을 수익성이 있는 체질로 만들어 절대로 무너지지 않는 체질로 키운다. 경영은 균형을 이루는 것도 중요한 정석이다. 요컨대 사장은 항상 대차대조표로 회사의 체질을 바로잡아 효율적인 경영이 되도록 함과 동시에 튼튼한 건강 체질이 되도록 필요한 방법을 순차적으로 수행해야 한다. 그러기 위해서 사장은 지금까지 지적했던 지표 중에서 적어도 '총자본이익률'과 '유동비율'의 두 가지에 대해서만은 실제 수치를 반드시 기억해 두어야 한다.

· 총자본이익률은 반드시 시중 금리 이상
· 유동비율은 125% 이상

이상의 두 가지 구체적인 목표 수치에 대한 회사의 현실과의 차이가 장기 계획의 기본 테마가 되는 것이다. 더하여 필요한 지표라고 한다면 '당좌비율' 과 '현금비율' 의 두 가지이다. 이외에는 필요가 없다. 다른 소소한 계산은 경리에게 맡겨 두면 된다. 대차대조표를 보았을 때 이러한 지표가 즉시 수치화하여 나타나도록 해두는 것이 중요하다. 과거의 숫자를 읽으면서 현재의 실태를 숫자를 통해 객관적으로 살펴서 어디를 개선해야 할 것인가, 무엇을 늘려야 할 것인가에 대한 명확한 근거를 확실히 해두는 것이 필요하다. 그것이 장기 계획을 견고히 하는 것임과 동시에 사장 자신에게 의지가 되는 포인트라고 할 수 있다.

| 4 |
D정밀의 사례

D정밀의 실태

사례 연구의 모델 회사 'D정밀'이 드디어 여기에 등장하게 되었다. 이 책의 1장에서 설명했듯이 D정밀은 종업원 약 100명, 연매출 20억 엔을 올리는 OA기기 제조업체이다. 전형적인 중소기업이라고 해도 된다. 〈표 1〉의 숫자는 D정밀의 과거 3년간의 실적으로서 여기에 이 회사의 특징이 잘 나타나 있다. 우선 매출액을 보자. 3년 전이 15억 9,300만 엔, 2년 전이 17억 8,500만 엔, 직전기가 20억 5,500만 엔이다. 즉 D정밀의 매출은 3년간 비교적 순조롭게 증가해 왔다는 것을 알 수 있다.

그렇지만 표 밑 부분의 세금공제전이익을 보면 알 수 있듯이 3년 전이 1억 8,100만 엔, 2년 전이 1억 4,800만 엔, 직전기가 1억 3,600만 엔으로 이익의 하강 경향이 현저하게 나타나고 있다. 이것이 이 회사의 첫째 특징이라고 할 수 있다. 이대로 간다면 이익이 1억 엔으로 떨어지는 것은 시간 문제이다. 어디에 문제가 있는지 근본적으로 살펴

〈표 1〉 D정밀의 손익계산서

(단위 : 100만 엔)

항 목		직전3기		직전2기		직전기	
매 출 액		1,593		1,785		2,055	
매 출 원 가		637		741		872	
	%		60.0		58.5		57.6
매 출 총 이 익		956	100.0	1,044	100.0	1,183	100.0
영업경비	인 건 비	335	35.0	392	37.5	476	40.2
	선 행 투 자	57	6.0	71	6.8	90	7.6
	상 각 비	48	5.0	47	4.5	46	3.9
	일 반 경 비	178	18.6	218	20.9	251	21.2
	임 원 보 수	52	5.4	55	5.3	60	5.1
	계	670	70.1	783	75.0	923	78.0
가 영 업 이 익		286	29.9	261	25.0	260	22.0
사 업 세 준 비		-20	-2.1	-19	-1.8	-18	-1.5
영 업 이 익		266	27.8	242	23.2	242	20.5
영 업 외 손 익		-57	-6.0	-73	-7.0	-95	-8.0
경 상 이 익		209	21.9	169	16.2	147	12.4
특 별 손 익		-28	-2.9	-21	-2.0	-11	-0.9
세금공제전이익		181	18.9	148	14.2	136	11.5
납 세 충 당 금		-94	-9.8	-74	-7.1	-68	-5.7
당 기 순 이 익		87	9.1	74	7.1	68	5.7
이익금처분	임 원 상 여						
	배 당 금	-4	-0.4	-4	-0.4	-4	-0.3
	계	-4	-0.4	-4	-0.4	-4	-0.3
차감내부유보		83	8.7	70	6.7	64	5.4

* 소수점 이하의 수치는 절상 · 절하에 따른 오차가 있음

서 회사를 건강한 체질로 바꾸는 것이 D정밀 사장이 장기 계획을 수립하게 된 동기이다.

매출이 순조롭게 오르는데 왜 이익이 줄어들까? 우선 이 원인을 찾아야 하는데, 첫 번째로 지적할 수 있는 것은 지나친 경비이다. 인건비를 보자. 3년 전이 3억 3,500만 엔, 2년 전이 3억 9,200만 엔, 직전이 4억 7,600만 엔으로 대폭 증가했다. 매출총이익에 대한 비율로 보아도 35%에서 37.5%, 40.2%의 증가를 보이고 있다. 절대액이 많고 적은 것은 별개로 하고 분배비율이 늘어났으므로 근로자에게는 기쁜 일이다. 매출이 순조롭게 늘어나면서 다소 마음이 해이해져서 인력을 늘리고 임금을 높여서 인건비가 증가한 것이다. 이러한 현상은 거품의 영향을 받은 평균적인 기업의 모습이다.

선행 투자도 5,700만 엔에서 7,100만 엔, 9,000만 엔으로 증가했다. OA기기 제조업체이면서 연구개발이 활발해야 함은 이해되지만, 회사의 규모로 볼 때는 개발 투자에 너무 많은 자금을 투입한 것은 부정할 수 없다. 그렇지만 감가상각비는 4,800만 엔이 4,700만 엔, 4,600만 엔으로 퍼센트로 보면 5%에서 4.5%, 3.9%로 감소했다. 제조업에서 상각비가 줄고 이익이 난다해도 결코 기뻐해야 할 현상은 아니다.

일반경비는 어떤가? 여기에도 거품의 영향이 나타나서 1억 7,800만 엔에서 2억 1,800만 엔, 2억 5,100만 엔으로, 배분비율도 18.6%가 20.9%, 21.3%로 증가한 것으로 볼 때 마음껏 소비했다는 결과가 나온다. 임원 보수도 5,200만 엔, 5,500만 엔, 6,000만 엔으로 늘었지만 비율로 보면 이것은 줄었다. 이상의 영업경비를 종합해 보면 3년 전이 6억 7,000만 엔, 2년 전이 7억 8,300만 엔, 직전기가 9억 3,000만 엔으로서 비율로 보면 70.1%, 75%, 78%로 현저하게 늘어났다. 이것이 D

정밀의 이익을 줄게 한 하나의 요인이 되었음을 알 수 있다.

영업이익 2억 6,600만 엔이 2억 4,200만 엔이 되어 비율로 보면 27.8%가 23.3%, 20.5%로 떨어진 것이다. 여기에 더 추가된 것이 영업외손익인 금융비용이다. 3년 전에 6%였던 것이 7%로 늘고, 또 8%로 늘어났다. 이것도 이익을 줄게 한 큰 요인이 된 것임에 틀림없다. 은행에서 필요 이상의 차입을 한 것도 원인이지만, 이 회사의 매출은 늘어나도 여러 부분의 낭비가 이익을 막는 이른바 거품의 영향을 받은 전형적인 회사의 하나라고 볼 수 있는 것이다.

이상이 〈표 1〉에서 본 D정밀의 대략적인 실태이다. 이와 같이 과거의 실적을 시계열(어떤 현상의 시간적 변화를 관찰해서 얻은 값의 계열)로 비교해 보는 것으로부터 현상에 대한 인식은 시작된다.

개선해야 할 포인트는 무엇인가?

다음으로 〈표 2〉의 대차대조표를 보면 '자본 부분'의 합계액 24억 9,100만 엔이 D정밀의 총자본이다. 따라서 〈표 1〉에서 나온 세금공제전이익 1억 3,600만 엔을 총자본으로 나눈 수치, 즉 5.5%가 D정밀의 총자본이익률이 된다.

총자본이익률 5.5%는 겨우 합격한 셈이다. 그러나 이익의 하강 경향을 그대로 연장하여 간다면 총자본이익률이 시중 금리 이하의 회사가 되는 것은 시간 문제이다. 그렇지만 지금의 총자본이익률은 무난한 편이다. 문제는 유동비율이다. 〈표 2〉에서 산출하면 509%이다. 앞에서도 말했듯이 유동비율은 125% 이상이 바람직하다. 그러나 많

(단위 : 100만 엔)

자	유 동 자 산	1,653	부 채 및 자 본	유 동 부 채	325	
	현 예 금	229		매 입 채 무	230	
	보 유 예 금	(43)		단 기 차 입 금	0	
	운 용 자 금	(186)		미 불 법 인 세	42	
	유 가 증 권	(0)		기 타	53	
	매 출 채 권	801		고 정 부 채	994	
	재 고	603		장 기 차 입 금	994	
	기 타	20		예 치 금	0	
산	고 정 자 산	788		제 준 비 금	20	
	토 지	105		자 본	1,152	
	기 타	683		자 본 금	35	
		0		제 적 립 금	1,049	
	투 자	50		당 기 이 익	68	
	합 계	2,491		합 계	2,491	

다고 좋은 것은 아니다. 509%는 너무 많다. 이상한 숫자라고 해도 된다. 즉 불필요하게 많은 것이다.

한편 당좌비율을 계산해 보면 323%가 되어 있다. 상식적으로 당좌비율은 70% 이상이 바람직하다. 323% 역시 상식을 벗어난 수치라고 할 수 있다. 현금비율은 30% 이상이 되면 대강 합격점인데, 이 표에서 산출해 보면 70%이다. 이것도 역시 많다. 이런 상식을 벗어난 숫자가 된 것은 사장이 안전에 지나친 포인트를 둔 때문만은 아니다. 아마도 대차대조표를 경영자의 안목으로 읽지 많았기 때문이다. 어쩌면 대차대조표를 읽는 방법을 몰랐던 것은 아닐까 하는 의심을 받아도 변명하기 어려울 것이다. 단 한 번이라도 대차대조표를 사장의 위치에서 읽고 있었다면 이런 숫자는 발생하지 않았을 것이다.

D정밀의 하강 국면에 있는 실적을 상승으로 바꾸는 데는 손익계산서를 고치는 것보다 대차대조표의 내용을 개선해야 한다. 그것이 훨씬 이익이 큰 회사가 되는 길이다. 유동비율이 509%라는 것은 상식을 벗어나 있다. 상식을 벗어난 안전성은 반대로 낭비가 많다는 것이다. 즉 유동자산의 슬림화를 검토하고 그만큼 자금 조달을 감소시키면 이익을 향상시키게 된다. 예를 들어 유동비율을 125%로 하면 유동부채가 13억 2,000만 엔으로 된다. 그만큼 차입금을 줄이면 그 회사는 무차입이 되고 금리도 4,000~5,000만 엔 감소하여 그만큼 이익이 증가한다.

결론부터 말하면 이 회사는 은행에서 자금을 차입할 필요가 전혀 없었던 것이다. 이러한 간단한 사실을 사장이 몰랐던 것이다. 사장의 위치에서 대차대조표를 파악하지 못해 어느새 수익 체질을 악화시킨 것이다. 따라서 어느 한 쪽으로의 과도함을 없애고 체질을 전환하는 것이 D정밀을 다시 일으키는 가장 즉각적이며 확실한 대책이 될 것이다. 이러한 점을 교훈 삼아 장기 계획을 수립한다면 D정밀의 체질 개선은 비교적 쉬울 것이다. 〈표 2〉의 대차대조표는 그것을 가르쳐 주고 있다.

4장

최소 5년 후의 경영 비전을 설정하라

사장의 꿈과 야망이 크면 클수록 미래의 가능성은 확대되어 간다. 그러나 사장이 설정한 경영 비전은 실현 가능한 뒷받침을 가진 계산된 미래를 그린 것이어야 한다. 그러기 위해서는 사장의 막연한 꿈과 야망을 사장의 역할 의식과 숫자의 약속에 따라 냉정하게 정리할 필요가 있다. 4장의 핵심인 '부가가치 배분 목표 계획' 은 사장의 꿈을 숫자로 구체화함으로써 실현 가능한 경영 비전을 설정하기 위한, 없어서는 안될 중요한 자료이다. 이 계획에 따라서 비로소 꿈과 현실과의 사이에서 최대한의 가능성을 추구할 수 있게 되는 것이다.

∎ 1 ∎

5년 후, 10년 후에 어떤 회사로 만들고 싶은가?

사장으로서의 꿈을 그려본다

나는 '경영비전'이란 '계산된 미래의 구상'이어야 한다고 생각한다. 계산되었다는 의미는 실현 가능성을 모든 각도에서 숫자로 체크한 것이다. 단순히 사장의 꿈과 야망의 단계에서는 경영 비전이라고할 수 없는 것이다. 여기서 사장의 야망과 꿈이라는 것과 경영 비전과의 관계에 대해 생각해 보자.

5년 후, 10년 후에 회사를 어떤 회사로 만들고 싶은가? 경영자로서자신이 어떤 상황에 있고 싶은지, 장래의 일을 생각해 보지 않은 사장은 없을 것이다. 말이나 문장으로 분명히 표현할 수는 없어도 꿈과같은 미래의 구상이 있다. 그러나 그것의 대부분은 타인에게는 말할수 없는 개인적인 소망이거나 말해도 웃어버릴 허풍으로밖에 생각할 수 없는 당치않은 야망이거나 이론적으로 정리할 수 없는 막연한것도 포함되어 있어서 머릿속에 혼재되어 있는 것이 현실일 것이다.그래도 상관없다. 막연한 꿈이라도 좋다.

장기 계획의 경영 비전은 사장의 야망과 꿈이 있어야 비로소 나올 수 있는 것이다. 그렇지만 막상 자신의 야망과 꿈을 구체적인 경영 비전인 문장이나 숫자로 표현하는 것이 어렵다고 말하는 사장이 많다. 그것은 다음 두 가지 잘못 때문이다. 하나는 경영 비전을 생각할 때 자신의 꿈과 융합된 진정어린 것이 아니라 회사가 당연히 해야 할 것으로 생각해 버리는 것이다.

　중요한 것은 '사장으로서 나는 이렇게 하고 싶다.' 라는 사장 개인의 본심을 아는 일이다. 한 개인으로서 자신의 장래, 회사나 사업의 미래를 어떻게 하고 싶은가에 대한 생각을 그려보는 일이 중요한 것이다. 회사의 이러저러한 것은 회사의 실무진이 생각할 일이며 사장의 발상은 아니다. 자신의 진심을 저버리고 아무리 좋은 것을 생각해도 진정한 것이 나올 수 없다. 사장이 진심으로 자신의 인생을 걸어도 후회가 없는 야망이나 꿈을 자신의 인생에 대해 다시 한 번 깊게 생각해보는 것으로부터 출발해야 한다. 자기 스스로 자기 인생의 꿈을 그리는 것이 즐겁지 않을 리가 없다. 경영이란 본래 즐거워야 한다. 고행이 되어서는 안 된다.

　두 번째는 처음부터 완벽한 경영 비전을 만들려고 하는 것이다. 우선 편하게 생각해야 한다. 어딘가에 모순이 있어도 상관없다. 나중에 현실과 비교해 보면서 정말로 할 수 있는지 없는지 체크해 가면 되는 것이다. 우선은 자신의 꿈을 그릴뿐이라고 생각하면 편하게 몰두할 수 있다.

　자신의 꿈을 마음껏 그려본다. 그 후에 앞에서 설명했던 사장의 역할 의식과 숫자에 의한 약속을 실제로 할 수 있는가를 검증하는 것이다. 꿈과 현실 사이에는 시행착오가 있을 수도 있다. 그 과정에서 사장의 구체적인 경영 비전이 나오는 것이다. 그 순서를 잊어서는 안 된다. 시작부터 저절로 되어지는 것은 아니다. 장기 계획은 결코 어려운 것이 아니다. 간단하게 할 수 있다는 것을 전제로 자신의 꿈을 우선 대략적이나마 계획으로 옮겨 보는 것이다. 문제점이 있으면 다시 바꾼다. 장기 계획은 한 번으로 끝나는 것이 아니다. 편한 마음으로 추진해 가는 것이 중요하다.

사장의 야망을 현재 상태에서 체크한다

미래는 과거의 연장선상에 있다고 말했지만, 독자 여러분은 나의 참뜻을 이해하고 있으리라 생각한다. 사장이 야망을 마음껏 펼칠 수 있다는 것은 분명히 중요한 시작이다. 그러나 계획을 세우는 것에 못지 않게 어떻게 실행하느냐 하는 뒷받침이 필요하다. 신규 사업으로 전환하지 않는 한 과거의 실적에서 극단적인 차이가 나는 급격한 변화는 일어나지 않는다.

장기 계획의 시작은 사장의 야망을 펼치는 일이지만 과거에 다져온 체질과의 차이를 아는 것이 중요하다. 그렇게 함으로써 막연한 야망과 꿈을 현실에 접근시키는 사장의 경영 방침이 나오는 것이다. 이것이 중요한 점이다. 그렇지만 일반적으로는 현실을 무시하고 꿈만 꾸면서 그 차이를 좁히기는커녕 반대로 그 차이를 점점 넓혀 가는 사장이 적지 않다. 그 중에는 "10년 후에 우리 회사는 ○○의 판매에서 국내 제일이 된다."라고 말하는 사장도 있다. 그 말은 용감하지만 매출을 전년 대비 150%를 이어간다는 매출 계획일 뿐인 구상을 실제로

본 적이 있다. 그 회사는 주택용 자재를 취급하는 지방 소재 대리점
이다. 빚이 많은 체질로 인하여 이익을 금리로 빼앗기고 총자본이익
률이 1%가 되지 않는 경영 상태였다. 이런 상태로, 만약 150%의 매출
증가를 실행해 간다면 운영 자금이 막힐 것이다. 이런 꿈은 야망이라
기보다 무모하다고 할 수밖에 없다. 숫자가 나열되어 있어도 앞뒤가
맞지 않게 된다. 허황된 숫자로 되어 있을 뿐이며 오히려 맥만 빠지
게 될 것이다. 현재 상태와의 차이를 뼈저리게 인식하지 못하고 세운
그 계획은 그다지 의미가 없는 계획이라고 할 수밖에 없다.

사장은 현실과 꿈 사이에서 최대한의 가능성을 추구해 갈 사람이
어야 한다.

장기 계획을 세울 때는 사장 개인으로서의 꿈을 꾸면서 동시에 과
거 3년 동안의 숫자를 근거로 구체적인 경영 비전을 만들어 가는 것
이다. 결국 사장의 꿈은 숫자에 의한 컨트롤이 필요한 것이다. 실천
의 장에서 자신의 회사에 어떤 특징을 부여하고, 어떻게 생존해야 하
는가를 꿈과 현실의 체질을 비교하면서 시행착오도 겪으면서 생각
해 내는 것이 대단히 중요한 의미를 갖는다.

과거 체질의 연장선상에 앞으로의 경영이 있다. 현실의 회사 체질
과 실태를 파악하여 어떻게 리드하며 수정해 갈 것인가 하는 것이 경
영이다. 눈으로는 과거의 숫자를 보면서 오른손으로는 미래의 숫자
를 써야 하는 필요가 여기에 있다. 이 때 너무나 비현실적인 숫자로
기록한다면 나중에 반드시 실현 불가능한 대답이 나오게 마련이다.
그렇다고 해서 소극적인 것도 문제이다. 과거의 숫자에 구속되어 있
으면 소극적인 비전밖에 나오지 않는다. 결국은 아무 것도 바뀌지 않
는 구태의연한 회사가 되고 말 것이다. 경영 비전을 수립하기 전에

마음껏 꿈을 펼쳐야 하는 이유가 여기에 있다.

사장의 생각을 숫자로 구체화한다

사장은 자신의 생각을 수치화하는 습관을 들여야 한다. 이것은 10 장에서도 말하겠지만, 장기 계획을 수립하는 데 있어서 대전제이다. 사장은 로멘티스트가 되어야 한다. 그렇지 않으면 실패의 가능성이 있는 사업에 자신의 인생을 걸고 새롭게 일으키거나 경영을 계속해 갈 수가 없다. 사장은 남보다 인정이 많아야 한다. 그렇지 않고는 출신이나 성격이 서로 다른 많은 사람을 이끌어 갈 수가 없다. 보통사람 이상으로 사람의 정서를 소중히 여기는 것이 사장이라고 해도 좋을 것이다.

한편 숫자는 사람의 정서와 대치되는 것이다. 논리의 세계는 사실 객관적이다. 숫자는 건조하고 정이 들어갈 틈이 없다. 그렇기 때문에 사장의 지나친 인정도 정리해 준다. 사장의 정서를 냉정하게 조절해 주는 것이 숫자인 것이다. 즉 보통사람 이상의 정서가 있기 때문에 사장에게는 보통사람 이상의 냉정한 숫자 조절도 역시 필요한 것이다. 경영은 균형이라고 말했듯이 사장에게 있어 꿈과 숫자와의 균형은 중요한 것이다.

사장은 자신의 야망과 꿈을 수치화하고 경영의 숫자에 사장의 의사를 반영하는 것이 필요하다. 사장은 회사의 숫자를 의도적으로 창출해 내는 사람이 아니면 안 된다. 경영은 숫자의 약속으로 하는 것이다. 다행히도 사용되는 숫자는 그렇게 어려운 것이 아니다. 초등학생의 지식으로도 충분히 해결할 수 있다. 오랜 경험으로 미루어 사장에게 대단히 중요한 결단의 근거가 되는 것이다. 숫자는 사장의 생각을 명쾌하게 정리해 주는 실로 편리한 도구이다.

기업 경영을 쉽게 하는 것은 정석대로 하는 것이라고 말했다. 경영의 정석은 수치화하는 것에 의해 객관적인 판단 자료가 된다. 예를 들어 더 많이 벌 수 있는 회사로 만들고 싶다면 총자본이익률을 사장이 파악하고 있지 않으면 안 된다. 어려운 역경에도 흔들리지 않는 회사로 키우고 싶다면 사장이 유동비율을 구체적으로 파악하지 않으면 안 된다.

사장의 야망과 역할 의식

사장의 야망을 조절하는 다른 하나의 중요한 요소는 역할 의식이다. 이제까지 설명해 왔듯이 사장의 역할은 첫째로 '장래의 방향 결정' 이며, 둘째로 '관계자에 대한 부가가치 분배' 에 있다. 사장이라는 일을 선택한 이상 자신의 야망과 꿈은 사장의 역할과 끊을 수 없는 관계에 있다.

마음껏 펼쳐보려는 사장의 야망을 실현해 가기 위해서는 그 방향으로 회사를 바꾸어 가야 한다. 동시에 실현이 가능하도록 협력해 줄 상대에게도 성과를 분배해서 협력을 얻지 않으면 안 된다. 사원 분배와 재생산 분배를 어떻게 하느냐 등 주위로부터 훌륭한 사장이라는 말을 들을 수 있는 역할을 하는 것이 필수적이다. 훌륭하니까 존경받고 존경하니까 협력해 준다. 이것이 최선의 경영인 것이다.

사장은 분배를 통해서 자신의 꿈을 실현시키는 사람이기도 하다. 그렇지 못하면 자신의 중요한 꿈을 실현할 수 없다.

회사의 현실과 꿈의 차이를 파악하고 역할 의식에 따라 사장의 야망을 수치적으로 정리해 가는 동안에 "이것이다"라는 경영 비전이 점차 보이게 되는 것이다. 자신의 꿈을 실현하기 위한 사장의 각오, 정책이 사장 자신 속에서 견고해진다. 다음 2항에서 거론할 '부가가치 배분 목표계획'은 이제까지 설명해 온 사장의 야망과 꿈을 명확한 '경영 비전'으로 바꾸는 번역기와 같은 것이다.

' 2 '
부가가치 배분 목표 계획

사장의 야망을 구체화하다

여기서 〈표 3〉의 '부가가치 배분 목표 계획'을 보자. 어떻게 보면 부가가치의 배분처를 기입한 단순한 한 장의 표에 지나지 않는다. 그러나 이것은 장기 계획을 세우는 데 대단히 중요한 역할을 하는 표이다. 이 한 장의 표에 사장의 야망과 역할이 표현되기 때문이다.

'부가가치 배분비율'을 어디에서 도출할 것인가에 대해서는 다음에 설명하기로 하고, 사장은 우선 자기 회사의 과거 3기의 부가가치 배분비율을 이 표에 기입한다. 그리고 기입한 그 숫자를 보면서 사장으로서의 자기의 꿈을 숫자로 만들어 기입한다. 사장의 장래의 꿈을 숫자로 나타내는 것이 장기 계획이다. 5년 계획이면 5년 후의, 10년 계획이면 10년 후의 꿈을 그린다. 예를 들어 5년 계획이라는 것은 5년 동안의 계획을 세우는 것이 아니다. 결과로서 그렇게 된다고 해도 목적은 5년 후에 자신의 회사를 어떻게 만들 것인가 하는 사장의 꿈을 그리는 것이다. 중간 과정은 나중의 문제이다.

〈표 3〉 부가가치 배분의 목표 계획(시장 방침)

(단위 : %)

항 목		직전3기	직전2기	직전기	초년도	2년도	3년도	4년도	5년도
부 가 가 치 배 분	사 원 배 분								
	정 비 배 분								
	재 생 산 배 분								
	선 행 투 자 배 분								
	금 융 배 분								
	안 전 배 분								
	사 회 배 분								
	자 본 배 분								
	경 영 자 배 분								
	축 적 배 분								
	합 계								

현재 상태와의 차이를 5년 동안 어떻게 메워갈 것인가를 생각한 후에 수치화하여 나머지 공란에 기입한다. 기입된 이들 숫자에는 어느 숫자에도 사장의 꿈, 사장의 의사, 사장의 생각, 사장의 역할 의식이 반영되어 있어야 한다.

이렇게 해서 사장의 장기 경영 비전이 수치화 되고 한 장의 표에 집약되어 간다. 단순한 한 장의 표에 지나지 않는다고 생각되었던 '부가가치 배분 목표 계획'의 서식이 사장의 꿈을 응축한 수치로 채워져 사장이 꿈꾸는 야망의 청사진이 되고, 결국은 사장의 기본 방침이 되어 장기 계획의 중요한 토대가 된다.

사장의 역할 의식을 명확히 해야 한다

사장의 역할을 여기서 다시 한 번 반복한다. 근원적인 일이기에 몇 번이고 확인해 두고 싶다. 사업은 사장 혼자서 이룰 수 없다. 사장과 사원이 일체가 되고, 여러 분야에서 협력을 얻어냄으로써 부가가치를 창출해 내는 것이 기업 경영이다.

창출된 부가가치는 부가가치 조성에 관계된 사람들이나 조직에 균등하게 배분해야 한다. 이것을 실행하는 것이 사장이다. 많은 협력자를 어떻게 잘 조직화하여 부가가치를 높여갈 것인가? 창출된 부가가치를 균형 있게 서로가 만족할 수 있도록 배분할 것인가 하는 것이 사장의 역할이다. 이러한 역할을 다함으로써 비로소 훌륭한 경영자로 인정을 받게 되고 존경도 받게 된다. 여기에 경영의 정의가 있고 본질이 있다.

부가가치의 배분처를 〈그림 5〉에서 10개 분야로 제시하였는데, 사장의 야망의 실현은 10개 배분처에 어떻게 배분할 것인가에 달려 있다. 2장에서도 다루었듯이 배분 방침에 따라 회사가 좋아질 수도 있고 나빠질 수도 있기 때문에 사장은 선명한 역할 의식을 갖고 부가가치 분배에 경영의 본질이 있다는 것을 충분히 이해해 둘 필요가 있다.

그러므로 사장은 '부가가치 배분 목표 계획표'에 사장으로서의 기본 방침을 숫자로 써넣어 간다. 장기 계획을 세우는 데 있어서 이것은 대단히 중요한 포인트이다. 분배의 철학이 없는 곳에 장기 계획이 있을 수 없다.

부가가치는 어디에 분배할 것인가?

부가가치를 분배해야 할 10개 배분처에 대해서는 이미 2장에서 거목의 가지를 예로 들어 설명했지만, 이후의 설명을 알기 쉽게 하기 위해 간단히 설명한다.

첫 번째는 '사원 배분'이다. 이것은 급여나 상여금, 복리후생비라는 형태로 사원에게 배분하는 부가가치의 일부로서 일반적으로 말하는 인건비다.

두 번째는 '경비 배분'이다. 영업에 필연적으로 수반되는 고정비, 변동비 등의 경비에 대한 배분으로서 손익계산서의 일반경비에 해당한다.

세 번째는 '재생산 배분'으로서 이른바 감가상각비이다. 시간이

〈그림 5〉 손익계산서와 분배처의 관계

매　　　　출　　　　액		부　　가　　가　　치
매　출　총　이　익		분　　배　　내　　용
영 업 경 비	인　　건　　비	→	사　　원　　분　　배
	제　　경　　비	→	경　　비　　분　　배
	선　행　투　자	→	선　행　투　자　분　배
	상　　각　　비	→	재　생　산　분　배
	임　원　보　수	→	경　영　자　분　배
	사　업　세　준　비	→	사　　회　　분　　배
	계		────
여　　업　　이　　익		────
영 엽 의 손 익	금　　융　　비	→	금　　융　　분　　배
	기　　　　타	→	(　부　가　가　치　)
	계		────
경　　상　　이　　익		
특　별　손　익	→	안　　전　　분　　배
세　금　공　제　전　이　익		────
납　세　충　당　금	→	사　　회　　분　　배
당　기　순　이　익		────
이 익 금 처 분	배　　당　　금	→	자　　본　　분　　배
	임　원　상　여	→	경　영　자　분　배
	계		────
내　　부　　유　　보	→	축　　적　　분　　배

*주 : 영업외손익 중에서 금융비용 이외의 기타 금액은 배분 실적을 구할 때 부가가치에 가산 또는 감산해서
수정할 필요가 있다. 그렇게 하지 않으면 부가가치의 배분비율이 합계 100%가 되지 않기 때문이다.

경과되면서 소모되는 설비, 기계 등을 바꾸고 재생산을 갖추기 위한 배분이다.

네 번째는 '선행투자 배분' 이다. 연구개발비나 새로운 업종에 대한 조사비용 등 장래를 위한 투자이다.

다섯 번째는 '금융 배분' 으로서 금융기관에 지불할 금리이다. 손익계산서의 영업외손익이다.

여섯 번째는 '안전 배분' 으로서 기업은 받을 어음이 부도가 되는 등의 예측할 수 없는 사태에 대한 대손충당금을 준비해 둠으로써 항상 안전에 대비해야 한다. 또한 고정자산을 매각할 경우 적자가 발생하는 일도 있고, 불량 재고자산의 결손에 대한 준비도 필요하다. 이에 대한 배분이 안전배분이다. 결산상의 특별손익이나 자산의 매각손익에 해당한다.

일곱 번째는 '사회 배분' 으로서 지방세, 사업세, 법인세 등의 세금에 대한 배분이다.

여덟 번째는 '자본 배분' 으로서 자본제공자, 즉 자본가에 대한 배분이다. 결산상의 배당금에 해당한다.

아홉 번째는 '경영자 배분' 으로서 이른바 임원보수와 상여금이 해당된다.

열 번째는 '축적 배분' 이다. 기업의 장래를 대비한 저축 배분이다. 손익계산서의 차감 내부 유보에 해당한다.

이상이 부가가치를 분배해야 할 10개 배분처이다. 이렇게 보면 10개 배분처가 손익계산서의 계정과목과 겹치는 것을 느낄 것이다. 바로 그대로이다. 10개 배분처를 뒤집으면 〈그림 5〉에 나타난 손익계산서가 되는 것이다.

손익계산서에 분배의 발상이 있는가?

여기에서 새삼 강조해 두어야 할 중요한 포인트가 있다. '경영은 분배'라는 사상이 없으면 부가가치 배분 계획은 결코 나올 수 없다는 것이다. 이에 대해 손익계산서는 어떨까? 가장 앞부분에 매출액이 있고 여러 계정과목을 거쳐 마지막에 내부유보가 있다. 분배에 대한 발상은 어디에도 없다. 결국 손익계산서에는 사장의 장기 경영에 관한 발상이 나오지 않는다.

그러나 대부분의 사장은 손익계산서의 발상에서 경영이익을 소중히 여기고 '이익은 얼마 나오는가?', '이익은 배당해야 하는가?', '내부유보로 돌려야 하는가?', '세금으로 빼앗길 바에는 일부를 사원에게 상여금으로 환원할 것인가?' 혹은 '자신에게 어느 정도를 배분할 것인가?' 등 연간 단위의 생각으로 일관한 경향이 있다.

이에 비해 부가가치 경영에 눈을 뜬 사장은 굳이 결산서라는 말을 쓴다면, 인건비는 물론 일반경비, 감가상각비, 지급해야 할 이자, 각종 예비금, 세금 등에 대해서 5년 후, 10년 후까지의 배분을 사장의 역할로 생각한다. 이것이 바로 경영이다. 내가 부가가치 배분을 따지는 이유가 여기에 있다.

분명히 부가가치의 배분처는 결과적으로 손익계산서의 계정과목과 겹친다. 그것은 처음 손익계산서를 만들었기 때문에 그렇게 된 것은 아니다. 사장의 정책은 부가가치의 배분 계획을 작성하는 데서 발휘된다. 사장의 꿈과 정책을 주입하여 작성한 배분 계획이 결과적으로 회사의 손익계산서가 되어간다. 그 과정이 중요한 것이다.

거듭 말하지만 손익계산서의 발상에서 이익 계획을 만드는 것은 경리 담당자의 일이지 사장의 일이 아니다. 사장은 자신의 역할을 수행하기 위해 우선 부가가치의 분배를 생각해야 한다. 분배에 대한 정책을 발휘하면 그것이 자동적으로 매출 계획이나 이익 계획이 된다. 이것이 내가 말하는 부가가치 경영의 기본적인 생각이다.

그것은 '목표손익계산서'를 사장의 역할의식으로 작성하는 것이라고도 할 수 있을 것이다. 여기에 사장이 만든 장기 계획의 최대 포인트가 있다고 해도 좋다. 부가가치 배분 목표 계획은 어떻게 작성할 것인가?

부가가치 배분 목표 계획을 수립하는 방법

사장이 계획 작성에 임할 때 가장 먼저 해야 할 일은 회사의 과거 실적을 숫자로 파악하는 일이다.

① 과거 3기분의 배분 실적을 기입한다

우선 회사의 손익계산서에서 부가가치의 10개 배분처에 해당하는 과목을 찾아내고 거기에 쓰여진 숫자의 비율을 계산한 후 과거 3기분에 걸쳐서 〈표 3〉 '부가가치 배분의 목표 계획'의 해당란에 기입한다. 이렇게 함으로써 직전 3기, 직전 2기, 직전기와 과거 3기분의 부가가치 배분비율의 실적을 명확하게 사장이 알 수 있게 된다.

금융 배분이 생각보다 빠르게 늘어나고 있는 것은 아닌지, 안전 배분을 무시하고 있는 것은 아닌지, 축적 배분을 지나치게 중요하게 여겨서 재생산 배분이 부족한 것은 아닌지 등에 관해 과거의 비율을 한 번 보는 것만으로도 손익계산서에서 읽을 수 없었던 과거의 경영 방법에서 고쳐야 할 결점을 깨닫게 될 것이다. 이처럼 몰랐던 사실 하나하나를 깨닫는 것이 장래를 위한 경영 계획을 실현성이 높은 것으로 다듬게 된다.

경영이라는 것은 단점을 알면 시간이 걸리더라도 반드시 고치고, 장점은 적극적으로 키워가야 한다. 오직 그것의 연속이며 결코 어려운 것이 아니다. 가장 한심한 것은 장점도 단점도 알지 못하는 것이다.

② 5년 후의 배분 목표를 가설정한다

다음으로 사장은 표에 있는 과거 3기분의 수치를 보면서 5년 후의 배분에 대해서 즉각적인 방침을 정하고 예상치라도 좋으니까 그것을 숫자로 만들어 표의 '5년도' 라는 항목에 기입한다. 예를 들어 사원에게 이익이 많이 돌아가게 하고 싶다는 방침을 정했다면 사원 배분의 비율을 높게 하고, 재무 체질을 개선하려는 방침을 세웠다면 금융 배분의 비율을 낮게 책정하는 식으로 사장의 정책을 반영시키면서 의도적으로 배분비율을 설정해 보는 것이다. 이와 같은 의도적인 설정은 사무나 경리 담당에게는 생각이 미치지 못할 영역인 것이다. 오직 사장만이 할 수 있는 일이다. 실현 가능 여부는 나중에 검토하면 된다. 이 단계에서는 사장이 꿈꾸는 5년 후의 목표를 대략이라도 좋으니까 숫자로 직접 써보는 것이다.

꿈이라고는 하지만 실무가인 사장으로서 생각하는 꿈이 현실과 너무 동떨어진 숫자여서도 곤란하다. 실현 가능한 꿈을 그리는 것이 사장의 꿈을 그려 가는 방법이라고 할 수 있다. 그래서 과거 3기분의 배분비율을 써넣었던 것이다. 따라서 과거의 숫자를 잘 음미하면서 사장의 꿈을 그려간다.

이렇게 해서 사장의 정책이 구체적인 비전인 숫자로 바뀌게 되고 표의 '5년 후'라는 칸에 써넣을 수 있게 되었지만, 이것으로 작성이 끝난 것은 아니다. 공란인 '1년 후'에서 '4년 후'까지의 칸을 숫자로 채워 가는 일이 아직 남아 있다.

③ 1차 연도에서 4차 연도까지의 배분 목표를 설정한다

사장으로서 5년 후의 방침을 정했다면, 다음은 현재 숫자와의 차이를 검토 분석해 가는 것만으로도 된다. 이 작업은 간단하다. 예를 들어 금융 배분의 비율이 현재 상태에서 10%인데, 이것을 5년 후에는 2%까지 줄이고 싶다면 그 차이 8%를 5년으로 나눈 1.6%씩 1년 후부터 줄여 가는 것이다. 그렇게 하면 1년 후 8.4%, 2년 후 6.8%, 3년 후 5.2%, 4년 후 3.6%가 되고 5년 후에는 목표인 2%가 된다.

반드시 균등하게 1.6%씩 줄이지 않아도 된다. 연도에 따라 다소의 증감이 나오는 경우도 있을 것이다. 그 정도는 사장의 직감으로 정한다. 대략적으로도 좋다. 현상을 파악하여 5년 후의 꿈을 그리고, 그 꿈과 현실을 이어가는 것으로 각 연도의 배분 비율이 정해짐으로써 5년 후 사장의 꿈이 실현되기까지 어떤 과정을 밟을 것인가 하는 목표가 정해지게 된다. 사장으로서 꿈꾸는 야망의 청사진은 이것으로 일단 그려진 것이다.

그렇지만 이러한 계획이 실제로 실현할 수 있을지 현재 단계에서는 아직 모른다. 이것은 5장 이하에서 설명하는 '운영 기본 계획'으로 미루어 두고, 사람과 설비, 자금 면에서 현실성을 체크할 필요가 있다. 그 실제에 대해서는 5장 이하에서 자세하게 설명하기로 하고, 다음에 예시하는 두 회사의 케이스 스터디를 통해서 부가가치 배분 목표 계획을 수립하는 방법에 대해 실무적으로 설명하고자 한다.

┃3┃

[사례연구 1]
D정밀의 부가가치 배분 목표 계획

이익이 줄어든 원인

D정밀에 대해서는 이미 3장에서 과거 3기분의 결산서를 분석해 보았다. 그 결과 다음과 같은 문제점이 발견되었다.

① 매출이 순조롭게 증가하고 있음에도 불구하고 세금공제전이익이 점차 줄어들고 있다. 이대로 간다면 3년 전 1억 8천만 엔이었던 세금공제전이익이 머지않아 1억 엔에도 못 미칠 것이다. 이것은 시간 문제다.

② 매출이 증가한다는 안도감 때문에 거품 경제의 영향이 더해져 인건비를 대폭 인상했다.

③ 능력에 맞지 않는 선행 투자가 이루어졌다.

④ 그것에 비해 중요한 설비 투자를 제대로 하지 못했다.

⑤ 지출 중심의 방만 경영으로 일반경비가 증가했다.

⑥ 부동산 투자를 위한 자금 차입으로 영업외손익인 금융비용이 증가했다.

<表 4> 부가가치 배분의 목표 계획(사장 방침)

(단위: %)

항목		직전3기	직전2기	직전기	초년도	2년도	3년도	4년도	5년도
부가가치 배분	사 원 배 분	35.0	37.5	40.2					
	경 비 배 분	18.6	20.9	21.2					
	재 생 산 배 분	5.0	4.5	3.9					
	선행투자배분	6.0	6.8	7.6					
	금 융 배 분	6.0	7.0	8.0					
	안 전 배 분	2.9	2.0	0.9					
	사 회 배 분	11.9	8.9	7.2					
	자 본 배 분	0.4	0.4	0.3					
	경영자배분	5.4	5.3	5.1					
	축 적 배 분	8.7	6.7	5.4					
합	계	99.9	100.0	99.8					

이상이 현재 D정밀의 문제점이다. 거품 경제의 영향으로 방만한 경영이 이루어짐으로써 첫째는 영업경비를 증대시키고, 둘째는 금융비용을 늘린 것이 이익을 압박하여 D정밀을 현재와 같은 저수익 회사로 만든 요인이다.

D정밀의 결산서에서 과거 3기분의 배분 비율을 산출하여 작성한 것이 〈표 4〉이다. D사의 사장은 과거의 경영을 반성한 결과, 다음과 같은 점을 장기 계획의 주제로 하여 그 꿈을 〈표 4〉에 기입하기로 했다.

① 5년 후에는 고수익 회사로 만든다.

② 사원에 대한 처우를 높여간다.

③ 거품 경제 시대의 방만한 경영 방식을 수정한다. 특히 일반경비를 철저히 줄여간다.

④ 어떤 환경에도 무너지지 않는 회사로 만들기 위해 무차입 경영을 지향한다.

이것이 사장의 기본적인 생각이다. D사의 사장은 이러한 기본 방침을 어떤 숫자로 수정하여 〈표 4〉에 써넣었는가?

배분에 대한 사장의 방침

〈표 5〉는 D사의 사장이 자신의 5년 후의 꿈을 숫자로 표현한 것이다. 우선 사원 배분을 보자. 과거의 숫자는 직전 3기부터 직전기까지 35% → 37.5% → 40.2%로 늘었다. 이익은 사원 배분이 35%인 때에 가장 높았다. 회사를 고수익 체질로 만들고 싶다면 과거 가장 이익이 높았던 때의 35% 정도가 적절하다. 다만 이것만으로는 사원 배분이

줄게 되어 단순하게 생각하면 사원을 후하게 대우하겠다는 사장의 기본 방침에 반하는 일이 될 것이다. 그러나 배분 비율을 내려도 급여의 절대액을 올려가면 문제는 없을 것이다. 만일 직전기의 1인당 급여가 40만 엔이라고 하면 5년 후에는 50만 엔으로 올려 배분 비율을 낮추어 간다. 그렇게 하면 일하는 사람에게도 반가운 일이다. 그렇게 하기 위해서는 회사가 창출할 부가가치를 높여 가는 수밖에 없다. D사의 사장은 부가가치를 목표대로 늘려간다는 굳은 의지로 5년 후의 사원 배분을 35%로 설정했다.

다음으로 경비 배분을 보자. 경비 배분도 인건비와 같이 과거 3년간 18.6% → 20.9% → 21.2%로 늘었다. 이제부터는 경비를 철저히 줄이고 절감하여 거품 체질에서 하루라도 빨리 벗어나서 5년 후에는 경비 배분을 15%로 낮추고 싶은 것이 경비에 관한 방만성을 반성한 사장의 기본 방침이다. 경비와 같이 일방적으로 나가는 돈에 관해서는 쓰는 사람의 우선순위를 정하고 섬세하게 관리할 필요가 있을 것이다. 절감에 절감을 하고 줄어든 만큼을 다른 유효한 분야로 돌리는 것이 재건 계획의 노하우라고 D사의 사장은 생각한 것이다. 물론 상당한 노력이 필요할 것이다. 실행하는 것은 힘들지만 전체의 균형을 보면 15% 범위 내로 경비를 줄여야 한다. 이것이 5년 후의 경비 배분을 15%로 정한 D사 사장의 생각이었다.

다음으로 재생산 배분은 어떤가? 이것은 과거 3년간 5% → 4.5% → 3.9%로 줄었다. 3년간 설비 투자를 거의 하지 않은 것이다. 제조업은 설비 투자로 생산성을 높여 가는 자세가 중요하다. 제조업에는 하나의 상식이 있다. 재생산 배분이 3.9% 이하는 제조업으로서는 비상식적이다. 가능하면 10%의 배분이 이상적이지만 이것은 D정밀의 현

〈표 5〉 부가가치 배분의 목표 계획(시장 방침)

(단위 : %)

항목		직전3기	직전2기	직전기	초년도	2년도	3년도	4년도	5년도
부가가치 배분	사 원 배 분	35.0	37.5	40.2					35.0
	경 비 배 분	18.6	20.9	21.2					15.0
	재 생 산 배 분	5.0	4.5	3.9					7.0
	선 행 투 자 배 분	6.0	6.8	7.6					7.0
	금 융 배 분	6.0	7.0	8.0					0.0
	안 전 배 분	2.9	2.0	0.9					2.0
	사 회 배 분	11.9	8.9	7.2					15.0
	자 본 배 분	0.4	0.4	0.3					0.5
	경 영 자 배 분	5.4	5.3	5.1					4.0
	축 적 배 분	8.7	6.7	5.4					14.5
	합 계	99.9	100.0	99.8					100.0

실로서는 무리일 것이다. 다만 최선을 다해 설비를 수리해서 사람의 손을 덜 쓰고, 설비에 의한 생산성을 올리는 방향으로 전환해 가야 한다. 그러기 위해서는 감가상각비를 7% 정도로 유지할 필요가 있다. 이것이 5년 후의 재생산 배분을 7%로 한 이유이다.

다음으로 선행투자 배분을 보자. 과거 3기는 6% → 6.8% → 7.6%로 늘었다. 그렇지만 회사 형편으로는 이대로 계속 늘려가기가 어렵다. 그러나 회사의 형편이 어려워도 선행투자를 소홀히 하면 회사의 미래를 기대할 수 없게 될 것이다. 따라서 선행투자는 어려워도 계속해 가야 하지만 전체 균형에서 보면 선행투자만을 높일 수도 없는 것이다. 따라서 회사의 상황을 고려하여 현재와 거의 같은 7% 정도의 선행투자를 계속해 가겠다는 것이 7%라는 숫자의 의미이다.

5년 후 무차입 회사를 지향하고 배분 목표를 설정한다

다음은 금융 배분이다. 과거 3기는 6% → 7% → 8%로 상승하고, 이것이 이익을 압박하는 요인이 되었다는 것을 쉽게 이해할 수 있을 것이다. 〈표 2〉의 대차대조표를 다시 한 번 보기 바란다. 유동비율이 509%라는 비상식적인 숫자가 나오고 있는데, 그 원인은 D정밀의 차입금이 단기 차입금이 아닌 장기 차입금인 것과 그것이 약 10억 엔이나 된다는 점이다. 결국 금융비용이 대폭으로 증가한 주요 원인은 차입금 증가와 높은 금리의 돈을 빌려쓰고 있는 것 때문이다. 따라서 이것을 변제하고 무차입 경영으로 만들고 싶다는 것이 D사 사장의 꿈이다. 실현 여부는 차치하고 금융 배분을 5년 후에는 제로로 만들겠다는 것이다. 이것은 사장이 아니면 할 수 없는 큰 결단일 것이다. 5년 후의 금융 배분이 0%라는 숫자는 사장의 꿈을 표현한 숫자이기도 하다.

다음으로 안전 배분은 어떠한가? 과거 3기는 2.9% → 2.0% → 0.9%로 크게 감소하고 있다. 이익이 줄어든 것이 배분을 적게 한 원인이지만, 제조업의 경우에는 이것이 문제로 된다. 가령 100개의 제품 오더를 받았을 때 100개 분의 재료로 완벽하게 100개의 제품을 만든다는 것은 있을 수 없다. 최저 1% 정도의 손실분은 생각해 두어야 한다. 그런 정도의 여분만큼도 경비로서 준비해 두어야 한다. 기계는 나날이 발전한다. 보통의 공작 기계라면 12년에 상각하던 것을 상각 기간이 끝나기 전에 새로운 기계를 들여와야 하는 일도 있을 것이다. 그때 나오는 매각 손실도 준비해 두어야 한다. 제조업의 경우는 그런 일에 대한 준비가 2%라는 것이 상식이다. 반대로 2%를 크게 넘으면 관리 상태가 방만한 것이고, 그 이하의 준비는 지나치게 작다. 역시 2%라는 것이 상식적인 숫자이므로 D사의 사장은 5년 후의 안전 배분을 2%로 한 셈 이다.

다음으로 사회 배분도 과거 3기분을 보면 11.9% → 8.9% → 7.2%로 낮아지고 있다. 이것은 의식적으로 낮춘 것이 아니라 이익이 줄어들게 되어 필연적으로 낮아진 것이지만, 적어도 과거의 이익을 웃도는 회사로 만들고 싶다면 가장 이익이 높았던 때의 사회 배분인 11.9%를 상회하는 세금을 각오하지 않으면 안 된다. D사의 사장은 당당한 꿈을 그리면서 15%라는 숫자로 설정한 것이다. 다만 세금이라는 것은 실제로 계산을 해보기까지는 잘 모른다. 따라서 이 숫자를 산출한 것은 분명히 말해서 사장의 감에 의한 느낌이다. 더욱이 현재의 세율로 보면 축적 배분을 약간 상회하는 배분이 필요하다.

자본 배분도 과거 3기는 0.4% → 0.4% → 0.3%로 되었지만, 이제부터 적극적인 자본 참가를 구하고 설비 투자 등을 늘려 가려면 종래의 숫자보다 조금이라도 더 배분을 하고 싶다는 생각으로 0.5%가 된 것이다.

경영자 배분에 대해서는 5.4% → 5.3% → 5.1%로 과거 3년 동안은 낮아지고 있다. 상식적으로 말하면 중소기업의 경우 5.1%가 경영자 배분으로서는 타당한 선일 것이다. D사의 사장은 이익이 나는 회사로 만들고 싶다는 뜻에서 절대액은 늘리고 비율은 줄인다는 생각으로 5년 후는 4.0% 정도로 설정해 보았다.

마지막으로 지금까지의 부가가치 배분 비율의 합계를 전체 100%에서 제한 나머지가 축적 배분이 되는 것이다. 그것이 14.5%라는 숫자이다.

지금까지 말한 배분 비율에 대해서는 회사의 업종과 기업의 규모에 따라 상당한 차이가 있을 것이다. 다만 어느 회사에도 공통되는 것이 축적 배분이다. 2장에서도 지적했듯이 이것은 가정에서의 저축을 생각하면 쉽게 알 수 있다. 물론 수입이 많은 사람과 적은 사람과는 약간의 차이가 있겠지만 장래를 대비해서 저축을 한다는 것은 사생활에서는 대개 연간 수입의 10%가 상식적인 평균이다.

기업도 마찬가지다. 상식에서 벗어난 일은 있을 수 없다. 장래에 대한 준비로서 가능하면 10% 정도는 저축을 해야 한다. 이것이 기업으로서 생각해야 할 최저의 축적 배분일 것이다. 회사를 표준 이상의 좋은 회사로 만들기 위해서는 축적 배분을 적어도 12%, 혹은 15%로 하고 싶다는 D사의 사장은 여러 시행착오를 겪으면서 그렇게 생각하고 있었지만, 5년 후의 축적 배분 14.5%는 일단 타당한 수치라고 할 수 있을 것이다.

이 표에는 나오지 않았지만 과거 한 때 D정밀은 10%의 축적 배분을 올린 실적을 가진 회사이다. 그런 실적으로 미루어 14.5%라는 것은 약간 높은 듯하지만 상식을 벗어난 수치는 아니다. 한꺼번에 20%나 30%로 설정하면 문제가 되지만, 정정하지 않고 축적 배분을 14.5%로 한 것이다. 이렇게 해서 D사의 사장이 5년 후의 목표로 설정한 부가가치 배분 비율을 넣어 그 합계가 100%가 된 것이다.

5년 동안의 부가가치 배분 목표 계획을 만든다

D사장의 5년 후의 꿈은 일단 수치로 만들었다. 다음은 5년 후의 수치를 현실화하는 작업이 남아 있다. 이 경우 방법은 여러 가지가 있지만, 미래는 과거의 연장선상에 있다는 사실만은 무시할 수 없다. 예를 들어 사원 배분으로 현재의 40.2%를 급격히 35%로 변경하기는 불가능하다. 40.2%를 매년 조금씩 줄여 5년 후에는 35%가 되게 하는 것이다. 이렇게 해서 모든 수치를 써넣어 완성한 것이 〈표 6〉의 '부가가치 배분 목표 계획(사장 방침)'이다.

〈표 3〉이 〈표 6〉과 같이 숫자로 채워지는 것은 연도마다의 부가가치 배분 비율을 서서히 개선하여 5년 후의 꿈을 실현해 가겠다는 사장의 정책이 표현된 것이다. 이것이 그대로 실현될 것인지 여부는 이 단계에서는 아직 모른다. 나중에 다룰 검증 작업이 필요하다. 그러나 자신의 회사를 개선해 가고 싶다는 사장의 비전, 사장의 정책이 이와 같이 숫자로 표현된 것이 이 단계에서는 중요한 것이다.

〈표 6〉 부가가치 배분의 목표 계획(사장의 방침)

(단위 : %)

항목		직전3기	직전2기	직전기	초년도	2년도	3년도	4년도	5년도
부가가치배분	사 원 배 분	35.0	37.5	40.2	39.0	38.0	37.0	36.0	35.0
	경 비 배 분	18.6	20.9	21.2	20.0	18.5	17.0	16.0	15.0
	재 생 산 배 분	5.0	4.5	3.9	6.5	6.5	6.5	7.0	7.0
	선 행 투 자 배 분	6.0	6.8	706	7.0	7.0	7.0	7.0	7.0
	금 융 배 분	6.0	7.0	8.0	6.0	4.0	3.0	1.5	0.0
	안 전 배 분	2.9	2.0	0.9	2.0	2.0	2.0	2.0	2.0
	사 회 배 분	11.9	8.9	7.2	9.0	11.0	12.0	13.5	15.0
	자 본 배 분	0.4	0.4	0.3	0.3	0.4	0.4	0.4	0.5
	경 영 자 배 분	5.4	5.3	5.1	4.8	4.6	4.4	4.2	4.0
	축 적 배 분	8.7	6.7	5.4	5.4	8.0	10.7	12.4	14.5
합	계	99.9	100.0	99.8	100.0	100.0	100.0	100.0	100.0

┃4┃

[사례연구 2]
J스포츠의 부가가치 배분 목표 계획

5년 후에 상장 기업을 지향한다

J스포츠는 이 책의 1장에 등장한 스포츠용품 소매점이다. 사장은 아직 40대로서 5년 후에는 회사의 매출이 100억 엔 규모, 주가 1,500 엔 이상의 상장 기업을 지향하며, 그것이 실현될 때에는 새로운 레저를 추구할 신규 사업을 전개하겠다는 원대한 꿈을 갖고 있는 경영자이다.

우선 J스포츠의 현상을 항목별로 간단히 소개하기로 한다.

① 매출은 과거 3년간 순조롭게 신장되어 3년 전에 39억 4,600만 엔이었던 연매출액이 현재는 57억 엔으로 증가했다.

② 인건비, 선행 투자, 감가상각비는 과거 3년간 오르락내리락하면서 금액이 늘어가고, 일반경비와 임원보수는 배분 비율이 내려가면서 금액이 늘고 있다. 일반경비의 상승은 토지나 점포 임대료의 가격 상승이 주된 요인이다.

③ 경상이익도 늘어서 현재는 3억 2,859만 엔이다.

<표 7> J스포츠의 부가가치 배분 목표 계획

(단위 : %)

항 목		직전3기	직전2기	직전기	초년도	2년도	3년도	4년도	5년도
부 가 가 치 배 분	사 원 배 분	28.1	26.9	28.9					
	경 비 배 분	36.3	29.3	26.8					
	재 생 산 배 분	5.4	5.7	5.2					
	선 행 투 자 배 분	10.6	9.7	11.1					
	금 융 배 분	3.6	3.7	4.9					
	안 전 배 분	0.1	0.1	5.8					
	사 회 배 분	7.5	12.2	6.8					
	자 본 배 분	-	0.2	-					
	경 영 자 배 분	3.5	2.9	2.8					
	축 적 배 분	4.9	9.2	7.6					
합	계	100.0	99.9	99.9					

160 │ 야망과 선견의 사장학

④ 세금공제전이익은 3년 전에 비하면 증가했지만 2년 전에 비하면 상당히 낮아졌다. 점포 임차료의 급등이 원인일 것이다.

⑤ 영업외손익의 금융비용은 늘고 있지만 배분 비율에서 그다지 문제가 되지 않는다.

⑥ 내부유보는 현재 7.6%로 낮은 편이다.

이상이 J스포츠의 개략적인 상태이지만 과거 3년 동안의 부가가치 배분 비율을 정리하면 〈표 7〉과 같다. J사의 사장은 과거의 숫자를 보면서 자신의 꿈을 어떻게 구체화해서 이 표에 정리할 것인지, 그에 앞서 원대한 꿈을 실현하기 위해 J사의 사장이 어떠한 기본 비전을 장기 계획의 목표로 머릿속에 그리고 있는지 그것부터 먼저 소개하기로 한다.

J사 사장의 5대 경영 비전

5년 후에 주가 1,500엔 이상의 상장 기업으로 만드는 것은 물론 신규 사업을 전개하는 것이 J사 사장의 꿈이라고 했는데, 2부 상장을 하기 위해서는 상식적으로 10억 엔 이상의 이익이 필요할 것이다. 적어도 그 정도의 이익은 있어야 한다. 따라서 첫째로 J사의 사장은 5년 후에 10억 엔의 이익을 올리는 것을 기본 목표로 삼은 것이다.

10억 엔의 이익을 올리게 되면 사원의 생활 수준을 향상시키겠다는 것도 사장의 목표이다. J스포츠는 사원의 동기 부여가 대단히 좋고 일치단결해서 일을 해온 회사지만, 그에 비해 보너스는 남에게 자랑할 수 있는 정도로 지급되지 않는 회사이다. 그래서 지금부터는 사원들이 자긍심을 가질 수 있도록 높은 급여를 지급함으로써 사원들의 생활 수준을 향상시키고 싶다는 것을 사장의 두 번째 기본 목표로 한 것이다.

셋째로 상장 후에 전개할 사업 준비를 향후 5년 내에 하고 싶다. 일반인들의 여가 시간 증가에 따라 새로운 형태의 레저가 반드시 나와야 할 것이다. 그것에 대한 대응이 지금까지 수행한 사업의 연장선상에 있는 신규 사업과 연결된다. 그 준비의 일환으로 지금부터 용지도 확보해 두고 싶다. 그 자금은 상장해서 조달한 돈으로 충당하면 된다고 하는 것이 J사 사장의 세 번째 기본 방침이 되었다.

지금까지 해온 것처럼 토지나 점포의 임대료를 지급하는 방법으로는 비용만 지출하는 것일 뿐 아무 것도 남는 것이 없다. 자신의 토지에 스스로 건물을 세운다면 감가상각의 방법으로 내부유보도 할 수 있다. 따라서 그런 형태의 방법도 병용하고 싶다는 발상에서 용지 확보에 박차를 가했던 것 같다. 더욱이 이익을 많이 내면서 결코 무너지지 않는 건전한 회사로 만들고 싶다는 것은 경영자로서 누구나 바라는 방침이다. 이것이 J사 사장의 네 번째 경영 비전이 되었다.

그리고 마지막으로 상장할 때는 창업자의 이익을 많이 얻고 싶다. 가능하면 30~40억 엔은 되었으면 하는 꿈을 기본 방침으로 했던 것이다.

이상에서 말한 5가지가 장기 계획을 세우는 데 있어서 J사 사장의 기본 비전이다. 생각하기에 따라서는 모두가 자기 중심적인 욕망뿐이다. 그렇지만 사장의 꿈은 이것으로 좋은 것이다. 장기 계획에는 자기중심적이든 아니든 이런 꿈을 꾸는 것이 우선 중요하다. 사장의 강한 의사를 명확히 표시한다. 사장의 일은 장래 이런 회사로 만들고 싶다는 명확한 의사를 가지는 것이다. 가장 곤란한 것은 의사도, 어떤 것도 표명하지 않는 사장이다.

5년 후의 부가가치 배분 목표 계획을 설정한다

이상의 기본 비전을 5년 후의 숫자로 바꾸어 놓은 것이 〈표 8〉의 '5년도' 항목의 굵은 글씨이다. J사의 사장이 기본 방침으로 설정한 것이 10억 엔의 이익인데, 5년 후의 경상이익 10억 엔은 어떤 의미인가? 직전기에 J스포츠가 올린 경상이익이 3억 2,859만 엔이다. 이것을 5년 후에 10억 엔으로 만들고 싶다는 것이 J사 사장의 기본 방침이다. 그렇게 하기 위해서는 매년 얼마씩 이익을 늘려야 하는가를 계산해 보면 25%이다. 매년 25%씩 경상이익을 늘려 가면 5년 후에는 10억 2천만 엔이 된다. 이것을 우선 머리에 넣어두자.

J사 사장의 〈표 8〉의 '5년 후' 란에 처음에 쓴 것은 축적 배분의 10%라는 숫자이다. 축적 배분의 과거 3년간을 보면 4.9% → 9.2% → 7.6%로 변하고 있지만 2년 전에 9.2%라는 실적을 올리고 있어 10%가 무리한 꿈은 아니다. 축적 배분 10%는 상식적인 수치이다.

여기서 축적 배분을 10%로 하면 일반적으로 세금이 13~14%가 되는 것이 보통이다. 물론 자본 배분을 어느 정도로 한 축적 배분인가에 따라 다소 변하지만 대체로 13~14% 정도가 될 것으로 보아 사회 배분을 일단 13.5%로 했다.

다음으로 기록한 것이 자본 배분인 2%라는 숫자이다. 자본금이 10~20억 엔 정도 되는 회사의 사례에서 보면 자본 배분은 부가가치

〈표 8〉 J스포츠의 부가가치 배분 목표 계획

(단위 : %)

항 목		직전3기	직전2기	직전기	초년도	2년도	3년도	4년도	5년도
부가가치 배분	사 원 배 분	28.1	26.9	28.9	29.0	29.0	28.5	28.5	28.5
	정 비 배 분	36.3	29.3	26.8	26.5	26.0	25.0	23.5	22.5
	재 생 산 배 분	5.4	5.7	5.2	5.0	5.0	5.0	5.0	5.0
	선행투자배분	10.6	9.7	11.1	11.0	11.0	10.5	10.0	10.0
	금 융 배 분	3.6	3.7	4.9	5.0	5.0	5.0	4.5	4.0
	안 전 배 분	0.1	0.1	5.8	5.0	4.0	3.0	2.0	2.0
	사 회 배 분	7.5	12.2	6.8	8.5	9.0	10.5	12.5	13.5
	자 본 배 분	-	0.2	-	-	-	0.5	1.5	2.0
	경영자배분	3.5	2.9	2.8	2.5	2.5	2.5	2.5	2.5
	축 적 배 분	4.9	9.2	7.6	7.5	8.5	9.5	10.0	10.0
합 계		100.0	99.9	99.9	100.0	100.0	100.0	100.0	100.0

에 대해서 대체로 1~2%라는 것이 일반적이다. 100억 엔의 부가가치를 올리는 회사는 대략 1~2억 엔의 배당을 한다. 비중으로 보아 그다지 과중한 것이 아니다. 이것이 자본 배분을 3%로 한 근거이다.

다음은 안전 배분이다. 과거 3기의 배분 비율을 보면 0.1% → 0.1% → 5.8%로서 직전기가 크게 늘었다. 친구와 시작한 공동 사업을 포기했기에 특별손익이 발생한 것이 주원인이다. 따라서 이것은 특수한 경우이며 이 숫자에 읽매일 필요는 없다. 어떤 회사도 내용을 구체적으로 조사해 보면 불량자산이 있는 것이다. J스포츠와 같은 소매업에서는 재고가 문제로 된다. 매입된 것이 전부 팔리면 걱정은 없다. 팔고 남은 것은 반값에도 팔리지 않는 경우가 많다. 이와 같은 불량재고, 즉 재고자산의 평가손에 대한 준비가 특별손익이다. 또는 아직 감가상각 연수가 되지 않는 OA기기를 처분하고 새로운 기기로 바꿀 수도 있을 것이다. 그 경우에 발생하는 잡손실에 대한 준비도 해두어야 한다.

안전 배분이 많다고 좋은 것만은 아니다. 5%나 6%는 오히려 관리의 허술함을 증명하는 것과 같다. 중소기업의 경우에는 일반적으로 부가가치의 2%를 배분하는 것이 상식이다. J사의 사장은 이 배분을 상식적인 2%로 한 것이다.

다음으로 J사의 사장은 사원 배분을 생각했다. 사원의 생활 향상을 지향하는 것이 J사 사장의 기본 방침이다. 따라서 사원 배분을 줄일 수는 없다. 올려주고 싶은 마음은 간절하지만 상황은 올릴 수가 없는 형편이다. 적어도 현상 유지라도 된다면 앞으로 부가가치를 올리는 데 따라서 인건비의 총액을 늘리는 것은 가능하다. 따라서 과거 3기의 실적 28.1% → 26.9% → 28.9%라는 수치를 고려하면서 5년 후의 배분 목표를 28.5%로 했다.

적극적인 사업 전개를 위한 배분 목표의 설정

다음은 재생산 배분이다. 이것은 2가지 점을 고려해서 5%로 했다. 지금까지와 같이 임대료를 지불하고 점포를 늘려 가는 방식에서 자기 토지에 자기 점포를 개설하는 방식으로 바꾸면 당연히 건물의 감가상각비가 늘어난다는 점이다. 다른 하나는 경상이익과 부가가치의 관계이다. 5년 후에 10억 엔의 경상이익을 지향하는 것은 현재 3억 3,000만 엔의 경상이익을 3배로 늘린다는 것이다. 경상이익이 3배가 되면 부가가치도 거의 3배가 되는 것이 보통이다.

부가가치가 5배가 되고 경상이익이 3배라면 경비를 방만하게 사용한 결과이며, 반대로 부가가치가 3배가 되고 경상이익이 3배가 된다면 경비를 절감한 결과이다. 따라서 부가가치가 약 3배가 된다고 가정하면 그 중에서 5%라는 재생산 배분은 제조업이라면 몰라도 유통업으로서는 결코 작은 숫자가 아니다. 늘어가는 감가상각비에 대응하기에는 이 정도의 배분 비율이 필요할 것이라는 점에서 설정한 것이 5%라는 숫자이다.

다음은 경비 배분인데, 과거 3년 동안 임대 관련 비용이 든다고 하면서도 36.3% → 29.3% → 26.8%로 줄었다. 이런 경향으로 미루어 22.5%까지 낮추는 것이 가능할 것으로 보아 일단 22.5%로 했다.

선행 투자 배분은 어떤가? 회사의 장래를 생각하면 대단히 중요한 배분처이다. 업종에 관계없이 가능하다면 부가가치의 10%가 적정하다. J스포츠의 경우 과거의 배분 실적을 보면 11% 정도도 가능하지만 다른 배분을 고려하여 5년도의 배분 목표를 10%로 했다.

금융 배분도 중요하다. 상장 후 신규 사업의 준비를 위해 지금부터 용지를 확보하고 싶다는 것이 J사 사장의 기본 비전이다. 이를 위해서는 회사 경영을 불건전하게 할 정도의 많은 차입은 좋지 않지만 어디까지나 건전한 경영을 전제로 한 은행 차입금이 필요하다. 그 경우 일반적으로 금리 부담의 한도액은 부가가치에 대해 6%라는 것이 기준이 된다. 그것이 상식이다.

그런데 어떤 경우에도 흔들리지 않는 건전한 회사로 만들고 싶다는 것도 J사 사장의 기본 비전의 하나이다. 그렇다면 금융 배분은 2% 이하가 되어야 한다. 그러나 토지 구입을 위한 자금을 빌려야 하기에 그 절충안으로 생각한 것이 4%라는 수치이다. 유통업으로서는 조금 높은 배분 비율이지만 이상의 모든 조건을 생각하면 나름대로 타당할 지도 모른다. 그 차입금은 상장을 통한 자금 조달로 충분히 변제할 수 있다.

지금까지 기입한 9가지 배분 비율, 즉 축적 배분 10%, 사회 배분 13.5%, 자본 배분 3%, 안전 배분 2%, 사원 배분 28.5%, 재생산 배분 5%, 경비 배분 23.5%, 선행 투자 배분 10%, 금융 배분 4%를 전체 부가가치 100%에서 제한 나머지가 2.5%가 된다. 이것이 경영자 배분이다.

경영자 배분의 실적을 보면 지금까지 3.5% → 2.9% → 2.8%로 5년 후의 2.5%는 부가가치가 늘어간다는 전제로 보면 결코 나쁜 수치가 아닌 타당한 것이다. 이와 같이 5년 후의 10가지 배분 목표가 설정되었다.

5년 후의 수치를 기초로 계획의 초년도부터 4년도까지 평균적으로 이어가도록 배분 비율을 할당하고 현재와 목표 연도를 숫자로 연결한 것이 〈표 8〉이다. 지금까지의 설명으로 알 수 있듯이 사장의 느낌과 꿈으로 만든 표이다. 처음에는 이와 같이 하면 된다.

　지금까지 제조업과 유통업 분야의 두 회사를 사례로 해서 부가가치 배분 목표 계획의 실제 작성법을 설명했다. 이것으로 4장의 중심 내용인 '부가가치 배분 목표 계획'을 독자들이 구체적으로 이해할 수 있었으면 한다. 그리고 다음과 같은 흐름을 한 번 더 확인해 주기 바란다.

① 사장으로서의 꿈을 그린다.
② 사장으로서의 확고한 역할 의식을 갖는다.
③ 사장으로서의 명확한 비전을 그려본다.
④ 과거와 현재의 실적을 통해서 사장의 비전을 배분 목표로 수치화한다.

　그리고 〈표 3〉을 사용해서 회사의 부가가치 배분 목표 계획을 사장 스스로 작성하기 바란다. 어떻게 해서든 사장의 꿈과 야망은 숫자를 통해서 장기 계획이 시작된다는 것이다.

5개년 이익 계획을 수립하라

부가가치 배분 목표 계획으로 나타낸 사장의 방침은 구체적인 금액 목표인 '운영 기본 계획'으로 정리할 수 있다. 여기에서 장기 매출액 계획과 장기 수익 계획같은 일반적인 양식이 등장하게 된다. 표시되어 있는 모든 숫자가 사장의 비전을 반영한 결과인 것이 대단히 중요한 포인트다. 그리고 운영 기본 계획의 실현성을 높이기 위해 매출액을 성장 계수를 통해 예측하고 부가가치의 비율이 해마다 감소한다는 것을 전제로 각 과목의 절대액을 산출하는 것이 계획 달성의 실무 포인트가 된다.

1

장기 이익 계획의 수립

운영 기본 계획

〈표 9〉는 내가 운영 기본 계획이라고 부르는 표이다. 보면 바로 알수 있겠지만, 이 표의 양식은 일반적인 이익 계획과 대체적으로 같다. 따라서 대충 살펴보면 "우리 회사에서도 오래 전부터 만들고 있었다"라고 말하는 독자가 상당수 있을 것이다. 손익계산서의 항목을 그대로 옮겨서 만든 양식이므로 항목만을 보게 되면 전형적인 기존의 이익 계획과 어떤 점이 다른가?

왜 운영 기본 계획을 다른 일반적인 이익 계획과 구별하는지 현명한 독자라면 앞에서의 설명을 통해서 알 수 있을 것이다. 거기에는 명확한 경영 발상의 차이가 있기 때문이다. 사장은 매출 계획이나 이익 계획으로 시작해서는 안 된다. 그 전 단계에서 우선 부가가치 배분 목표 계획을 작성해야 한다. 몇 번이나 설명했지만, 사장의 역할을 올바르게 수행하기 위해서는 부가가치의 배분을 고려한 사장의 방침을 부가가치 배분 목표 계획으로 굳히는 것이 전제가 되어야 한다.

〈표 9〉 운영 기본 계획

(단위 : 엔)

항 목		직전3기	직전2기	직전기
매 출 액				
매 출 원 가				
매 출 총 이 익	%	100.0	100.0	100.0
영 업 경 비	인 건 비			
	선 행 투 자			
	상 각 비			
	일 반 경 비			
	임 원 보 수			
	계			
영 업 이 익				
영 업 외 손 익				
경 상 이 익				
특 별 손 익				
세 금 공 제 전 이 익				
납 세 충 당 금				
당 기 순 이 익				
이 익 금 처 분	임 원 상 여			
	배 당 금			
	계			
차감내부유보				

초년도	2년도	3년도	4년도	5년도
100.0	100.0	100.0	100.0	100.0

부가가치 배분 목표의 수치는 어디까지나 구성 비율로서 이 단계는 사장의 방침을 비율로 나타냈을 뿐이다. 더욱이 그것이 실현 가능한가는 부가가치의 배분 비율만으로는 알 수가 없다. 그래서 그 비율을 토대로 운영 기본 계획의 영업이익, 사업세준비금, 영업외손익, 특별손익, 차감내부유보 등의 각 항목 란에 구체적인 금액 목표를 기입해야 한다.

그러기 위해서는 앞으로의 매출액과 부가가치율의 추이를 예측하여 부가가치가 어떻게 될 것인가를 산출하여야 한다. 지금으로부터 5년 후, 10년 후까지의 연도별 부가가치 액수가 결정되면 그것에 비율을 곱하면 자동적으로 각 과목의 금액 목표를 쉽게 설정할 수 있다. 그렇게 함으로써 운영 기본 계획에 기입된 숫자는 모두 사장의 역할 의식과 방침을 반영한 숫자가 되는 것이다.

이 방법이 장기 계획 성공의 중요한 노하우의 하나이다. 여기에서 경리 담당자가 세운 계획과 사장이 세운 계획과의 근본적인 차이가 발생하는 것이다. 이것을 운영 기본 계획이라 하며 종래의 이익 계획과 구별하는 가장 큰 이유이다. 즉 운영 기본 계획 작성의 순서는 다음과 같다.

① 5년 후까지의 매출액 추이를 예측하고

② 부가가치(매출총이익)의 추이를 예측하고

③ 여기에 배분 목표 비율을 곱하여 각 과목의 금액을 산출하게 된다.

5년 후의 매출액을 결정하는 성장계수

앞으로 5년 후까지의 매출액을 어떻게 설정하면 좋을까? 다음 연도의 매출액을 설정하는 정도는 누구나 할 수 있을 것이다. 그러나 5년 후, 더구나 10년 후의 매출액을 생각한다면 시간상의 거리가 너무 멀어 머리를 싸매고 계산해도 탁상공론으로 끝나기 쉽다.

결국 과거 신장률의 연장선상에서 설정하는 것이 옳은 방법이다. 그러나 과거 실적이 과연 타당한 것이었는가는 숫자만 보아서는 쉽게 판단이 서지 않는다. 초년도 1%의 차이가 금액으로 따지면 5년 후에는 엄청난 차액이 되어 버린다. 그래서 내가 제안하고 싶은 것이 기업 성장계수의 파악이다. 기업의 성장계수는 다음 식으로 얻을 수 있다.

기업의 성장계수 = (기업의 매출신장 / GDP 신장) × 100%

*주 : GDP(국내총생산)는 GNP(국민총생산)에서 해외이자 · 배당금 · 생활비 등을 공제한 것. 경제의 국제화에 따른 결산 대책의 국제간 자금 이동으로 GNP는 실태와 맞지 않기 때문에 1993년부터 정부에서는 GDP를 중심으로 발표하고 있다.

즉 성장계수는 보통의 평균적 성장에 비해 회사의 성장이 어느 정도의 신장률인가를 나타낸다. 만약 계수가 100% 이하라면 경영 전략이나 전술의 잘못으로 기회를 상실하고 있든지, 아니면 회사가 사양화 되고 있다는 것을 나타내는 것이다.

전국을 상대로 영업하는 회사라면 GDP의 신장을 분모로 한다. 예를 들어 관동 지방이나, 혹은 북해도 지방처럼 어느 한정된 지역만을 대상으로 삼고 있는 회사라면 그 지역의 GDP의 신장을 분모로 한다.

이에 대하여 회사 매출의 신장이 몇 %인가 하는 것이 회사의 성장계수이다. 이것을 반드시 파악해 두기 바란다.

GDP의 신장은 도청이나 시청, 혹은 은행에 가면 알 수 있다. 물론 여기서 필요한 GDP 신장은 명목 성장률이지 실질 성장률은 아니다. 당연히 그 때의 인플레율이 가미된다. 매출에 이것이 반영된다는 것은 말할 필요도 없다. 명목 성장률이 필요한 것은 그 때문이다.

여기서 성장계수가 가진 의미를 좀더 구체적으로 생각해 보자. 가령 지금 후쿠오카만을 상대로 영업을 하는 회사가 있다고 하자. 후쿠오카의 GDP 신장이 명목 성장률 5%이고 회사의 매출 증가가 10%라고 하면, 이 회사의 성장계수는 200%가 된다. 즉 매출 신장률이 후쿠오카의 GDP 신장의 2배가 되는 것이다. 이것은 앞으로 후쿠오카의 경제 성장률이 매년 6% 신장한다고 예측할 수 있다면 그 2배이기 때문에 이 회사의 매출액이 매년 12%의 신장률을 이루는 것이 꿈만은 아닐 것이다. 적어도 그것이 가능하다는 것을 의미하고 있다. 이것이 이 회사 미래의 매출액을 설정하는 근거가 될 것이다.

먼저 2장에서 나는 총자본이익률이 시중 금리 이하라면 기업으로서의 존재 가치를 의심할 수밖에 없다고 했는데, 마찬가지로 성장계수 역시 기업의 존재 가치를 생각하는 하나의 판단 기준이 된다. 매출 신장이 GDP 신장 이하라고 한다면 그것은 평균 이하인 것이다.

가령 GDP가 7% 성장한다면 매출도 7% 성장하는 것이 보통이다. 그 이하라면 곤란하다. 따라서 그 이하라면 "누가 경영해도 평균 그 정도는 성장하고 있는 때에 우리 회사가 그 이하라는 것은 수치다. 사업이 사양화되고 있다. 새롭게 바꾸어보자."라는 발상이 경영자에게 떠올라야 한다. 그러한 발상이 경영자로서는 필요한 것이다.

물론 몇 번이고 기술했지만, 미래의 숫자는 과거 숫자의 연장선상에 있다. 따라서 지금까지의 성장계수가 5%라고 해서 그것을 부끄럽게 생각한 나머지 단번에 15%로 끌어올리려는 시도는 하지 않는 것이 좋다. 내년에는 5% 올리고 그 다음 연도에는 다시 5% 늘리는 식으로 생각해야 한다. 이렇게 시간을 들여서 개선해 가겠다는 것이 현실 경영이라고 할 수 있을 것이다.

회사의 성장계수는 이상과 같은 방식으로 구상한다. 대략적이고 조금 복잡한 방식 같지만 이것은 장기 계획에서 빠뜨릴 수 없다. 이렇게 해서 회사의 성장계수를 파악하면 그것을 기준으로 회사의 5년간의 매출액을 산출하고 그 숫자를 운영 기본 계획에 기입해 간다. 매출액이 결정되면 다음 순서는 부가가치(매출총이익)의 산출이다.

부가가치율은 매년 하락하는 것으로 이해하라

부가가치율(매출총이익률)을 예측하는 실무적 포인트는 매년 하락할 가능성이 높다고 하는 것을 전제로 계획하는 것이다. 우선 과거 3년간의 부가가치율을 체크해 보기 바란다. 3년 동안의 부가가치율 추이를 보았을 때, 만약 올랐다면 오히려 특이한 회사로 생각된다. 일반적으로는 매출 확대에 따라 매년 조금씩 하락해 가는 것이 보통이다.

혹은 부가가치율이 극단적으로 올라가거나 내려가거나 하는 회사도 있는지 모른다. 이러한 경우는 반드시 사장 마음에 짚이는 구석이 있을 것이다. 그러한 특수한 원인이 없으면 급격한 변화는 일어날 수 없는 것이 경영의 원칙이다.

과거를 뒤돌아보면 어느 상품이 크게 히트하여 매출과 이익을 급격하게 올려놓았다거나 혹은 큰 계약이 성립되어 양산 효과로 이익률이 개선되었다는 식의 행복한 경험을 가진 사장이 꽤 있을 것으로 생각된다. 같은 일이 미래에도 일어날까? 예를 들어 3년 후에 신규 사업이 적중하여 매출과 이익이 비약적으로 증가할 수 있다. 그러한 경우도 충분히 생각할 수 있다. 세상에는 이처럼 운이 좋은 경우가 적지 않았다.

그러나 그와 같은 행운이 반드시 찾아온다는 보장은 없다. 찾아올지도 모르지만 오히려 찾아오지 않을 확률이 높다. 행운을 잡으려고 무모한 계획을 세워서는 안 된다.

4장에서도 기술했던 내용이지만, 원래 장기 계획이라고 하는 것은 위험성을 예측하고 튼튼히 해두는 계획이다. 어느 정도 낮추어 잡는 계획을 세우고 실행으로 옮기는 단계에서 계획 이상의 결과가 나오면 그것이 바로 이익이라고 생각하는 것이 실무가인 사장이 생각해야 할 계획이요, 경영의 철칙이다. 이제부터는 매출의 증가나 이익의 증가를 크게 기대할 수 없는 시대로 접어들었다는 각오가 필요하다.

향후 5년 동안의 매출총이익을 예측하는 경우에도 부가가치율이 약간 하락하는 경향에 있다는 것을 염두에 두고 그 신장률을 다소 낮추어 잡는 편이 좋다. 그것이 경영의 정석이고 일반적인 상황이다.

그렇다고 해서 신장률을 지나치게 낮추어 부가가치율이 너무 내려가면 경영이 이루어지지 않게 된다. 사장으로서는 다소의 딜레마를 느끼면서 과거의 숫자를 참고하여 증가율을 최소한도로 낮추려는 궁리를 해야 할 것이다.

이렇게 해서 결정한 매출총이익률(부가가치율)을 운영 기본 계획의 해당하는 칸에 기입해 간다. 매출액과 매출총이익률만 결정하면 매출총이익의 산출은 간단하다. 매출총이익률을 먼저 산출한 매출액에 곱하면 매출총이익이 나온다. 그래서 각 연도마다의 매출총이익을 산출하고 이것을 매출총이익 항목에 기입해 간다. 매출액에서 매출총이익을 빼면 매출원가가 나온다. 이것도 각 연도마다 계산하여 기입해 간다. 이것으로써 운영 기본 계획의 위쪽 3개 항목이 모두 필요한 숫자로 채워지게 되는 것이다.

각 과목의 절대액 산출

다음으로 부가가치 배분 목표 계획에 기입된 배분 비율을 옮겨 적는다. 그리고 매출총이익에 배분 비율을 곱하면 자동적으로 각 과목의 절대액을 산출할 수 있다. 그러한 수치를 운영 기본 계획의 해당 과목 칸에 모두 옮겨 적는다.

예를 들어 5개년의 매출총이익이 10억 엔이고 인건비에 대한 배분 비율이 35%라면 '10억 엔 × 0.35 = 3억 5,000만 엔' 이 그 연도의 인건비로 산출된다.

이제야 비로소 사장의 배분 방침이 구체적인 금액이 되는 것이다. 여기서 3억 5,000만 엔이라고 하는 인건비는 5년 후에는 이 정도가 될 것이라는 모호한 판단으로 산출된 금액은 아니다. 사원에 대한 배분을 35%로 한다는 배분에 대한 사장의 방침이 먼저이고, 그 기본 방침의 결과로 3억 5,000만 엔이라고 하는 금액이 산출되었다. 이것이 중요하다.

부가가치 배분의 과거 3년간 비율은 손익계산서에서 찾는다. 그 숫자를 깊이 새기면서 향후 5년 동안의 배분 비율을 결정하고 부가가치 배분 목표 계획을 세워야 한다. 거기에 기입된 향후 5년간의 배분 비율을 이번에는 손익계산서의 항목을 열거하여 만든 운영 기본 계획표에 기입해 간다.

다시 한 번 〈그림 5〉를 보기 바란다. 처음에는 이 그림의 화살표 방향을 그림의 화살표처럼 왼쪽에서 오른쪽으로 과거 3년간의 숫자를 기입해 갔다. 이번에는 화살표 방향을 반대로 오른쪽에서 왼쪽으로 향후 5년간의 숫자를 기입해 간다. 이렇게 함으로써 배분에 대한 사장의 방침이 확실하게 투영된 운영 기본 계획이 완성된다는 것을 거듭 확인하기 바란다.

요컨대 사장의 방침, 비전을 처음부터 명확하게 내세우는 것이 중요하다. 하나 하나의 숫자는 최종적으로 결정된 숫자와 비교하면 아직 미흡하거나 대략적일지 모른다. 그래도 상관없다. 가령 숫자 하나하나가 아직은 미흡하더라도 모든 숫자에 자신의 정책이 반영되어 있다는 것이 중요한 것이다. 미흡해도 부가가치 조성에 관계되는 과목의 배분에는 아무런 문제가 없다. 이것이 중요한 것이다.

그러나 배분 비율을 옮겨 적는 과정에서 한 가지 문제되는 것이 사회 배분이다. 사회 배분이란 세금 배분인데, 세금에는 사업세처럼 경비로 인식되는 세금과 지방세와 법인세처럼 이익금에서 납부하는 세금의 2종류가 있다. 따라서 이것을 옮겨 적을 때는 사업세준비금 항목과 납세충당금 항목의 2개로 나누어 기입해야 하는데, 문제는 나누는 방법이다.

방법은 각 지방자치단체에 따라 세율이 약간씩 다르므로 일률적으로는 말할 수 없지만, 대체로 전국을 평균하여 보면 세금 합계를 100%로 하면 사업세가 20~25%, 지방세와 법인세가 75~80%로 되어 있다. 따라서 2종류의 세금을 비율로 나누면 대체로 맞을 것이다. 가령 사회 배분이 10%라고 한다면 그 중의 20%, 즉 2%를 사업세로, 그리고 나머지 8%를 납세충당금으로 하여 그 숫자를 각각의 항목에 먼저 기입해 간다.

몇 번이든 작성해야 한다

부가가치 배분의 절대액을 기입하면 장기 계획의 운영 기본 계획은 거의 완성된다. 남은 공란은 단순한 덧셈과 뺄셈으로 메꾸어 가면 된다. 그것으로 대강은 완성된다. 적어도 이 단계까지는 장기 계획이 생각했던 것보다 훨씬 간단하다는 것을 이해하였을 것이다.

처음으로 장기 계획을 수립할 경우에는 부가가치 배분에 사장의 방침을 어떻게 반영시켜야 하는지 생각을 정리하는 데 다소 시간이 걸릴 수도 있을 것이다. 그렇지만 다름 아닌 자신의 야망 실현과 회사의 장래가 달려있는 문제다. 그 정도의 시간을 할애하는 것이 당연한 것이다. 오히려 꿈을 구상하는 데 사용하는 시간이므로 사장에게는 즐거운 시간일 것이다.

대강이라도 사장으로서의 미래를 향한 경영 비전을 정리해 보는 것이다. 그리고 부가가치 배분의 목표를 숫자화 해본다. 초보자는 다소 시간이 걸릴지 모르지만 반나절이면 충분할 것이다. 계산은 사장 스스로가 전자계산기로 해보기 바란다. 실제로 전자계산기를 두드리면 숫자가 갖는 의미가 뇌리에 스치기 때문이다. 아주 사소한 퍼센트의 실수가 절대액으로 환산될 경우에 어느 정도의 차이로 나오는가를 직접 피부로 느끼는 것이 경영자에게는 상당히 중요하다. 타인이 계산한 숫자를 보는 것이 아니라 자신이 전자계산기를 두드리며 직접 산출한 숫자를 실제로 눈으로 볼 때 사장의 머리에 의외일 정도로 사업에 대한 현장감을 심어 준다.

처음에는 다소 수고스럽더라도 대강 만들어 보고 나면 다음에는 훨씬 짧은 시간에 계획을 세울 수 있게 된다. 익숙해지면 30분만에 완성할 수 있게 될 것이다. 최선의 장기 계획을 수립하기 위해서는 귀찮아 하지 말고 다양한 케이스를 가정하고 조건을 바꿔보는 계획도 몇 번이고 만들어 보는 것이다.

예를 들어 처음에는 사원 배분을 35%로 설정했는데 현재 상황을 고려해보니 37% 정도가 타당하지 않을까 하고 다시 생각하게 되는 경우도 있을 것이다. 그 때는 사원 배분을 37%로 한 계획을 만들어 본다. 또는 안전 경영을 위해 매출총이익을 너무 낮춘 것이 아닌가 하는 생각이 들면 수정 계획을 다시 생각해 본다. 계획의 실현성을 체크하는 단계에서 시뮬레이션의 필요성이 나타나게 된다.

｜2｜

[사례연구 1]
D정밀의 운영 기본 계획

향후 5년 동안의 매출액을 산출하는 방법

4장에 이어 D정밀을 모델로 사례를 살펴보기로 한다. D정밀에서 최근 수년 동안 발생하고 있는 부가가치 감소 현상에 제동을 걸고, 무차입 회사와 고수익 회사로 전환하고 싶다는 것이 장기 계획을 세우는 D사 사장의 생각이다.

D사의 사장은 향후 5년 동안의 매출액을 어떻게 설정했을까?

지난 3기의 매출액을 보면 직전 3기의 15억 9,300만 엔이 직전 2기에 17억 8,500만 엔으로 약 12%의 증가율을 나타내고, 직전기에는 20억 5,500만 엔으로 늘어나 약 15%의 증가율을 나타내고 있다. D정밀은 규모는 작지만 전국을 상대로 영업을 하고 있는 회사이다. GDP 증가는 실질 성장률 약 3%, 인플레율 약 2.5%를 곱한 약 6%(1.03×1.025≒1.0558) 정도가 국가 경제의 명목 성장률이기 때문에 성장계수로 보면 D정밀은 250% 정도의 회사이다.

그렇지만 지금과 같은 매출 증가율을 과연 유지해 갈 수 있는가에 대해 D사의 사장은 의문을 갖게 되었다. 성장계수도 지금까지는 250% 정도로 유지해 왔지만 그것을 그대로 유지해 갈 수 있는가에 대해서는 더욱이 국가 경제가 저성장으로 돌아서면서 GDP의 증가율도 6%가 한도라고 보는 것이 상식으로 되어 있다. 따라서 D사의 사장은 앞으로의 매출 증가율을 생각할 때 성장계수를 200% 정도로 보는 것이 무난하다고 생각한 것이다.

나는 D사 사장의 이러한 판단이 정확했다고 생각한다. 경영 계획은 매출도 이익도 어느 정도 낮추어 잡는 것이 정석이다. D정밀의 경우 우리나라의 GDP 증가가 6%이고 추정한 회사의 성장계수가 200%이므로 향후 매출증가율은 12%가 된다. 매출증가율 12%는 결코 낮은 수치가 아니다. D정밀이 대단히 우수한 상품을 취급하고 있다는 것을 고려한 수치이다. 따라서 12%라는 증가율은 일단 타당한 수치라고 생각해도 좋을 것이다. D사 사장은 우선 직전기 매출액인 20억 5,500만엔에 112%를 곱한 23억 200만 엔을 초년도의 매출 목표로 설정해 보았다. 또한 초년도의 매출액에 112%를 곱해 2년 후의 매출액을, 그리고 같은 형태로 5년 후의 매출액까지 산출했다. 〈표 10〉에서 매출액 항목이 바로 그것이다.

향후 5년 동안의 매출총이익을 산출하는 방법

다음은 매출총이익의 예측이다. D정밀의 경우 과거 3년 동안의 경향을 보면 매출총이익률의 저하가 두드러진다. 직전 3기에 60%였던 매출총이익률이 직전 2기에는 58.5%로 1.5% 하락했다. 그것이 직전기에는 57.6%로 0.9% 더 하락하고 있다. 매출 확대에 따라 매출총이익률이 점점 감소하는 경향에 있다는 것은 부정할 수 없는 사실이다.

외주 업체나 개량 부품의 단가는 높아지고 있는 반면에 매출 단가는 낮아지고 있다는 이유를 들 수 있다. 이러한 요소를 고려하면 앞으로는 높은 매출총이익률을 기대하기가 매우 어렵다는 것이 〈표 10〉을 통해서도 읽을 수 있다. 그렇다고 해서 매출총이익률을 낮추어 가면 앞에서도 지적했듯이 회사 경영은 이루어지지 않는다. 매출총이익률의 감소 경향을 어디쯤에서 억제시킬 것인가 하는 것이 문제이다.

그래서 D사장은 매출총이익률이 낮아지는 것은 어쩔 수 없지만 감소율을 최소한으로 줄이겠다는 결단을 했다. 지금까지는 매년 1.5%, 0.9%로 낮아졌지만 이러한 감소 추세로는 회사 경영이 불가능하다. 따라서 제조 부문과 영업 부문이 함께 노력하여 매년 매출총이익률의 저하를 0.5% 이내로 할 것을 결정했다. 경영자에게는 이러한 결정이 대단히 중요한 것이다.

〈표 10〉의 매출총이익은 이렇게 산출된 것이다. 즉 초년도의 매출총이익률을 직전기의 매출총이익률 57.6%에서 0.5% 내려 57.1%로 하고, 2차 연도의 매출총이익률은 그것보다 0.5% 더 내려 56.6%로 하여 5차 연도까지의 매출총이익률을 결정, 각각의 매출총이익률을 각 연도의 매출액에 곱해 산출했다.

다음은 앞 단원에서 설명한대로 각 연도의 매출총이익에 그 연도의 각 배분 목표 수치를 곱해 각각의 절대액을 계산·기입한다. 여기에 제시한 운영 기본 계획에 기입된 숫자에는 모두 D사 사장의 꿈과 정책이 투영되어 있다. 특히 5차 연도의 영업외손익 항목을 보아주

<표 10> D정밀의 운영 기본 계획

(단위 : 100만 엔)

항목		직전3기		직전2기		직전기	
매 출 액		1,593		1,785		2,055	
매 출 원 가		637		741		872	
	%		60.0		58.5		57.6
매 출 총 이 익		956	100.0	1,044	100.0	1,183	100.0
영업경비	인 건 비	335	35.0	392	37.5	476	40.2
	선 행 투 자	57	6.0	71	6.8	90	7.6
	상 각 비	48	5.0	47	4.5	46	3.9
	일 반 경 비	178	18.6	218	20.9	251	21.2
	임 원 보 수	52	5.4	55	5.3	60	5.1
	계	670	70.1	783	75.0	923	78.0
가 영 업 이 익		286	29.9	261	25.0	260	22.0
사 업 세 준 비		-20	-2.1	-19	-1.8	-18	-1.5
영 업 이 익		266	27.8	242	23.2	242	20.5
영 업 외 손 익		-57	-6.0	-73	-7.0	-95	-8.0
경 상 이 익		209	21.9	169	16.2	147	12.4
특 별 손 익		-28	-2.9	-21	-2.0	-11	-0.9
세 금 공 제 전 이 익		181	18.9	148	14.2	136	11.5
납 세 충 당 금		-94	-9.8	-74	-7.1	-68	-5.7
당 기 순 이 익		87	9.1	74	7.1	68	5.7
이익금처분	임 원 상 여						
	배 당 금	-4	-0.4	-4	-0.4	-4	-0.3
	계	-4	-0.4	-4	-0.4	-4	-0.3
차 감 내 부 유 보		83	8.7	70	6.7	64	5.4

※ 소수점 이하의 수치는 절상 · 절하에 따른 오차가 있음

초년도		2년도		3년도		4년도		5년도	
2,302		2,578		2,887		3,233		3,621	
988		1,119		1,267		1,435		1,626	
	57.1		56.6		56.1		55.6		55.1
1,314	100.0	1,459	100.0	1,620	100.0	1,798	100.0	1,995	100.0
512	39.0	554	38.0	599	37.0	647	36.0	698	35.0
92	7.0	102	7.0	113	7.0	126	7.0	140	7.0
85	6.5	95	6.5	105	6.5	126	7.0	140	7.0
263	20.0	270	18.5	275	17.0	288	16.0	299	15.0
63	4.8	67	4.6	71	4.4	76	4.2	80	4.0
1,015	77.2	1,088	74.6	1,163	71.8	1,263	70.2	1,357	68.0
299	22.8	371	25.4	457	28.2	535	29.8	638	32.0
-24	-1.8	-32	-2.2	-39	-2.4	-49	-2.7	-60	-3.0
275	20.9	339	23.2	418	25.8	486	27.0	578	29.0
-79	-6.0	-58	-4.0	-49	-3.0	-27	-1.5		0.0
196	14.9	281	19.3	369	22.8	459	25.5	578	29.0
-26	-2.0	-29	-2.0	-32	-2.0	-36	-2.0	-40	-2.0
170	12.9	252	17.3	337	20.8	423	23.5	538	27.0
-95	-7.2	-128	-8.8	-156	-9.6	-194	-10.8	-239	-12.0
75	5.7	124	8.5	181	11.2	229	12.7	299	15.0
-4	-0.3	-6	-0.4	-6	-0.4	-7	-0.4	-10	-0.5
-4	-0.3	-6	-0.4	-6	-0.4	-7	-0.4	-10	-0.5
71	5.4	118	8.0	175	10.7	222	12.4	289	14.5

기 바란다. 금리지불 제로, 무차입 경영 방침이 여기에 명시되어 있다. 더욱이 매출은 직전기의 1.76배로서 이익률을 3.5% 낮게 설정했는데도 세금공제전이익은 직전기의 약 4배가 되어 있다. 확실히 고수익 회사로 변신하겠다는 계획이 성립된 것이다.

다만 이 숫자대로 계획이 실현될 것인가는 현재 단계에서는 아직 알 수 없다. 이것은 다음 6장에서 설명하는 '검증 작업'을 거쳐야 하지만 그 설명에 들어가기 전에 또 하나의 사례인 J스포츠의 경우도 살펴보기로 한다.

3

[사례연구 2]
J스포츠의 운영 기본 계획

경상이익으로 매출총이익을 산출하는 방법

4장에서 5년 후에 J스포츠를 주가 1,500엔 이상의 상장 기업으로 만들고 나아가 신규 사업을 전개해 가는 것이 J사 사장의 꿈이라고 소개했는데, 이를 위해 J사 사장이 첫 번째로 내세운 기본 방침은 5년 후의 경상이익을 10억 엔으로 한다는 것이었다.

J스포츠의 직전기 경상이익은 3억 2,859만 엔이다. 이것을 5년 후에 10억 엔으로 하기 위해서는 매년 25%씩 경상이익을 증가시켜 가면 된다. 매년 25%씩 증가시킨다는 것은 직전기에 대해 125%가 된다는 것이다. 따라서 직전기의 3억 2,859만 엔에 125%를 곱하면 초년도의 경상이익이 나온다. 나아가 이것에 125%를 곱하면 2차 연도의 경상이익이 나온다. 그렇게 계산해 가면 5년 후에는 약 10억 280만 엔의 경상이익이 된다.

그럼 여기서 〈표 11〉의 좌측 항목을 보자. 경상이익에서 특별손익을 빼면 세금공제전이익이 되고, 세금공제전이익에서 납세충당금을

항 목		직전3기		직전2기		직전기	
매 출 고		3,946,307		4,962,631		5,706,764	
매 출 원 가		2,799,402		3,520,838		4,078,864	
매 출 총 이 익	%		29.1		29.1		28.5
		1,146,905	100.0	1,441,793	100.0	1,627,900	100.0
영 업 경 비	인 건 비	322,157	28.1	387,441	26.9	470,718	28.9
	선 행 투 자	121,792	10.6	139,514	9.7	181,474	11.1
	상 각 비	62,432	5.4	82,237	5.7	85,129	5.2
	일 반 경 비	416,147	36.3	422,936	29.3	435,587	26.8
	임 원 보 수	40,060	3.5	42,057	2.9	45,988	2.8
	계	962,588	83.9	1,074,185	74.5	1,218,896	74.9
영 업 이 익		184,317	16.1	367,608	25.5	409,004	25.1
영 업 외 손 익		-41,118	-3.6	-53,911	-3.7	-80,415	-4.9
경 상 이 익		143,199	12.5	313,697	21.8	328,589	20.2
특 별 손 익		-843	-0.1	-1,953	-0.1	-94,083	-5.8
세 금 공 제 전 이 익		142,356	12.4	311,744	21.6	234,506	14.4
납 세 충 당 금		-86,063	-7.5	-175,613	-12.2	-110,554	-6.8
당 기 순 이 익		56,293	4.9	136,131	9.4	123,952	7.6
이 익 금 처 분	임 원 상 여						
	배 당 금			-2,800	-0.2		
	계			-2,800	-0.2		
차감내부유보		56,293	4.9	133,331	9.2	123,952	7.6

* 소수점 이하의 수치는 절상 · 절하에 따른 오차가 있음

(단위 : 1,000 엔)

초년도		2년도		3년도		4년도		5년도	
6,985,000		8,684,000		10,115,000		11,645,000		14,023,000	
5,030,000		6,296,000		7,384,000		8,559		10,377,000	
	28.0		27.5		27.0		26.5		26.0
1,956,000	100.0	2,388,000	100.0	2,731,000	100.0	3,086,000	100.0	3,646,000	100.0
567,240	29.0		29.0		28.5		28.5		28.5
215,160	11.0		11.0		10.5		10.0		10.0
97,800	5.0		5.0		5.0		5.0		5.0
518,340	26.5		26.0		25.0		23.5		22.5
48,900	2.5		2.5		2.5		2.5		2.5
1,447,440	74.0		73.5		71.5		69.5		68.5
508,560	26.0		26.5		28.5		30.5		31.5
-97,800	-5.0		-5.0		-5.0		-4.5		-4.0
410,760	21.0	513,430	21.5	641,790	23.5	802,240	26.0	1,002,800	27.5
-97,800	-5.0		-4.0		-3.0		-2.0		-2.0
312,960	16.0		17.5		20.5		24.0		25.5
-166,260	-8.5		-9.0		10.5		-12.5		-13.5
146,700	7.5		8.5		10.5		11.5		12.0
					-0.5		-1.5		-2.0
					-0.5		-1.5		-2.0
146,700	7.5		8.5		9.5		10.0		10.0

빼면 당기순이익이 되고, 당기순이익에서 배당금을 빼면 차감내부유보금이 된다. 이것을 역으로 살펴보면 차감내부유보금에 배당금을 더하면 당기순이익이 되고, 당기순이익에 납세충당금을 더하면 세금공제전이익이 되고, 세금공제전이익에 특별손익을 더하면 경상이익이 된다. 이미 알고 있듯이 경상이익은 특별손익, 납세충당금, 배당금과 차감내부유보금 4개를 합한 셈이다.

부가가치 배분 항목으로 보면 특별손익은 안전 배분에 해당하고, 납세충당금은 사회 배분에, 배당금은 자본 배분에, 차감내부유보금은 축적 배분에 해당한다. 즉 안전 배분, 사회 배분, 자본 배분, 축적 배분의 4개 배분 비율을 합하면 경상이익률이 나온다.

J스포츠의 부가가치 배분 목표에 대해서는 이미 4장에서 끝냈다. 그 중에서 오른쪽 4개의 배분 비율을 뽑아 연도별로 4개의 수치를 더해 가면 각 연도의 경상이익률을 쉽게 도출할 수 있다. 〈표 8〉에서 해당 숫자를 뽑아 계산하면 J스포츠의 초년도 경상이익률은 안전 배분 5.0% + 사회 배분 8.5% + 자본 배분 0% + 축적 배분 7.5% = 21.0%가 되고, 2차 연도의 경상이익률은 21.5%, 3차 연도는 23.5%, 4차 연도는 26%, 5차 연도는 27.5%가 된다.

여기까지 끝내면 목표로 하는 매출총이익을 쉽게 산출할 수 있다. 5년 후의 경상이익을 10억 엔으로 만들기 위해서는 매년 25%씩 경상이익을 늘려 가면 된다고 설명했다. 계산하면 J스포츠의 초년도 경상이익은 직전기의 경상이익 3억 2,859만 엔에 125%를 곱한 4억 1,074만 엔이 나온다. 이것이 초년도의 매출총이익에 대한 경상이익률의 21.0%에 해당하는 금액이다. 그 의미는 4억 1,074만 엔을 21.0%로 나누면 매출총이익이 나온다는 뜻이다. 즉 4억 1,074만 엔 ÷ 0.21 = 19

억 5,600만 엔이 초년도의 매출총이익이 된다. 이와 같은 방법으로 계산해 가면 5차 연도까지의 매출총이익을 모두 도출할 수 있다.

J스포츠의 매출총이익을 검토해 보자

다음으로 매출액을 결정해야 한다. J스포츠와 같은 상사에 있어서는 매입 가격에 대한 판매 가격, 즉 매입 가격에 어느 정도의 이익을 더해서 판매할 것이냐가 대단히 중요하다. 바꿔 말하면 매출에 대한 매출총이익률이다. J스포츠의 경우 과거 3년 동안의 추이를 보면 직전 3기가 29.1%, 직전 2기가 29.1%, 직전기가 28.5%로 매출총이익률이 대단히 높다.

문제는 지금부터다. J사의 사장이 생각하고 있는 흐름으로 영업을 할 경우, 과연 지금과 같이 30%에 가까운 매출총이익률을 그대로 유지해 갈 수 있을 것인가는 간단한 일이 아니다. 매출총이익, 즉 부가가치도 이제부터는 상당히 증가해 갈 것이다. 지금 계산했던 것처럼 초년도의 목표가 19억 5,600만 엔이다. 이것이 5년 후에는 어떻게 될 것인가를 계산해 보자. 직전기의 경상이익이 3억 2,859만 엔이다. 매년 25%씩 증가시키는 것을 목표로 하였으므로 5년 후의 경상이익은 3억 2,859만엔에 125%를 5회 곱한 금액이 된다. 즉 3억 2,859만 엔 × 1.25의 5제곱 = 10억 280만 엔이 5년 후의 경상이익이다. 그러므로 5년 후의 경상이익률은 27.5%이다. 이는 5년 후의 부가가치 중 27.5%가 10억 280만 엔이 된다는 것이다. 따라서 10억 280만 엔을 0.275로 나누면 5년 후의 부가가치가 나온다. 답은 약 36억 4,600만 엔이다

(10만 엔대 이하는 조정).

이와 같이 초년도에 19억 5,600만 엔을 목표로 하였던 부가가치가 5년 후에는 36억 4,600만 엔으로 약 2배의 규모로 늘어나는 것이다 이 정도로 사업을 키워간다면 매출총이익률은 낮아지는 것이 보통이다.

같은 이익률을 유지해 가기는 매우 어렵다. 지금까지 J스포츠는 매출총이익률을 거의 같은 수준으로 유지해 가면서 매출도 39억 엔에서 57억 엔으로 대폭 늘려왔다. 업계가 초기 단계여서 수요가 증가하는 추세인데다 사장의 매입 감각이 대단히 좋다는 점 등 몇 가지 호조건이 겹쳐 있기 때문이다.

그렇지만 이제부터는 어떻게 될까? 규모가 확대되어 감에 따라 매출총이익률이 조금씩 감소해 간다는 것이 공통적인 의견이다. 사장으로서는 이쯤에서 안전을 위해 매출총이익률을 줄여 가는 것이 옳을 것이다.

그렇지만 J스포츠는 지금까지와 같은 매출총이익률을 반드시 유지하고 싶다고 주장한다. 나는 내용을 튼튼히 하는 쪽이 좋을 것이라고 조언해 주었다.

그래서 29.1% → 29.1% → 28.5%로 유지해 온 지금까지의 실적을 초년도는 28.0%로 하고 매년 0.5%씩 감소시켜서 최종 연도의 매출총이익률을 26%로 하는 절충안으로 정리된 것이다.

매출총이익액과 매출총이익률이 결정되면 매출액이 결정된다. 예를 들어 초년도의 매출총이익 목표가 19억 5,600만 엔으로 매출에 대해 28%이니 19억 5,600만 엔 ÷ 0.28 = 69억 8,570만 엔이 초년도의 매출 목표가 된다. 이렇게 하여 각 연도의 매출 목표가 결정되고, 결국 최종 연도의 목표액은 140억 2,300만 엔으로 결정된 것이다.

매출액도 결정되고 매출총이익도 결정했다. 매출액에서 매출총이익을 빼면 매출 원가가 나온다. 이것으로써 운영 목표 계획의 위 3칸이 모두 채워졌다. 다음은 4장에서 설정한 부가가치 배분율을 여기에 옮겨 적고 그 절대액을 산출해 가는 것이다. 5년 후에 경상이익을 10억 엔으로 올리고 싶다는 사장의 꿈을 이루기 위한 실현 계획이 이것으로 일단 형태만은 완성된 셈이다. 10억 엔의 경상이익을 내기 위해서는 어느 정도의 매출액과 매출총이익이 필요할까? 어떠한 경비를 사용하면 그것이 실현될 수 있을까? 이러한 의문에 대해 실현 가능할 수도 있는 하나의 안으로서 운영 기본 계획이 일단 완성된 것이다.

〈표 11〉은 지금까지 설명해 온 계산의 과정을 나타내고 있다. 굵은 숫자는 경상이익에서 필요 매출총이익을 산출하여 필요 매출액을 구한 과정을 나타내는 것이다. 그런데 계산상의 편의로 끝자리 수를 조정하기 위해 초년도의 매출총이익 19억 5,600만 엔을 배분해 가면 기준이 된 경상이익 4억 1,076만 엔과 2만 엔의 차이가 발생한다. 매출이 약 70억 엔, 경상이익 4억 엔의 사업이기에 이 정도의 차는 무시해도 큰 문제는 없지만 숫자를 약간 조정하여 바로잡은 것이 〈표 12〉이다.

결과적으로 매년 20%의 매출을 늘리지 않으면 안 된다. 이것은 결코 쉬운 수치는 아니지만 사장은 어떤 일이 있어도 완수하겠다는 결심을 했다. 이것이 사장의 꿈이요 야망이다. 거듭 강조하지만 운영 기본 계획에는 사장의 경영 비전이 집약되지 않으면 안 된다. 비전에서 벗어난 계획을 만들면 전혀 의미가 없다. 따라서 어떻게 하면 비

〈표 12〉 J스포츠의 운영 기본 계획

항 목		직전3기		직전2기		직전기	
매　출　액		3,946,307		4,962,631		5,706,764	
매　출　원　가		2,799,402		3,520,838		4,078,864	
매 출 총 이 익	%		29.1		29.1		28.5
		1,146,905	100.0	1,441,793	100.0	1,627,900	100.0
영업경비	인　건　비	322,157	28.1	387,441	26.9	470,718	28.9
	선 행 투 자	121,792	10.6	139,514	9.7	181,474	11.1
	상　각　비	62,432	5.4	82,237	5.7	85,129	5.2
	일 반 경 비	416,147	36.3	422,936	29.3	435,587	26.8
	임 원 보 수	40,060	3.5	42,057	2.9	45,988	2.8
	계	962,588	83.9	1,074,185	74.5	1,218,896	74.9
영　업　이　익		184,317	16.1	367,608	25.5	409,004	25.1
영 업 외 손 익		-41,118	-3.6	-53,911	-3.7	-80,415	-4.9
경　상　이　익		143,199	12.5	313,697	21.8	328,589	20.2
특　별　손　익		-843	-0.1	-1,953	-0.1	-94,083	-5.8
세 금 공 제 전 이 익		142,356	12.4	311,744	21.6	234,506	14.4
납 세 충 당 금		-86,063	-7.5	-175,613	-12.2	-110,554	-6.8
당 기 순 이 익		56,293	4.9	136,131	9.4	123,952	7.6
이익금처분	임 원 상 여						
	배　당　금			-2,800	-0.2		
	계			-2,800	-0.2		
차감내부유보		56,293	4.9	133,331	9.2	123,952	7.6

*소수점 이하의 수치는 절상·절하에 따른 오차가 있음

초년도		2년도		3년도		4년도		5년도	
6,985,000		8,684,000		10,115,000		11,645,000		14,023,000	
5,030,000		6,296,000		7,384,000		8,559,000		10,377,000	
	28.0		27.5		27.0		26.5		26.0
1,956,000	100.0	2,388,000	100.0	2,731,000	100.0	3,086,000	100.0	3,646,000	100.0
567,530	29.0	691,940	29.0	778,620	28.5	879,225	28.5	1,039,395	28.5
215,270	11.0	262,460	11.0	286,860	10.5	308,500	10.0	364,700	10.0
97,850	5.0	119,300	5.0	136,600	5.0	154,250	5.0	182,350	5.0
518,605	26.5	620,360	26.0	683,000	25.0	724,975	23.5	820,575	22.5
48,925	2.5	59,650	2.5	68,300	2.5	77,125	2.5	91,175	2.5
1,448,180	74.0	1,753,710	73.5	1,953,380	71.5	2,144,075	69.5	2,498,195	68.5
507,820	26.0	634,290	26.5	777,620	28.5	941,925	30.5	1,147,805	31.5
-97,850	-5.0	-119,300	-5.0	-136,600	-5.0	-138,825	-4.5	-145,880	-4.0
409,970	21.0	514,990	21.5	641,000	23.5	803,000	26	1,001,925	27.5
-97,850	-5.0	-95,440	-4.0	-81,960	-3.0	-61,700	-2.0	-72,940	-20
312,120	16.0	419,550	17.5	559,060	20.5	741,400	24.0	928,985	25.5
-166,345	-8.5	-214,740	-9.0	-286,860	-10.5	-385,625	-12.5	-412,345	-13.5
145,775	7.5	204,810	8.5	272,200	10.5	355,775	11.5	436,640	12.0
				-13,660	-0.5	-46,275	-1.5	-72,940	-2.0
				-13,660	-0.5	-46,275	-1.5	-72,940	-2.0
146,775	7.5	204,810	8.5	258,540	9.5	309,500	10.0	363,700	10.0

전을 가장 좋은 형태로 표현할 수 있는가에 대해 여러 가지 궁리가 필요할 것이다. 편한 마음으로 운영 기본 계획을 만들어 보는 것이다. 여러 가지 방법으로 만들어 보고 그 중에서 가장 좋은 것을 선택하면 된다. 하나만 만들어서 그것을 바로 실행에 옮기는 것은 절대로 안 된다.

사장은 자신의 야망을 실현하기 위해 계획을 세운다. 계획을 세워 하나 하나씩 숫자를 검토해 가다 보면 회사의 강점과 약점이 나타나게 된다. 사장은 그것을 파악하는 것이 중요하다. 어떻게 하면 장점을 더욱 살리고 어떻게 하면 약점은 극복해 갈 수 있는가에 대한 고민도 계획에 함께 포함되어야 한다.

과연 사장의 야망은 실현될 수 있을까? 다음은 드디어 그 실현 가능성의 확인 작업에 들어간다. 이 단계도 경리 담당이나 사무직 간부의 사고로는 생각할 수 없다. 사장다운 발상이 필요하다.

| 4 |
운영 기본 계획의 검증 작업과 순서

기본 계획의 실현 가능성을 확인하자

사장의 꿈을 실현하기 위한 계획이 운영 기본 계획이라는 형태로
일단 정리되면, 실현 가능성을 경영의 3요소인 '사람', '물건', '돈'
의 측면에서 확인해 가지 않으면 안 된다. 인건비의 뒷받침, 운영 자
금의 뒷받침, 금융 계획의 뒷받침 등을 확인하지 않고 5년 후의 매출
과 이익을 설정한다면 아직 참된 의미의 장기 계획이라고 할 수 없
다. 그림의 떡이 약간의 현실성을 띠고 있다고나 할까?

아무튼 이것을 사실적으로 접근하기 위해서는 사장 자신이 여러
측면에서 계획의 실현성을 확인하여 보는 것이다. 그렇게 함으로써
사장의 꿈과 야망이 더욱 보완되어 보다 구체성을 가질 뿐만 아니라,
한층 명확하고 확고한 경영 비전으로 되어 간다.

예를 들어 '사람'의 측면에서 볼 때, 사원이 일하고자 하는 의욕을
갖게 하는 급여와 상여를 지급할 수 있는지, 사장의 체면을 세울 수
있는 정도의 배분으로 되어 있는지, 다른 부가가치 배분과의 균형은

맞는지, 그밖에 인원 문제, 근무 환경, 인재 육성 문제 등 확인하지 않으면 안될 포인트가 많이 있다.

'물건'의 측면에서 볼 때, 미래의 실적 확대를 위해서 투자 설정을 활발하게 하거나 새로운 사업을 시작할 수 있는 정도의 분배가 실제로 가능한지, 재고 계획은 적절한지, 자금에 대한 문제점은 없는가 등을 확인하여야 한다.

더욱이 '돈'의 측면에서 말하면, 자기 자금으로 얼마만큼 해낼 수 있을지, 자금은 부족하지 않은지, 자금 조달은 어떻게 할 것인지, 대출을 받을 경우 회사의 수익성과 안전성에 어떤 영향을 미칠 것인지, 세금에 대한 대비는 어떠한지 등 체크해야 할 점이 많다.

운영 기본 계획은 자기 사업의 기본 계획이다. 부분적이지 않고 전체적으로 포인트를 정확히, 복잡하지 않고 단순하게 기본 계획의 실현성을 체크해야 한다. 이 때 사장 자신의 손으로 체크하는 것이 중요하다.

그렇게 하기 위해서 사용하는 것이 다음에 기술하는 ① ~ ⑦까지의 검증 작업을 거쳐야 한다. 사장은 이러한 검증 작업을 통해서 기본 계획의 실현성을 검증해 가는 것이다. 이것을 나는 '검증 작업'이라고 부른다.

검증 작업의 구체적인 순서

〈그림 6〉을 보기 바란다. 장기 계획 작성의 순서를 나타낸 그림인데, 이 그림 중 검증 작업의 순서를 나타낸 부분만을 정리하면 다음

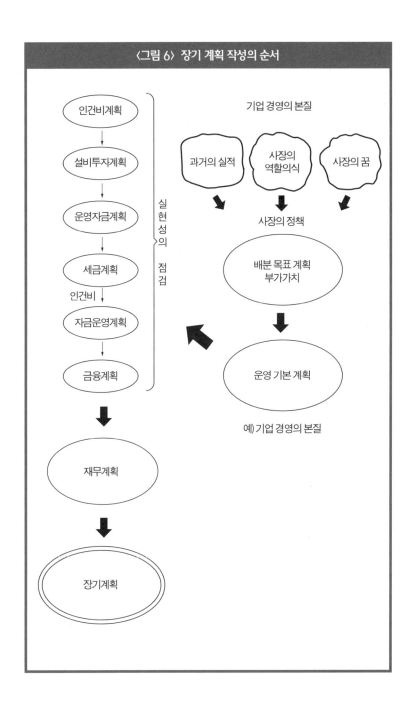

〈그림 6〉 장기 계획 작성의 순서

인건비계획

설비투자계획

운영자금계획

세금계획

인건비

자금운영계획

금융계획

실현성의 점검

재무계획

장기계획

기업 경영의 본질

과거의 실적

사장의 역할의식

사장의 꿈

사장의 정책

배분 목표 계획 부가가치

운영 기본 계획

예) 기업 경영의 본질

에 제시하는 ①~⑦과 같이 된다. 검증 작업은 반드시 이러한 순서를 밟아가지 않으면 안 된다.

① 인건비 계획

운영 기본 계획 중에서 배분의 비율이 가장 높은 것이 인건비다. 더욱이 1인당 인건비는 확실히 증가해 갈 것이다. 이것이 빗나가면 장기 계획 그 자체가 잘못되어 버릴 정도로 가장 중요한 항목이다. 5년 후에도 현재의 비율로 유지될 수 있을 것인지, 만약 될 수 있다면 신규 채용을 포함한 인력 체계를 어떻게 할 것인지, 급여 수준은 사원에 대한 사장의 역할을 다하고 있다고 말할 수 있는가? 우선 사람의 측면에서 검증한다.

② 설비 투자 계획

사장의 경영 비전을 실현시키기 위해서는 항상 설비 확충에도 적극적으로 대처해야 한다. 그렇지만 자금에는 한계가 있다. 경영의 안전성을 고려하면서도 생산성이 높고 효율성이 좋은 설비로 중심을 옮겨갈 필요가 있는데, 그것을 어느 정도의 범위로 할 것인가를 자금과 물건의 양면에서 검증해야 한다.

③ 운영 자금 계획

기본 계획을 실행으로 옮겨가기 위해서는 운영 자금이 필요하다. 이른바 '자금 조달'인데, 자금 운용 계획에서는 단기 자금 계획을 검증할 필요가 있다. 그러기 위해서 사장은 채권의 회수, 채무의 지급, 재고 등에 대한 상황을 파악하지 않으면 안 된다.

④ 세금 계획

세금 계산에는 지켜야 하는 몇 가지 규칙이 있다. 사장은 대체로 이것을 직감에 의존하는 경향이 있다. 기본 계획의 수치대로 수행될 수 있는가에 대한 자금의 보충적인 체크인데, 이것은 경리 담당자에게 맡겨도 상관없을 것이다.

⑤ 자금 운영 계획

자금을 얼마만큼 유효하게 사용하는가 하는 것이 자금 운영 계획이다. 대차대조표의 우측(자금의 조달)과 좌측(자금의 용도)의 조화가 제대로 이루어지지 않으면 안 된다. 그것이 어떻게 되어 있는가 하는 검증 작업이 필요하다. 이것도 사장으로서 알고 있어야 하는 경영의 정석이다.

⑥ 금융 계획

필요한 자금을 금융기관에서 조달해야 할 일도 있다. 그 경우 금리에 대한 대책은 가지고 있는지, 차입 증가에 대한 고정 예금은 괜찮은가를 체크해야 한다. 야망만으로 돌파해 가다가는 대부분은 여기서 실패하여 엉뚱한 결과를 초래하게 된다. 거품 경제 시대의 교훈을 살려 충분한 체크가 필요하다.

⑦ 재무 계획

이상의 검증 작업을 거쳐서 그 결과를 한 장의 대차대조표로 정리한 것이 재무 계획이다. 여기까지 와야만 사장이 꿈꾸는 경영 비전은 구체적인 자금의 뒷받침을 얻게 된다.

이상이 검증 작업의 구체적인 순서이다. 작업의 각 단계에서 사용하는 각각의 표가 검증 작업을 거쳐 일곱 장의 자료가 된다. 이와 같은 일곱 장의 자료가 완성되어 처음으로 회사의 장기 계획이 성립되는 것이다.

간단한 계산으로 가능한 검증 방법

처음으로 시도하는 사람에게는 이러한 일련의 검증 작업이 어렵게만 보이고, 귀찮고 성가신 작업으로 생각될 지 모른다.

그렇지만 나는 앞에서도 설명했듯이 중학교밖에 졸업하지 않았다. 대차대조표의 어느 쪽이 빌려주는 쪽이고 빌리는 쪽인지 아직도 모르는 사람이다. 그런 나도 간단하게 할 수 있는 일이다. 사장은 경리도 아니고 회계사도 아니기 때문에 전문 지식이 필요 없다. 필요한 것은 경영의 정석과 전자계산기를 사용한 기본적인 계산 능력 정도일 것이다. 그것으로 충분하다. 지금 설명한 일곱 장의 자료로도 그 정도의 능력만 있으면 충분히 검증 작업이 가능하도록 양식이 정비되어 있다.

그래도 계산이 어려우면 세금 계산과 금리 계산 등은 경리 담당자에게 도움을 받아도 좋다. 그러나 기본은 어디까지나 스스로 검증해야 한다. 컴퓨터를 사용해야 하는 것도 아니다. 사장의 야망을 보다 구체화해 가기 위해서 전자계산기로 숫자를 두드리면 되는 것이다. 그것은 결코 시대에 뒤떨어지는 것이 아니다. 다양한 경영 판단을 더함으로써 미묘하게 변화해 가는 숫자를 자신의 눈으로 확인해 간다.

그럼으로써 경리나 사무 담당자는 알 수 없는 경영 발상의 편향과 애로, 혹은 새로운 비전의 발상이 눈앞에 펼쳐진다. 경영 판단이나 대응책은 거기서부터 생겨나는 것이다.

이렇게 해서 도출된 새로운 판단과 대응책은 이전의 것보다 한 차원 높은 계획이 된다. 그것이 중요한 것이다. 다음 6장에서는 검증 작업에 대하여 구체적으로 살펴보기로 한다.

6장

장기 인건비 계획을 수립하라

    사장의 사원에 대한 역할을 감당하기 위해서는 사원의 생활 수준 향상을 계획적으로 실현해 가지 않으면 안 된다. 그러나 고임금과 높은 처우에 대한 보장은 회사의 재정 부담을 높이는 확실한 요인이 된다. 사장은 사원의 행복과 회사의 실적 향상이라는 양면을 균형 있게 달성시켜 나가야 하는데, 그 요체는 장기적인 인건비 계획의 수립에 있다. 우선 장기 인건비 계획을 앞의 5장에서 검토한 운영 기본 계획에 따라 5차 연도까지 검증해 보는 것이다. 그 때 사장으로서 중요한 일은 시중의 급여 수준에 대한 해석만이 아니라 '인건비 계수'라는 관점에서 회사의 발전과 사원의 행복을 동시에 추구해 가는 것이다.

| 1 |

사원의 행복과 인건비 계획

사장으로서 부끄럽지 않은 급여를 지급할 수 있는가?

운영 기본 계획 중에서 가장 비중이 높은 것은 인건비다. 이것이 어긋나면 계획 전체가 잘못될 수 있다. 또한 급여와 상여는 사원의 생활과 직접 연관되어 있는 만큼 사원의 관심도 유달리 높다. 생활 향상을 고려하면 매년 급여를 인상하는 것은 사장의 당연한 책임이다. 아울러 미래의 사업을 확대해 가기 위해서는 인력의 증원도 고려하지 않으면 안 된다. 그러기에 우선 인건비가 사장의 방침대로 되고 있는가를 체크해보아야 한다. D정밀의 사례를 보면, 사장은 5년 후에 전체 부가가치의 35%를 인건비에 배분하는 것으로 했지만, 5년 후 D정밀의 인건비가 35%, 6억 9,800만 엔으로 될 것인가는 검증을 해 보지 않는 한 숫자놀음에 그치고 만다.

여기서 중요한 것은 5년 후에 예정대로 6억 9,800만 엔으로 되었다고 해서 사장의 계획이 옳았다고 할 수 없다. 계획했던 범위 내에서 이루어졌으니 타당하다는 판단은 사무나 경리 담당의 일이며 사장이 생각할 일은 아니다. 계획대로 되었다고 해도 그 때의 급여 수준은 다른 회사에 비하여 어떠한지, 사장으로서 사원에게 체면이 설 수 있는 금액인지 검토되지 않으면 사장의 장기 계획이라고 말할 수 없다.

사장이 만든 장기 계획은 6억 9,800만 엔의 인건비로 목표 매출액을 달성하고, 목표 부가가치를 높이고, 급여 수준이 높아야 한다는 것이었다.

급여를 받는 사원의 입장에서 볼 때, '우리 사장은 우리들에 대해서도 충분히 배려해 주고 있으며 좋은 회사에서 일하고 있다.' 라고 만족할 수 있는 인건비 계획을 만들어야 비로소 사장의 장기 계획이 된다. 그렇지 않으면 존경받는 사장이 될 수 없다. 이 점이 중요한 포인트다.

사장은 사원의 생활 향상을 책임지고 있는 사람이다

"귀사는 사원에 대한 대우도 좋고 아주 멋진 경영을 하고 있군요." 라는 말을 듣고 화를 낼 사장은 없다. 옛날이라면 몰라도 요즘 시대에 사원을 값싼 월급으로 혹사하여 이익이 늘어났다고 기뻐하는 사장은 거의 없을 것이다. 사원의 대우를 지금보다도 더 좋게 해주고 싶다는 것은 어지간히 심술궂은 사장이 아니고서는 누구나 생각하고 있다.

그렇지만 현실적으로는 '생각한 대로 이익이 올라가지 않아서 사원들에게는 미안하지만 적당한 수준의 급여로 양해를 얻고 있다. 가

난한 회사에는 변변치 않은 사원밖에 모이지 않기도 하지만…' 이라고 탄식하는 사장도 적지 않다. 그러나 이것은 반대로 말하면 '자신은 한 사람 몫을 다하는 경영자이지만 사원은 절반의 능력밖에 못해내기 때문에 이익이 증가하지 않으며, 그렇기 때문에 처우가 낮아도 어쩔 수 없다'라고 하는 핑계에 불과하다. 이것은 사장의 사원에 대한 역할 의식이 거의 없기 때문에 사원은 물론 외부로부터 무능한 사람으로 취급을 받아도 어쩔 수 없다. 이 책의 서두에서 사원에게 존경받지 못하는 사장만큼 가련한 존재가 없다고 했는데, 미안한 일이지만 수긍할 수밖에 없을 것이다.

사장은 사원의 생활 향상에 대하여 책임지지 않으면 안 된다. 이렇게 이야기하면 "사원의 생활 향상에 대하여 책임지지 않는 경영자는 없습니다."라고 대부분의 경영자로부터 반론이 나올 것이다. 실제로 어느 세미나에서 연세가 지긋한 분으로부터 다음과 같은 항의가 들어왔다.

"충분한 급여를 지급하고 싶은 마음은 간절하지만 주고 싶어도 줄 수 없기 때문에 이 세미나에 나왔다. 사원에게는 회사에 이익이 올라가면 급여를 많이 올려 줄 것이다. 나쁜 대우는 하지 않을 것이다. 책임을 회피하는 것이 아니다. 무능한 경영자라고 하지 않았으면 좋겠다."

물어보니 사업을 시작한지 20년 이상이 되는 사장이었다. 20년 동안이나 "급여 수준을 개선하겠다."라고 계속 말해오면서 "좋아지지 않는다."라고 하면 책임 회피를 하는 것이 아니라고 해도 소용이 없다. 사장의 사원에 대한 역할을 감당하지 못하고 있다고 말할 수밖에 없다. 단지 정서적으로 "개선하겠다."라는 말에 그칠 뿐, 구체적으로 개선해 주지 못한다면 사장으로서의 역할을 못하고 있는 것이다.

인건비계수를 활용해야 한다

사원의 생활 향상이라고 하는 관점에서 '인건비계수'라고 하는 지수가 있다는 것을 사장은 반드시 알아두어야 한다. 인건비계수는 사원의 대우에 대한 개혁을 실현하기 위해 대단히 중요한 숫자이다. 어느 회사에서나 인건비의 내역은 급여·상여·퇴직금·복리후생비가 기본이 된다고 생각한다. 급여를 연간 12개월로 하여 상여가 연 5개월, 퇴직준비금이 1.7개월, 그리고 복리후생비는 1년에 한 번 정도의 여행을, 1년에 한 번 작업복을 지급하는 정도라면 급여의 15%, 1.8개월 정도가 된다.

인건비계수라고 하는 것은 이것들을 모두 더한 개월 수이다. 이 경우 '12+5 +1.7+1.8 = 20.5'가 인건비계수가 된다. 사원의 처우 개선을 꾀한다고 하는 것은 단지 월정액의 급여를 올리는 것만으로는 안 된다. 상여도 올리고 퇴직금의 비율도 가능한 한 올려서 여유로운 노후 생활을 보장해 주는 한편 복리후생도 충실히 할 수 있도록 해주고 싶다면 인건비계수를 높여갈 필요가 있다.

인건비계수를 해마다 높여 가는 것이 '급여 수준을 개선하겠다'라고 이야기하는 사장의 구체적인 증거이다. 물론 사원의 처우에 대하여 어디에 포인트를 둘 것인가는 사장이 방침으로 결정하면 되는 것이다. 그러나 어느 쪽이든 인건비계수가 낮아진다면 사원에 대한 사장의 역할을 감당하지 못한다는 의미이다.

급여와 인건비계수는 균형 있게 올려야 한다

언젠가 연구회에서 어느 사장이 "우리는 인건비계수가 아주 낮지만 사원에게는 놀랄 정도로 고액의 급여를 주고 있다."라고 이의를 제기하면서 다음과 같은 질문을 하였다.

"나의 경우 상여금은 불안정한 요소이기 때문에 연 4~5개월 분의 상여금을 주지 않고 12등분하여 전부 기본급에 더해 지급하고 있다. 그렇기 때문에 월 급여액은 다른 회사보다 높아서 사원들이 좋아하고 있지만, 인건비계수는 4~5개월 분의 상여가 없어지기 때문에 대폭 낮아진다. 불합리하지 않은가?"

인건비계수는 각각의 회사 사정에 의해 사장이 결정하면 되는 것이다. 사원 구성이 다른 회사를 예로 들면, 여성이 많은 회사에서 단지 상여를 올리는 것만이 아니라 취미나 자기 계발 등에 회사가 보조를 해주는 쪽을 좋아하는 경우에는 복리후생의 비율을 높인다. 남자뿐이라면 도리어 복리후생은 중지하고 급여와 상여를 높이는 것과 같이 사장이 최선의 방법을 결정하는 것이다. 가령 인건비계수를 높여도 가장 중요한 급여가 낮은 경우도 생각할 수 있으므로 단순하게 선을 그어 확정적으로 말할 수는 없다. 여기서 중요한 것은 계수의 절대치가 높고 낮은 것이 문제가 아니라, 급여를 높이고 동시에 인건비계수도 높여가지 않으면 사원의 생활 향상으로 이어지지 않는다는 것이다.

우선 최근 수년 동안의 자사 인건비계수를 산출해 보기 바란다. 어떠한 경향을 보이고 있을까? 급여의 인상이 평균적인 수준 이상으로 높고 인건비계수도 상승하고 있다면 사원의 행복을 위하여 확실하게 대처하고 있는 회사라고 말할 수 있을 것이다. 당초의 인건비계수가 낮아도 상관없다. 계수의 경과를 보는 것이 중요한 것이다.

급여는 당연히 올라간다. 또한 인건비계수도 상승해 간다. 사원의 생활 향상은 급여만이 아니라 급여와 인건비계수를 균형 있게 올려야 비로소 사원들로부터 "우리 사장은 여러 가지로 잘 보살펴 준다. 감사하다.", "우리 회사는 사원의 일을 중요하게 배려해 준다. 일하는 보람이 있다."라는 말이 나오게 되는 것이다.

| 2 |
경영 자금과 인건비 계획

급여는 올리고 인건비총액은 줄이는 발상

1달러에 100엔 시대, 일본의 임금 수준은 아마도 세계 1위일 것이다. 일본의 회사들은 어쩌면 이 이상 임금을 올릴 여력을 잃고 있는 것이 아닌가 하고 생각된다. 세계 1위의 임금 때문에 국제 경쟁력을 잃어 버렸다고 하는 비명이 여기저기서 들려오는 것 같다.

그러나 그것은 경제 평론가의 이야기이고 우리와 같은 실무가는 할 말이 아니다. 회사의 최고 경영자가 사원을 향하여 "금년부터 임금 인상은 불가능하다. 싫다면 다른 곳, 원한다면 임금 인상을 기대할 수 있는 외국에 가서 근무하라"라는 식으로 말할 수 있을까? 앞 단원에서 검토했듯이 사장의 역할로서 사원의 생활 향상의 중심이 되는 급여는 점진적으로 인상해 가지 않으면 안 된다. 그것이 불가능하다면 사장 자신의 보수 역시 인상해 가는 것이 불가능하다. 그렇다면 어떻게 하면 좋을까?

급여 사무를 처리하는 담당자라면 '곤란하다, 모자란다' 라는 말로 끝날 수도 있지만, 사장은 그렇게 말할 수 없다. 급여를 올려도 경영에 영향이 없는 방법을 찾아낼 수밖에 없다. 그래서 사장에게는 단순한 과거의 방식에 구애되지 않는 발상이 필요하게 된다. 그 발상은 사원 개개인의 급여는 올려도 회사의 인건비는 총액 기준으로 내려가는 방법을 생각할 수도 있지 않을까 하는 것이다. 만약 100명의 사원이 일하고 있는 일을 그 절반인 50명으로 할 수 있는 방법을 생각할 수 있다면 2배의 급여를 지급해도 인건비 총액은 변하지 않게 된다. 이와 같이 단순하게 생각해 보는 것이다. 거기서부터 실마리가 보이게 되는 경우가 많다.

이것은 예를 들어 그렇다는 이야기지 실제로 사람을 감원하여 문어가 자기 다리 잘라먹는 식의 경영을 권장하는 것은 아니다. 미래의 업무 증가에 대한 증원을 정사원이 아닌 임시직 사원 등으로 보충하고, 인건비 총액은 적정한 선에서 억제하는 방식으로 사원의 급여를 올리는 것이 가능한 방법을 찾으라고 말하고 있는 것이다(구체적인 방법에 대해서는 '4. 인건비 계획의 검증 작업'의 항에서 다시 상세하게 설명하기로 한다).

구체적인 목표는 일하고자 하는 의욕을 만든다

다른 방법도 가능하다. 지금의 100명이 만약 30~40%의 효율적인 업무를 할 수 있는 방법을 찾는다면 인건비 총액을 늘려도 실적을 증가시키는 것은 가능하다. 다음과 같은 재미있는 이야기를 들은 적이 있다.

하와이에서 청소국원의 동맹파업이 있어서 와이키키의 아름다운 거리가 쓰레기 투성이가 된 적이 있다. 청소국원의 말에 의하면, 인력 부족 때문에 값싼 월급으로는 이런 중노동을 하지 않으므로 대폭적인 증원과 월급 인상을 주장했다고 한다. 그래서 당시의 일본계 지사가 "담당 지구의 쓰레기를 다 모으면 근무 시간이 끝나기 전에 귀가해도 좋다."라고 말했더니 놀랍게도 거리의 쓰레기는 오전중이나 늦어도 오후 2~3시에 수거되었다고 한다. 청소국원을 약속대로 시간 전에 귀가시켰더니 대부분이 다음 아르바이트 장소로 갔다고 한다.

하기 싫은 일은 본인도 괴로울 것이고 능률도 올라갈 리가 없다. 만약 자신의 회사에도 이와 같은 문제점이 있다면 큰일이다. 아무런 동기 부여나 교육도 하지 않고 구태의연한 배치를 해둔 채 '요즘 젊은 사람은 도무지 일하고자 하는 의욕이 없다', '싫은 소리를 하면 곧바로 사직한다'라는 등 일할 의욕이 없는 사원에 대한 개탄의 소리가 적지 않은 것 같다. 무기력한 중견사원, 직함만 있는 간부급 사원들로 고심하는 회사가 의외로 많은 것 같다. 만약 이러한 사람들이 진심으로 일하고자 한다면 인건비 증가 이상의 부가가치를 회사에 안겨줄 것은 확실하다.

우리 회사도 매년 30명 정도의 신세대인 신입사원을 채용하고 있다. 그 과정에서 주의할 점은 신세대라고 하는 지금의 젊은이들은 과거의 젊은이에 비해 자신이 스스로 하고자 하는 생각이 적은 것 같다. 시키지 않으면 하지 않고 움직이지 않는 경향이 있다. 학교 교육도 가정의 예의범절도 무너지는 것은 물론, 물질적으로도 풍부해서 배고팠던 경험이 없기 때문인지 좋게 말하면 경쟁심이나 경계심이 없다.

그러나 목표를 확실하게 세워주면 감탄할 정도로 잘 하는 것도 신세대이다. 확실한 목표를 설정하여 그 목표를 받아들이게 하면 믿을 수 없을 정도의 열의를 보여 준다. 그들이 납득할 수 있는 목표 설정의 열쇠가 되는 것은 사장의 미래에 대한 생각이고 꿈이며, 그러한 것을 구체적인 목표로 설정한 장기 계획인 것이다. 즉 지금 검증하려고 하는 장기 계획 그 자체가 인건비의 중요한 해결책인 것이다.

인력을 늘리지 않고 일을 늘리는 발상이 필요하다

지금은 시간 단축을 부르짖고 있으며 연간 노동 시간을 1,800시간으로 하자고 한다. 업무가 증가하면 그 부분을 잔업으로 한다는 것이 불가능한 시대이다. 그렇다고 해서 업무가 늘어난 부분만큼 사람을 늘릴 수 없는 것은 당연하다. 사실 스타라는 회사는 사람을 많이 사용하지 않고도 사업을 하겠다는 발상으로 출발한 회사로서, 업무가 늘어도 사람을 늘리지 않도록 공장을 무인화해 갔다는 것은 2장에서 상세하게 언급한 바 있다. 여기서 무인화 공장을 생각한 또 하나의 동기에 대하여 보충 설명을 하고자 한다.

우리 회사에서는 완전 주 5일 근무제를 1996년부터 실시했으니까 국내에서 가장 빠른 사례가 아닐까 싶다. 사내의 기계화가 진행되면서 주 5일제 근무를 최초로 도입했다. 외부에서는 사원들의 여가가 남아도는 것 아니냐는 말이 들려왔다. 다른 회사는 토요일에도 출근해서 근무하고 있는데 5일제 근무가 달갑지 않았던 모양이다. 주 5일제가 아니어도 좋으니까 토요일도 근무하고 급여를 더 받고 싶다는 반응에 놀랐다.

　다른 회사보다 상당히 높은 급여를 받고 있는 사원에게서 '토요일도 나와서 더 벌고 싶다.'는 소리가 나온다는 것을 듣고, 나는 '부모의 마음을 아이들은 모른다는 것과 같구나. 그러나 인간의 욕심이란 한이 없으니까? 우리 사원들의 반응도 당연한 것이지. 생각해 보면 토요일만이 아니라 일요일이나 휴일에도 공장을 가동한다면 이익을 더 낼 수 있는 것 아닌가.'라고 생각했으니 내가 제일 욕심쟁이라고 말할 수 있었을 것이다.

　사원들이 토요일에 출근해서 더 버는 것을 회사가 버는 것으로 생각하면 된다는 발상을 해보았다. 토요일에 사람이 나오지 않고도 토요일 분을 더 받으면 좋지 않겠는가? 즉 사람이 근무하지 않고 기계가 돈을 벌면 된다는 발상을 한 것이다. 그러한 발상의 주제가 '63시간 무인'이었다.

　그 내용은 금요일 오후 5시부터 월요일 오전 8시까지가 63시간, 이 사이를 무인으로 공장을 운영하는 것이었다. 만약 기계가 무인으로 가동해 주면 주말 2일 뿐만 아니라 공휴일도 기계가 돈을 벌어 주기 때문에 지금보다 급여를 더 올려줄 수 있다. 토요일도 마음 편하게 쉴 수 있다는 생각으로 '63시간 무인화'라는 목표로 완전 무인화 공장을 만들어 갔다.

　현재 작업자는 오후 5시에 귀가한다. 그 뒤에는 기계가 토요일과 일요일, 한밤중이나 새벽에도 24시간 묵묵히 계속 생산하고 있다. 이것은 단순히 비용 절감의 목적만이 아니라 사원의 생활 향상 목적과 동일한 선상에서 실현된 것이라고 생각한다.

| 3 |
정기 인상과 기본 임금의 인상

임금 인상의 틀

인건비 계획의 검증 작업에 들어가기 전에 또 하나 독자에게 정리해 주고 싶은 것이 있다. 그것은 임금 인상의 틀에 관해서다.

매년 봄 임금 투쟁이 끝나면 중소기업이나 대기업에서는 임금 인상률을 발표한다. 그것은 어떠한 의미인가? 이에 대하여 의외로 분명한 태도를 취하고 있지 않는 사장을 보게 된다.

급여를 인상한다고 할 때, 소위 임금 인상 외에 정기 승급, 기본 임금 인상(raise In basic wages)이라고 하는 용어가 사용되고 있다. 정기 인상과 기본 임금 인상은 전혀 성격이 다른 것인데, 애매한 이해를 하고 있는 사장이 많은 것 같다. 그와 같은 세세한 것은 담당자에게 맡기고 있다.

그러나 인건비의 검증 작업을 하는 데 있어서 임금 인상의 틀에 대해 일단의 내용을 알아두지 않으면 계획의 이곳저곳에서 모순을 일으키게 된다. 실은 나도 대체적인 것만 이해하고 있기 때문에 전문가로부터 가르침을 받은 적이 있다. 이제부터 기술하는 것이 독자 여러분에게는 상식일 지도 모른다. 그런 분은 이번 단원을 건너뛰고 다음 단계의 검증 작업으로 넘어가도 된다.

그런데 임금 인상은 정기 인상과 기본 임금의 인상, 그리고 수당 증액으로 이루어진다. 그러나 수당 증액도 임금 인상의 일부로서 이것은 어디까지나 보조적인 것이므로 중심이 되는 것은 정기 인상과 기본 임금 인상 두 가지다.

정기 인상의 의미

정기 인상은 1년이 지나면 얼마를 인상하겠다는 것을 회사의 규칙으로 미리 결정해 두고 매년 일정한 시기에 회사의 실적이 좋고 나쁜 것에 관계없이 결정된 인상을 실시하는 것이다. 회사가 적자라도 정기적으로 인상하기 때문에 정기 인상이라고 하는 것이다. 따라서 정기 인상은 춘계 임금 투쟁의 교섭으로 결정되는 것이 아니고 경영자의 책임으로 돌려야 하는 성격의 것이다.

1년이 지나고 나서 정기 인상을 해야 하는 근거는 1년 동안에 업무를 잘 익혀서 보다 실적을 올릴 수 있을 것이라는 가정이 중심이다. 그밖에도 격려가 되기 때문이라든가, 해를 거듭할수록 생활비가 상승하기 때문이라는 등의 이야기도 있지만, 회사의 실적에 상관하지 않고 정기 인상을 보장하는 가장 큰 근거는 능력 향상에 두는 것이라고 생각한다.

그렇게 되면 중책을 담당하여 업적을 올린 사원과 그렇지 않은 사원에게 동일한 수준의 정기 인상을 보장하는 것은 실력 있는 사원의 사기를 떨어뜨리게 된다. 그러므로 정기 인상에 능력주의를 반영시키는 고려가 필요하다(더 전문적인 내용은 이 책의 취지가 아니므로 생략하기로 한다).

이러한 정기 인상의 액수는 일반적으로 젊은 사원이 많은 회사에서 규정 임금의 약 2.5%, 평균 연령이 높은 회사에서 2.1% 정도로 시행되고 있다. 연간 4%의 임금 인상률이라고 할 때 남은 1.5%에서 1.9%가 어떤 명목으로 인상되는가 하는 것이 기본 임금 인상이다.

기본 임금 인상의 의미

기본 임금 인상이란 물가 상승에 맞추어 임금의 실질 감소를 방지하기 위해 인상하는 것으로 회사의 형편을 고려하면서 실시해 가는 것이다. 따라서 그 금액을 결정하는 데에는 회사와 사원의 형편이 균형을 이루어야 하기에 노사 협의로 타협하여 결정하게 되는 것이다.

〈그림 7〉은 기본 임금 인상과 정기 인상의 관계를 나타낸 것이다. 가령 월급 20만 엔의 영업사원인 A사원에게 1만 엔의 임금 인상을 실시했다고 하자. 이 회사에서는 A씨가 영업 업무를 평균적으로 행한 경우는 6,000엔의 정기 승급을 하도록 사규에 정해져 있다면 남은 4,000엔이 임금 인상으로 올라간 것이 된다.

이것을 비율로 말하면 임금 인상액은 5.0%, 그 중 3.0%가 정기 인상률, 2.0%가 기본 임금 인상률이다. 그림에서 보면 비스듬히 올라가는 것이 정기 인상, 위로 올라가는 것이 기본 임금 인상이다. 정기 인

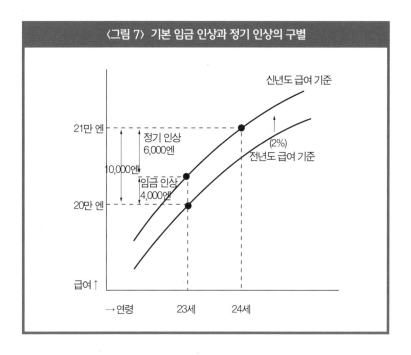

〈그림 7〉 기본 임금 인상과 정기 인상의 구별

상 분은 회사에서 결정한 규정대로 실시하고, 회사에 임금 인상의 여력이 남아 있다면 기본 임금 인상으로 올려준다. 이것이 임금 인상의 기본 원칙이다.

정기 인상과 기본 임금 인상을 구분하여 운용

이와 같이 정기 인상과 기본 임금 인상은 전혀 다른 근거로 결정하는 것이므로 이것을 분명히 구별하여 운용하지 않으면 좋지 않은 상황이 생기게 된다. 우선 능력주의에 따라 개개인의 급여를 결정하는 것이 어려워진다. 앞의 사례에 의하면 영업사원인 A와 같은 연령에

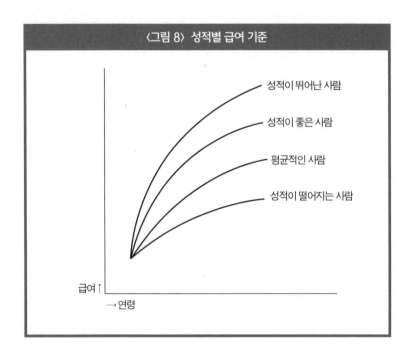

〈그림 8〉 성적별 급여 기준

성적이 뛰어난 사람

성적이 좋은 사람

평균적인 사람

성적이 떨어지는 사람

급여↑

→ 연령

입사 연도도 같은 B가 있다고 하자.

　B는 보통의 실적으로 A에 비해 분명한 차이가 있는 경우를 현장에서 흔히 볼 수 있을 것이다. 그 경우에도 만약 정기 인상액을 잘한 경우는 6,000엔, 보통의 경우는 4,500엔으로 한다는 것을 제도로 미리 결정해 두면, B의 기본 임금 인상액은 임금 인상액의 4,000엔을 더한 8,500엔이 되어 누구나 납득할 수 있는 결정 방식이 된다. 그러기 위해서는 〈그림 8〉과 같은 성적별 인상 제도를 당연히 준비해 두어야 한다.

　정기 인상이나 기본 임금 인상을 함께 처리하여 총액의 높고 낮은 것만을 조정하게 되면 대단히 힘든 작업이 되고 만다. 그런데 불황기의 춘계 임금 투쟁에서 신문 등에 '정기 인상 외에 기본 임금 인상 없음' 이라는 기사가 나온 경우가 있다. 회사의 실적이 극단적으로 떨어지고 앞으로의 전망도 나쁘다는 평가가 나오면 기본 임금 인상의 여력이 거의 없다. 정기 인상은 어떻게든 처리해도 기본 임금 인상을 무리하게 하면 회사의 체질을 악화시키는 상황에 빠지게 되므로 부득이 노사가 협의하여 기본 임금 인상은 제로로 한다는 의미이다.

극단적인 예를 들면, 적자가 계속되어 지급 능력에 문제가 생기는 경우에 경영자로서는 생각하고 싶지 많지만 긴급 수단으로써 임금 인상이 아닌 임금 인하라는 조치를 택하는 경우도 있을 수 있다. 그렇다 하더라도 정기 인상은 실시하지 않으면 안 된다. 예를 들어 정기 인상으로 6,000엔을 올리고 기본 임금 인하로 8,000엔을 내린다. 결국 2,000엔의 임금 인하를 실시한 것이 된다. 자세한 것은 생략하지만 이렇게 하지 않으면 결과적으로 사내에서의 균형이 깨지기 때문이다. 이와 같은 실무적인 대응도 임금 인상의 틀을 알아두지 않으면 막상 하고자 할 때는 판단이 흐려지게 된다.

사장은 1년 후, 3년 후의 임금 인상을 결정하는 사람

사장이 확인해야 할 것은 양자의 차이점만은 아니다. 그것뿐이라면 인사 담당자의 업무에 지나지 않는다. 물론 사장으로서는 정기 인상 규정을 우선 만들어야 한다. 세세한 것은 담당과 전문가에게 맡긴다 해도 능력주의가 반영될 수 있는 정기 인상의 틀만은 확인해 두는 것이 필요하다.

사장에게 있어 가장 중요한 것은 임금 인상으로 사원의 생활 향상을 도모하는 것이다. 즉 물가 상승을 밑도는 기본 임금 인상률은 사원의 생활 수준이 저하되기 때문에 적어도 물가상승률을 상회하는 수준의 기본 임금 인상률과 이에 덧붙인 정기 인상, 이것이 경영자에게 필요한 최소한의 의무라고 생각해야 한다.

수치로 말하면 정기 인상으로 2.5%, 기본 임금 인상으로 1.5% 정도로 보아 4.0% 정도의 임금 인상은 경기가 어렵다 할지라도 지켜간다는 각오가 필요하다.

자기 회사의 임금 수준이 다른 곳보다 상당히 낮다면 이를 시정하는 것도 경영자의 의무이고 역할이다. 그 경우 기본 임금 인상을 5%나 8%(임금인상률로서는 각각 약 7.5%, 10.5% 전후)로 실시해 주지 않으면 항상 다른 회사보다 낮은 수준이 된다. 회사의 수익 상황과 임금 자원에 큰 문제가 없다면 기본 임금 인상률을 다른 회사의 기본 임금 인상률에 맞출 필요는 없다. 다른 회사의 수준만을 염두에 두는 것은 담당자의 업무이지 사장이 할 일은 아닌 것이다.

그러나 이것은 사장에게 상당한 각오와 준비가 필요한 것이다. 매년 춘계 투쟁 시기가 되면 "사토 씨의 회사에서는 어떻게 정했습니까? 몇 %로 했습니까?"라고 물어오는 경영자가 반드시 있다. 실적이 좋은 상태라면 기본 임금 인상을 물가 상승 이상으로 올리고, 좋은 회사에 근무한다는 말을 사원으로부터 듣고 싶은 것이 바램이지만, 그만큼의 고정 비용 증액을 생각하면 망설이게 되는 것이 임금 인상액을 결정하는 시기에 사장이 갖는 공통적인 괴로움일 지도 모른다.

나는 "우리는 내년도 임금 인상을 이미 결정했다. 어느 때의 임금 인상을 이야기하는 것이지요?"라고 되묻곤 한다. 물론 이것은 빈정대는 말이다. 사장으로서 그 해가 되어서야 금년의 임금은 얼마를 올릴 것인지, 연필을 굴리고 있다면 낙제라고 해야 할 것이다.

사원에 대한 역할을 의식한다면 적어도 1년 전에 다음 연도의 인플레율을 예측하여 경영자의 의무로서 최소한의 인상액을 추정해야 한다. 그리고 3년 후, 5년 후까지의 급여와 복리후생에 대하여 구체적인 안을 가지고 있어야 한다.

사장뿐만 아니라 경영자는 임금이 오른다는 것에 알레르기가 있는 것 같다. 나 역시 맹목적인 인상은 대단히 싫어한다. 그러나 사원을 중요하게 여긴다고 말하면서 임금 인상에 인색하다면 사원을 위하는 것이 아니다. 사장은 사원에 대한 역할 의식이 있고 없음에 따라 각오나 준비 방식이 철저하게 달라진다고 생각한다. 다음 단원에서 기술하는 '인건비 계획의 검증 작업'이 사장의 실무로서 많은 것을 시사해 줄 것이다.

| 4 |
인건비 계획의 검증 작업

현재의 인건비를 분석한다

뒤에 제시한 〈표 13〉은 D정밀의 인건비 계획이다. 이 계획으로 우선 직전기의 인건비에 대해 분석해 보자. 직전기의 인원은 정사원 98명, 임시직 · 시간제 사원이 6명, 합계 104명인 회사이다. 정사원의 평균 임금은 26만 엔, 이 회사의 남녀 비율과 연령 구성은 알 수 없으므로 일반적인 수준과의 비교는 할 수 없지만 남성 사원이 약 30만 엔, 여성 사원이 약 20만 엔 정도의 급여일 것이다. 업무가 OA기기의 조립이므로 아마 평균 연령도 젊고 남녀 비율도 반반인 수준일 것이다.

인건비계수를 보면 18.36이다. 이 표에는 나와 있지 않지만 상여는 연간 4개월 분이다. 복리후생은 거의 하지 않고 있다. 이 수치로 보아서 형식적인 복리후생을 하고 있는 셈이다. 시간제 사원을 보면 시간급 600엔에서 700엔으로 1인당 월 9만 7,000엔 정도이다. 인건비계수가 12.37이므로 거의 아무 것도 배려하지 않는다는 상황이다. 상여도 없고 보험에도 들지 않았다. 기껏해야 0.37개월 분만 지급하고 있다. 모두 합쳐 연간 4억 7,639만 8,000엔이 이 회사의 인건비인 셈이다.

문제는 지금부터 5년간 운영 기본 계획이 계획대로 진행될 수 있는지 인건비에 대하여 구체적으로 검증해 보려고 한다.

필요 인원에 대한 검증

여기서 D정밀의 운용 기본 계획의 전제 조건을 살펴보면 다음과 같다.

- 부가가치의 사원에 대한 재분배 비율은 현재의 35%를 5년 후에 도 유지한다.
- 부가가치는 매년 0.5% 내려가는 것으로 한다.
- 5년 후의 세금공제전이익을 5억 3,800만 엔으로 한다.
- 그러기 위해서는 매출을 매년 12% 신장시킨다.

그런데 현재의 인원을 증가시키지 않고 매년 12%의 매출을 신장시키는 것이 가능한 것인가? 이 조건을 단순히 이치적으로 따져 보면 다음과 같다.

① 전년보다 12% 이상 매출 실적을 올릴 수 있는 히트 상품을 매년 개발한다.
② 전년보다 단가를 12% 올리고 수량은 유지해 간다.

〈표 13〉 D정밀의 인건비 계획

구분	항 목		직전기		초년도	
			인원	급여	인원	급여
정사원	기 존 인 원		98	25,561	98	26,967
	증원계획	초 년 도			1	180
		2 년 도				
		3 년 도				
		4 년 도				
		5 년 도				
		계			1	180
	합 계		98	25,561	99	27,147
	인 건 비 계 수			18.36		18.76
	연 간 인 건 비			469,185		509,278
임시고용자	기 존 인 원		6	583	6	600
	증원계획	초 년 도			2	200
		2 년 도				
		3 년 도				
		4 년 도				
		5 년 도				
		계			2	200
	합 계		6	583	8	800
	인 건 비 계 수			12.37		13.07
	연 간 인 건 비			7,213		10,456
연 간 총 인 건 비			104	476,398	107	519,734

[주] 정사원의 급여 인상률은 5.5%, 임시직 사원의 급여 인상률은 3%

2년도		3년도		4년도		5년도	
인원	급여	인원	급여	인원	급여	인원	급여
98	28,450	98	30,015	98	31,666	98	33,408
1	190	1	200	1	211	1	223
1	187	1	197	1	208	1	219
		1	194	1	205	1	216
				1	202	1	213
						1	210
2	377	3	591	4	826	5	1,081
100	28,827	101	30,606	102	32,492	103	34,489
	19.16		19.56		19.96		20.40
	552,325		598,653	·	648,540		703,576
6	618	6	637	6	656	6	676
2	208	2	216	2	225	2	234
2	206	2	214	2	223	2	232
		2	212	2	220	2	229
				2	218	2	227
						2	224
4	414	6	642	8	886	10	1,146
10	1,032	12	1,279	14	1,542	16	1,822
	13.78		14.47		15.17		16.00
	14,224		18,507		23,392		29,152
110	566,549	113	617,160	116	671,932	119	732,728

③ 전년보다 12% 증가한 잔업을 한다.

그러나 어느 것도 현실적이지는 않다. ②나 ③을 매년 반복해 갈 경우 5년 후에 약 80%의 가격이 오르거나 80%의 잔업 증가가 되기 때문에 생각할 수가 없다. ①은 사업 경영 본래의 중요한 포인트이지 인원을 늘리지 않기 위한 것은 아니다. 더구나 매년 히트 상품을 출시하는 것을 전제로 하고 인건비 계획을 수립한다는 것은 불가능한 일이다.

일부를 외주로 돌리고 설비를 새롭게 하여 생산성을 올리는 경우도 있을 수 있지만 외주로 돌리면 부가가치가 떨어지고 설비를 들여오면 금리 부담이 늘어 역시 이익이 떨어지게 된다. 상식적으로 생각하여도 매년 12%씩 매출을 증가시키기 위해서는 인력을 충원하는 것이 타당하다. 그러나 가능한 한 인원 증가를 억제하지 않으면 안 된다. 계획상으로는 매년 3명의 증원이 타당할 것으로 본다.

이 회사의 사장은 98명의 정사원에 시간제 사원이 6명밖에 되지 않으므로 시간제 사원을 늘려도 문제가 없을 것으로 판단하고, 업무의 내용을 검토해서 단순화하고 표준화하여 시간제 사원으로도 할 수 있는 업무를 늘리는 식으로 대응하면 된다고 생각한 것이다.

시간제 사원 고용에 대한 검토

실제로 시간제 사원의 인건비는 정사원의 2분의 1 이하로 내려간다. 우리 회사를 예로 들면 호황기에 여성 사원이 213명이었던 것을 점차 시간제 사원으로 전환해서 5년 후에는 96명으로까지 감소시킨 경우가 있다. 그만큼 인건비가 내려가고 부가가치의 증가분을 사람과 설비에 재배분함으로써 회사의 성장을 더욱 고조시킨 경험이 있다.

지금 우리 회사는 경리 부문에서도 시간제 사원이 활약하고 있다. 경리 업무를 시간제 사원에게 맡기는 것에 대해 놀라는 사람도 있는데, 요즘은 경리 업무 전체를 외주로 전환하는 회사도 많다는 점에서 문제될 것은 없다고 본다. 문제는 시간제 사원을 활용하기 위한 틀을 만드는 것이다. 지금은 시간제 사원에게도 정사원만큼은 아니지만 보너스를 지불하고 있다. 시간제 사원의 인건비계수가 18은 넘지 않을까 생각한다. 그래도 시간제 사원 활성화에 의한 부가가치 증가의 파급 효과는 업종 형태에 관계없이 충분히 검토할만한 가치가 있다.

다른 회사에 이러한 이야기를 하면 "그것은 귀사와 같이 세밀한 상품을 다루는 회사이기 때문에 시간제 사원으로도 가능한 것입니다. 우리 같이 몇 톤이나 되는 큰 물건을 만드는 회사라면 시간제 사원 고용은 불가능합니다."라고 반론을 제기한다.

지금 나의 경우는 중국 대련 지방에 690톤의 인젝션을 가동하고 있는 공장이 있다. 그곳의 작업자는 전원이 여성이다. 지금까지는 위험하고 무거워서 남자도 힘들어했던 5톤에서 10톤이나 되는 금형 변경을 여성이 하고 있다. 그것은 여성이라도 할 수 있도록 크레인과 테이블을 고안하여 기계의 힘으로 무겁고 큰 물건이라도 조작할 수 있도록 했기 때문이다. 작업자는 나사를 잠글 뿐이다. 물론 국내가 아닌 중국의 이야기지만 다른 나라라고 해서 남자도 힘든 일을 여성에게 시키는 것은 아니다. 일을 단순화하고 작업 환경을 변화시켜간다. 그렇게 함으로써 지금까지의 상식으로는 생각할 수 없었던 일이 시간제 사원으로도 가능하게 된 것이다. 요컨대 사장의 집념이 좌우할 문제인 것이다.

인력 충원 계획은 최대한 신중하게

그러나 모든 인력을 시간제 사원만으로 할 수는 없다. 이 회사의 사장은 다음과 같이 결정했다.

"단지 인력 증원을 모두 시간제 사원으로 하게 되면 현재 98명인 사원 수는 5년이 지나서도 98명으로 머물게 된다. 신입사원이 들어오지 않으면 기존의 사원은 퇴사하기 쉽다. 사원의 구성도 균형이 맞지 않게 되므로 매년 1명은 신입사원을 채용하고 시간제 사원은 매년 2명을 채용하기로 한다."

이와 같은 방침 결정은 사장이 하지 않으면 불가능한 것이다. 왜냐하면 이 증원 계획은 상당히 엄격한 것이기 때문이다. 〈표 13〉을 다시 한 번 보기 바란다.

증원 계획은 각 연도에 정사원 1명, 시간제 사원 2명의 채용으로 5년 후의 필요한 사원은 정사원 103명, 시간제 사원 16명, 합계 119명이 된다. 이렇게 하여 11억 8,300만 엔의 부가가치를 19억 9,500만 엔으로 약 70% 늘리려는 것이다. 약 15%의 증원, 그것도 시간제 사원을 늘려서 하려는 것이다. 노동 생산성을 50% 가까이 올리려는 것이므로 사장의 사원에 대한 강한 요청이다.

이렇게 할 때, 연간 4개월 분의 보너스로는 일하라고 해도 잘 듣지 않는다. 회사가 처우를 과감하게 개선하지 않으면 15%의 증원은 숫자상의 의미로 끝나게 될 것이다.

5년 후의 급여에 대한 검증

우선 사원에게 있어 가장 중요한 급여를 올리지 않으면 안 된다. 이하 〈표 13〉을 보면서 읽어 주기 바란다.

① 기존 사원의 5년 후 급여를 예측한다

정기 인상 분인 3%는 당연한 것으로 하고 앞으로의 물가 상승을 어떻게 볼 것인가를 결정하지 않으면 5년 후까지의 임금 인상률을 결정할 수 없다. 이 회사는 임금 수준만은 적당한 편이므로 앞으로의 임금 인상률도 여타 회사의 수준에 맞추어 가면 급여 수준이 다른 회사에 뒤떨어지는 일은 없을 것이다.

그러면 5년 후의 물가 상승은 어떻게 될까? 이것은 분명히 말해서 누구도 정확히 알 수 없을 것이다. 단지 세계의 역사가 시작된 이래 오늘날까지 물가가 계속 올라갔다는 것만은 확실하다. 앞으로도 불황 등의 영향으로 일시적인 정체는 있어도 계속 올라갈 것은 분명하다.

단지 당면한 5년만을 생각할 때 경제 성장률 2~3%, 물가 상승률을 1.5%로 보게 되면 그렇게 큰 착오는 없을 것으로 생각된다. 운영 기본 계획도 이와 같은 성장률을 전제로 계산해 본 것이므로 임금 상승률도 4.5(3+1.5)%가 최저 수준이라고 보아도 좋을 것이다. 그러나 이것만으로는 여타 회사와의 수준을 유지해 갈 뿐이다. 인사나 경리 담당자의 계산이라면 이것으로 충분하지만 사장다운 생각은 아니다. 인원을 그다지 증가시키지 않고 매출을 대폭적으로 늘리면서 노동 생산성을 5년 후에 2배로 올리자고 강요해도 사원의 의욕은 생겨나지 않을 것이다. 사원에게 동기를 부여하기 위해서라도 과감하게 1%를 더 올려보자. 이와 같은 생각으로 임금 인상률을 5.5%로 하여 향후 5년 동안의 급여를 시뮬레이션해 본다.

결과만 이야기한다면 5년 후 현재 사원의 급여 합계는 대략 월 3,340만 엔이 된다(〈표 13〉의 오른쪽 위 '기존 인원의 급여' 항목 참조).

② 충원된 인력의 급여를 예측한다

그런데 매년 1명을 채용하는 신입사원의 급여를 어떻게 예측할 것인가? 초년도는 대졸의 초임금 수준을 18만 엔으로 하고, 2차 연도 이후의 초임금은 여타 기업의 임금 인상률(여기서는 물가 상승률과 같다고 가정한다) 1.5%를 곱하면 계산상의 초임금은 쉽게 계산할 수 있다. 즉 180,000×1.015 = 182,700의 끝수를 반올림하여 18만 3,000엔이 2년째의 초임금이 된다.

그러나 어떤 회사나 우수한 인재를 원한다. 특히 전자공학이 필요한 기술 부문이라면 단순히 물가 상승률 정도의 초임금으로 가능할까? 조금이라도 좋은 인재를 채용하고 싶기 때문에 4,000엔을 더해서 2차 연도에는 18만 7,000엔, 3차 연도에는 19만 4,000엔, 이후 3,000~4,000엔씩 물가 상승률만큼 인상해서 5년 후 신입사원의 초임금을 21만 엔으로 해 본다. 사장이 하는 계산이므로 정확한 수치가 아니어도 상관없으므로 어디까지나 스스로 예측해서 계산해 보는 것이 중요하다.

이러한 추가 발생 급여에 대해 다음 해부터 임금 인상을 5.5%로 실시해 가면 5년 후에는 5명의 증원에 한 달에 약 108만 엔이 필요하게 된다는 것을 알 수 있다. 결국 정사원의 급여는 한 달에 3,449만 엔 정도가 된다.

인건비계수를 올린다

이 회사의 상여는 지금은 연간 4개월이지만 사원을 독려하기에는 적다는 생각이 든다. 유명 기업에서는 5~5.5개월의 상여금을 지급하고 있으므로, 사장은 5년 후에는 적어도 연간 6개월의 상여금을 지급하는 것이 좋겠다는 결단을 내렸다. 복리후생도 아직 불충분하지만 우선은 급여와 상여를 일반 기업의 수준 이상으로 끌어올리기 위해 상여금에 중점을 두기로 했다.

인건비계수는 18.36이므로 5년 후의 계수를 과감하게 2.0으로 상승시키고 더하여 복리후생 부분을 0.04 추가하여 20.40으로 해 보았다. 그래서 2차 연도에는 0.4개월, 3차 연도에도 0.4개월이 되는 식으로 인건비계수를 올려서 5년 후에는 20.40이 되도록 했다.

이와 같은 순서를 밟아 5년 후 정사원의 연간 인건비 총액은 7억 357만 6,000엔으로 산출된 것이다. 여기서 7억 엔은 사장의 비전이 수치로 반영된 것이다. 단순한 계산의 결과만은 아니다. 이 점이 가장 중요한 것이다.

5년 후 정사원의 총수는 5년 동안에 퇴직자가 나오지 않는 것으로 가정하여 103명으로 했는데, 여러분의 회사에서는 미리 예측할 수 있다면 그 계산도 해두면 보다 확실한 계획이 될 것이다. 그러나 중도 퇴직자가 많은 회사도 있기 때문에 사장으로서 계획을 수립하는 데 있어서 지나치게 정밀한 계산이 필요한 것은 아니다. 중도에 퇴직자가 나오면 그 부분만큼 채용의 폭이 생기게 되므로 대략적인 수치로 가능하다고 생각한다.

시간제 사원의 인건비 증액을 검증한다

시간제 사원의 인건비에 대해서도 검증해 보자. 시간제 사원은 원칙적으로 정기 인상이 없다. 그러나 임금 인상은 있다. 시간제 사원의 임금 인상에 대하여 그만큼 세세한 것은 알 수 없지만 대체적으로 매년 3% 정도는 올라가고 있는 것 같다. 지역에 따라 상당한 차이가 있다고 생각되는데, 예를 들어 상장 회사라도 다음 해에 시급이 전혀 오르지 않는다면 좋은 인재가 모여들지 않을 것이다. 거품 경제 시기에는 10%를 올려도 모이지 않는 때가 있었는데, 불황기에는 반대로 임금을 인하해도 모여든다.

여성의 취업률이 드디어 50%를 넘었는데, 주된 요인은 가정주부들이 시간제 사원으로 많이 취업했기 때문이라고 한다. 따라서 시간제 인력 시장에 극단적인 공급 부족은 나타나지 않을 것으로 생각된다. 이상과 같은 전망을 기초로 이 회사에서는 시간제 사원의 임금 인상을 매년 3%씩 실시하기로 하였다.

그래서 기존의 시간제 사원 여섯 명을 매년 3%, 첫해부터 두 사람씩 추가해 매년 3%의 인금 인상을 한다고 가정하여 계산하면 5년 후에는 총인원 16명에 월 182만 엔이 된다. 시간제 사원에 대해서도 인건비계수의 인상을 생각해야 한다. 직전기의 12.37이라고 하는 숫자는 현장에서 입어야 하는 유니폼을 준비해 두었다는 의미 외에는 거의 아무 것도 하지 않았다는 것이다. 아마도 노동법에 저촉되지 않는 한계에서 시간제 사원을 활용하고 있다는 것이다. 이것은 옳지 않다.

계속적으로 채용하고 있다면 법률상으로도 유급 휴가나 사회보험 상의 문제가 나오고 상여금에 대해서도 조금은 생각해 두어야 한다. 현재 시간제 사원에게도 상여금을 주는 회사가 증가하고 있기 때문에, 이 사례에서 사장은 시간제 사원의 정착과 의욕을 고려하여 인건비계수를 5년 후에는 16.0으로 방침을 세웠다. 방침만 세우면 뒤의 숫자화는 간단하다. 그리고 목표 연도에 16이 되도록 첫해부터 적절히 간추려 본 것이 〈표 13〉의 아래 칸이다. 이렇게 하여 시간제 사원의 연간 인건비가 2,195만 엔으로 산출된 것이다.

사장의 사원에 대한 방침

이 회사의 향후 5년간 인건비를 정리하면 다음과 같다.

1년째 107명으로 519,734,000엔
2년째 110명으로 566,549,000엔
3년째 113명으로 617,160,000엔
4년째 116명으로 671,932,000엔

5년째 119명으로 732,728,000엔

이와 같은 인건비 방침에는 사장의 뜻이 함축된 것이다. 앞으로 5년 동안의 물가상승률을 예측하여 그것을 상회하는 수준에서 사원의 생활 향상 지원과 경영 자금에 대한 판단을 함으로써 시간제 사원의 전환 방침, 미래의 간부 후보생이 될 유능한 인재의 채용 전략도 세웠다. 더불어 모든 조직원이 만족하고 근무 의욕을 높일 수 있도록 인건비계수의 시정 방침도 담았다.

즉 이 계획은 사장의 사원에 대한 방침이 압축된 것이다. 사장은 자신의 꿈과 야망을 숫자에 반영하는 사람이다. 계획상의 숫자는 단순한 계산이 아니라 소중한 사원의 생활에 관계되므로 적어도 이 정도는 실천해야 한다는 방침의 구체적인 표현이어야 한다.

이것을 노무 담당자에게만 맡긴다면 사장으로서는 실격이다. 지금까지 반복해서 설명했듯이 사무 담당자나 경리 담당자가 계산한 숫자는 사장의 숫자와 근본적으로 다르다. 사장 스스로 이 표를 완성함으로써 사장의 역할을 일부나마 수행한 것이다.

운영 기본 계획과 검증 결과의 차이

당초의 기본 계획 숫자를 검증해 본 결과 5년 후의 총인건비는 7억 3,272만 8,000엔으로 확인되었다. 즉 당초의 부가가치 35%를 배분하여 6억 9,800만 엔으로 하겠다는 숫자에는 못 미친다. 35%의 배분이면 가능할 것으로 생각하여 운영 기본 계획을 세웠지만 실제로 인건비의 추이를 검증해 보니 7억 3,000만 엔 이상이 되고 말았다. 그것도 1인당 생산성을 50% 높여 매년 추가되는 3명의 인원 중 2명은 시간제 사원으로 했을 때의 결과이다. 그림의 떡이 된 셈이다.

이와 같은 차이를 사장은 어떻게 생각해야 하는가? 이것이 중요한 점이다. 결론부터 말한다면 맞지 않는다고 해서 실망할 필요는 없다. 이것으로도 괜찮다. 정확하게 맞아떨어질 수는 없다. 여기서 생긴 차이는 사장의 야망이나 꿈과 현실과의 차이라고 해도 좋을 것이다.

대부분의 사장은 자신의 야망과 꿈을 부풀리는 데는 열심이지만 그것을 실현시키는 수단에 대해서는 무감각하다. 무감각하다는 말이 지나치다면 자신에 대하여, 또 자신의 회사에 대하여 바로 보지 못하고 알지 못하고 있는 것이라고 해두자.

그 결과 검증 작업을 함으로써 지금까지 보이지 않았던 회사의 체질이 보이기 시작하고 사원에 대하여 해야 할 일을 하지 않았던 것을 알게 된다. 인건비에 대하여 자신의 방침을 빈틈없이 반영해 가면 7억 엔 이상이 필요하다는 것을 누구보다도 빨리 알게 된다. 이와 같은 방법이 회사의 실태를 보다 정확하게 파악하는 것으로 이어진다.

이러한 검증 작업을 처음으로 경험하는 사장은 자신의 생각에 대한 정리와 사람의 측면에서 본 체질 파악에 시간과 노력이 필요할 지도 모른다. 그러나 한 번 요령을 익힌다면 웬만한 계산은 30분 정도면 충분하다. 운영 기본 계획과 인건비 계획의 차이에 대하여 여러 가지 시행착오를 반복해 가는 것이다.

결과적으로 이러한 시행착오가 사원에 대한 사장의 실무 노하우가 되는 것이다. 그러면 결과가 맞지 않았다는 것이 어떤 의미를 갖는지 논의를 계속해 보자.

| 7장 |

장기 설비 계획을 수립하라

운영 기본 계획에 기록된 부가가치를 달성하기 위해서는 낡은 설비를 끊임없이 개선해 가야 할 필요가 있다. 그러나 설비 자금은 일시에 고액의 투자가 되어 회수에는 오랜 기간을 필요로 한다. 사장이 장기 설비 계획을 세울 때는 특별한 경우를 제외하고 '설비 투자액은 원칙적으로 그 기의 감가상각비와 동액'이라는 정석을 근거로 설비의 생산성이 향상되도록 계획해 가는 것이 중요하다. 과거 고정 자산의 상각률이 일정한 경향임을 근거로 계획상의 상각비가 당초의 방침대로 될 수 있는가를 검증해 가는 것이 사장이 가져야 할 관점이며 실무의 요점이다.

· 1 ·

설비 투자의 정석과 설비 효율의 체크

사장으로서의 감가상각에 대한 이해

고정 자산 투자와 감가상각은 제조업의 경우 일반적으로는 부가가치 배분에서 10% 전후의 비중을 차지하는 것이 보통이다. 항목으로는 인건비, 변동비 다음으로 비율이 크다. 설비 자금은 일부씩 서서히 회수되는 것으로서 그 전액을 회수하려면 상당히 오랜 기간을 필요로 하는 것이 통례이다. 사장도 신중을 필요로 하는 중요 항목이다.

설비라고 하는 것은 해가 갈수록 노화되어 간다. 따라서 보다 더 생산성을 높이기 위해서는 시대의 변화에 수반하여 제조업이라면 최신의 효율적인 설비나 기계로 전환해 가지 않으면 안 된다. 유통서비스업이라면 최적의 점포와 내장 설비를 개선해 가야 할 것이다. 그렇지만 거기에는 상당한 자금이 필요하게 되고 그 자금에는 한도가 있다. 그러기에 문제가 되는 것이 감가상각의 처리 방식인데, 이것도 회계 전문가나 경리 담당자의 견해와는 다른 사장으로서의 관점이 필요하게 되는 것이다.

예를 들어 건물이나 기계의 경우 세법에서 정하는 상각 기간과 연간 상각률에 대해서 상세하게 알고 있는 사장은 제법 많다. 상각연수표를 보면 간단하게 알 수 있다.

그러나 자신의 회사에서 집행하는 설비 투자의 평균 상각연수가 몇 년인가를 알고 있는 경영자는 드물다. 사실 이것이 경영자가 알아야 할 중요한 지수가 되는 숫자인 것이다. 그러한 중요한 부분을 사장은 파악해 두지 않으면 안 된다.

5개년 계획을 세우게 된다면 5년 후의 감가상각비를 산출해 내야 하는데, 5년 후에 건립되는 건물과 설치되는 기계를 구체적으로 결정하지 않고는 산출해 낼 수 없다고 한다면 사장의 임무를 다할 수 없다. 5년 후에 어떤 기계를 구입하게 될 지, 또한 어떤 설비를 갖추게 될 것인가는 사장이라고 해서 다 알 수는 없다. 따라서 그것은 모르더라도 5년 후의 설비 투자에 대한 틀만은 사장이 결정해 두지 않으면 안 된다.

요컨대 사장은 감가연수표를 보면 금방 알 수 있는 개별 상각률에 대해서 빠짐없이 생각해 둘 필요는 없다. 무엇이든 자세히 안다고 해서 무조건 좋은 것은 아니다. 그렇다고 해서 신경도 쓰지 않고 경리나 회계사에게만 맡기는 태도도 곤란하다. 선후를 가리지 않고 무리한 투자를 하고는 후에 경리 담당자를 탓하는 사장일수록 이러한 유형이 많다. 중요한 것은 '① 향후 5년 동안 설비 투자의 한도는 얼마로 할 것인지, ② 상각연수는 평균 어느 정도인가(평균 상각률은 몇 %인가)?' 를 파악해 두는 것이다. 이러한 큰 틀을 잡는 것이 사장으로서 설비 투자 계획을 수립할 때 절대적으로 필요한 것이다.

감가상각률은 매년 거의 일정한 경향을 보인다

　그러면 5년 후 설비 투자의 틀은 무엇을 기준으로 결정해 가면 되는 것일까? 독자 스스로 자기 회사의 과거(3년이든 5년이든) 설비 투자의 내용과 상각률을 모두 조사해 보기 바란다. 투자의 내용과 상각률이 매년 변하지 않고 거의 일정하다는 재미있는 사실을 알게 될 것이다.

　어느 해는 기계를 들여와 바꾸기도 하고, 어느 해는 측정기를 들여오거나 하는 것처럼 해마다 설비 투자의 금액이 달라도 설비 투자의 구성비율은 대체로 일정하다. 따라서 상각률만은 항상 비슷한 수치다. 불가사의한 현상이지만, 역시 경영에는 사장의 성격이 반영된다. 요컨대 사장이 바뀌지 않는 한, 혹은 업종 전환을 하지 않는 한 투자의 내용도 변함이 없고 상대적으로 상각률도 그다지 변하지 않는 것이다.

　이 점을 사장은 인식해야 할 점이다. 즉 과거 3년이든 5년이든 투자의 내용과 상각률을 조사해서 그것을 기준으로 5년 후의 상각률을 설정한다. 사장이 파악해야 하는 상각률은 이것으로 되는 것이다. 또한 이것이 아니면 파악할 수 없다.

　따라서 5년 후의 설비 투자를 생각할 경우 '3차 연도는 무엇에 투자하게 되니 상각률은 몇 %가 되고, 4차 연도에는 건물에 얼마, 기계에 얼마를 투자하고, 그리고 평균 몇 %의 상각률이 된다. 그리고 5차 연도는…' 라고 설비마다 세세하게 생각할 필요는 전혀 없다. 과거의 상각률이 거의 일정하기 때문에 그것이 사장으로서는 상각률의 기준 숫자가 되는 것이다.

가령 과거의 상각률을 계산해 보니 대체적으로 15%로 산출되었다고 하자. 5억 엔의 설비 투자라면 7,500만 엔의 감가상각이 된다. 5년 후의 감가상각의 틀이 결정되어 있기 때문에 그에 맞는 설비 투자의 틀도 간단하게 정할 수 있다. 이러한 기준 숫자를 파악해 두면 장기 설비 계획의 가능성을 검증할 경우에 대단히 편리하다. 이런 의미에서 자기 회사의 상각률을 산출해 보기 바란다.

감가상각의 정석

설비 투자 계획을 세우려면 다음과 같은 정석을 알아 두는 것도 필요하다. 즉 설비 투자액은 그 기의 감가상각비와 동액으로 한다.는 정석이다. 이것은 정석이지 법칙은 아니기 때문에 반드시 지킬 필요는 없지만 사장이 반드시 기억해 두어야 할 점이다.

전문가 중에는 이것을 '상각비 이내'라고 하는 사람도 있다. 나는 '감가상각비와 동액'으로 지도하고 있는데, 어느 것이든 설비 투자액을 감가상각비와 동액 또는 감가상각비의 범위 내로 억제한다는 것은 경영에 있어 하나의 기준이 된다. 그 이유는 감가상각으로 줄어든 부분을 투자로 늘려가는 것이기 때문에 플러스 · 마이너스 · 제로가 되어 항상 안정된 상태를 유지하기 때문이다. 감가상각비의 범위를 벗어나면 그 만큼의 자금을 조달하지 않으면 안 된다.

다만 오해하면 안 되는 것은 이것은 어디까지나 통상적인 설비 투자의 경우이고 건물과 같이 회수에 시간이 걸리는 투자의 경우는 다르다는 것이다. 상각에 몇 십 년을 필요로 하는 투자는 그에 상응하는 장기차입금을 들여오고 이것은 별도 계정으로 운영하기 때문이다.

따라서 신중을 기하지 않고 감가상각이 2억 엔인 경우에 5억 엔의 설비 투자를 하는 사장이 있다고 하자. 경리 책임자나 회계사가 아무리 만류해도 "그런 소극적인 발상으로 사업을 확장할 수 있는가?"라며 듣지 않는다. 흔히 볼 수 있는 사장의 유형이다. 독선적이지만 한편으로 이 사장의 말에도 일리가 없는 것은 아니다. 특히 적극적인 경영을 추진해 가려고 하는 창업 동지도 없는 회사의 경우라면, 정석을 깨고 감가상각을 상회하는 과감한 투자를 해나가지 않는다면 언제까지나 발전이 없는 영세한 상태로 끝나게 될 것이다.

따라서 '투자 = 감가상각비' 라는 것은 어디까지나 원칙이지 절대로 같아야 한다는 것은 아니다. 적극적으로 사업을 전개해 가야 할 때는 감가상각비를 상회하는 투자도 있을 수 있다. 물론 이것은 장기 계획의 뒷받침이 있을 때의 이야기다.

그러나 정석은 역시 정석이다. 경영자는 항상 이것을 염두에 두지 않으면 안 된다. 거품 시대에 불안정한 투자를 하고는 이제 와서 방만 경영으로 울고 있는 회사가 적지 않은 것은 정석을 무시한 결과일 것이다. 따라서 감가상각비를 상회하는 투자를 할 때에는 신중을 기하고 정말로 그것이 가능한가를 다음 8장에서 검토할 '자금 운용 계획' 까지 충분히 고려하여 결정해야 한다.

짧은 기간에 돈을 버는 투자와 그렇지 않은 투자

설비 투자 계획의 실현성을 점검할 경우에 사장은 다음과 같은 시각이 필요하게 된다. 먼저 개별 감가상각률의 차이를 세세하게 알 필요가 없다고 한 이야기와 조금 모순이 될 지는 모르지만, 상각연수가 긴 설비에 대한 투자와 짧은 설비에 대한 투자를 구별하여 상황에 따라 구분해서 처리한다는 관점이다. 단기간에 수익을 올리는 회사가 목표라면 건물 같은 상각연수가 긴 것에 대한 투자는 배제하고 이익 증대에 당장 공헌할 수 있고 상각연수가 짧은 설비, 즉 신제품 개발을 위한 설비나 합리화를 위한 기계처럼 즉효성이 있는 설비 투자에 중점을 두어야 한다.

투자를 이와 같이 구분 처리하기 위해서는 계획을 작성할 때도 구별하는 것이 좋다. 상각률은 설비에 따라 큰 차이가 있다. 예를 들어 일반적인 기계 설비라면 상각연수가 10~12년으로 연간 상각률이 대개 20% 정도, 공구·금형과 같은 것이라면 상각연수가 2~3년에서 5년으로 연간 상각률은 50% 정도이다. 20%와 50%는 대단한 차이이다. 더욱이 건물의 경우 철근은 상각연수가 65년, 철골 35년, 따라서 상각률도 9~21.5% 정도이다. 따라서 이것들을 하나로 묶어 투자 금액을 산출하려고 해도 상각의 계산이 불가능하다.

개별적으로 세세하게 구별할 필요는 없지만, 제조업의 경우는 건물과 일반 설비, 그리고 공구 금형, 유통 서비스업의 경우는 건물과 일반 설비 그리고 집기와 비품 식으로 대략적인 틀을 잡고 나서 3개 정도로 다시 나누어 투자의 틀을 배분해 보는 것이 설비 투자 계획을 세우는데 중요한 수단이 된다.

이러한 구체적인 방법에 대해서는 나중에 사례연구를 통해서 조금 더 상세하게 살펴보기로 하자. 따라서 사장이 설비 투자 계획을 체크할 때는 지금까지 기술해 온 것과는 다른 중요한 관점이 있다.

노동장비율과 설비생산성

앞의 6장에서도 설명했듯이 적은 인원으로 어떻게 생산성을 높여 가야 할 것인지, 1인당 어느 정도의 부가가치를 창출하고 있는가의 문제가 노동생산성이다. 이것은 가장 중요한 지수이다. 그러면 이러한 노동생산성을 설비 면에서 체크해 보면 어떻게 되는가?

(설비/사람 수)×(부가가치/설비)=부가가치/사람수=노동생산성

위의 식은 노동생산성을 설비 면에서 검토할 때의 계산식이다.

(설비/사람 수)라고 하는 것은 설비의 잔고를 사원 수로 나눈 것이다. 사원 1인당 몇 엔의 설비를 가지고 있는가를 나타내는 것으로 이것을 전문적으로 '노동장비율'이라고 한다. 노동생산성을 올리기 위해서는 먼저 노동장비율을 올리는 것이다. 사원이 어느 정도의 설비를 장비하고 있는지, 장비율이 높은 쪽이 생산성 향상에 도움이 되는 것은 말할 것도 없다. 전쟁에서 권총만으로 전투를 하는 부대와 전차나 로켓포 등 중장비를 갖추고 전투를 하는 부대가 싸운다면 중장비를 갖춘 쪽이 이기게 되어 있다. 따라서 이 부분에 대한 체크가 우선 중요하다.

(부가가치/설비)라고 하는 것은 매출총이익을 설비의 잔고로 나눈 것으로 이것을 '설비생산성'이라고 한다. 설비 1엔당 어느 정도의 부가가치를 창출하는가를 나타내는 지수가 되는 것이다. 아무리 비싸고 우수한 설비를 자랑한다 해도 무리한 설비는 곤란하다. 실제로 가동하지 않으면 아무것도 아니다. 지금보다 더 저성장이 예측되는 때에 무리한 설비를 하는 것은 이익을 줄이는 것이 될 뿐이다. 따라서 사장은 "설비생산성은 적어도 몇 %로 하라"라고 말할 수 있을 정도로 설비에 대해 생산성의 틀을 설정하는 것이 대단히 중요하다. 이것이 설비 투자를 함에 있어 사장이 새겨두어야 할 중요한 포인트다.

예를 들어 공장장으로부터 "이러한 선반을 도입하고 싶습니다."라는 설비 투자 요구가 나오거나 구체적인 설비 교체의 품의가 나오거나 하는 경우에 당연히 사장은 어떠한 목적으로 어느 정도의 효과가 있는 기계인가에 대한 설명을 듣게 될 것이다. 그 때 자신이 생각하고 있는 것 보다 설비생산성이 높은 설비라면 사장은 결재를 해야 하고, 그 이하라면 사장은 수정을 지시할 수 있어야 한다.

이와 같이 설비 투자에 대해서도 사장으로서의 방침을 명확히 전달하는 것이 중요하다. 기계 하나하나에 대한 세세한 지시는 담당 부장이 내리는 것이기 때문에 사장이 그것까지 할 필요는 없다. 단지 설비생산성의 총체적인 것에 대해서는 사장으로서 분명한 틀을 제시해야 한다. 이것은 대단히 중요하다.

이상의 내용을 염두에 두고 사례로 제시한 모델 회사의 설비 투자 계획 검증 작업으로 들어가기로 한다.

| 2 |

D정밀의 고정자산 투자 및
상각 계획의 검증

정석을 깬다

설비 투자에 대해서는 자금의 한도가 있다고 해도 어느 정도는 적극적으로 하겠다는 방침을 내세우지 않는 한 고수익 회사로 만들겠다는 사장의 기본 방침은 도저히 달성할 수 없을 것이다.

D사의 사장으로서도 이 점은 충분히 이해하고 있을 것이다. 결국 어느 정도의 투자가 가능한가? 운영 기본 계획대로 진행될 것인가? 이것을 구체적으로 검증해 보지 않으면 안 된다.

〈표 14〉는 D정밀의 '고정 자산 투자 및 상각 계획' 이다. 기존 자산 부분의 초년도 6억 8,300만 엔은 〈표 2〉의 'D정밀의 대차대조표' 에서 옮겨 적은 것이다. D정밀의 직전기 고정자산은 7억 8,800만 엔, 그 중에서 토지가 1억 500만 엔, 기타가 6억 8,300만 엔으로 되어 있다. 토지는 상각할 수 없으므로 그 외의 6억 8,300만 엔이 예정기의 상각 자산이다. 여기서 6억 8,300만 엔이라고 하는 상각자산은 앞으로 5년 간 어느 정도의 상각비를 발생시킬 것인가? 〈표 14〉의 기존 자산의

〈표 14〉 D정밀의 고정자산 투자 및 상각 계획

(단위 : 100만 엔)

투자액		금액	상각율	항목	초년도	2년도	3년도	4년도	5년도	계
기존자산				기초재고	683	615	572	543	519	
				상각비	68	43	29	24	23	187
초년도	일반설비	40	20.0	기초재고	40	36	29	23	18	
				상각비	4	7	6	5	4	26
	공구·금형	40	65.0	기초재고	40	27	9	3	1	
				상각비	13	18	6	2	1	40
	계	80		상각비	17	25	12	7	5	66
2년도	일반설비	50	20.0	기초재고		50	45	36	29	
				상각비		5	9	7	6	27
	공구·금형	50	65.0	기초재고		50	34	12	4	
				상각비		16	22	8	3	49
	계	100		상각비		21	31	15	9	76
3년도	일반설비	60	20.0	기초재고			60	54	43	
				상각비			6	11	9	26
	공구·금형	60	65.0	기초재고			60	40	14	
				상각비			20	26	9	55
	계	120		상각비			26	37	18	81
4년도	일반설비	70	20.0	기초재고				70	63	
				상각비				7	13	20
	공구·금형	70	65.0	기초재고				70	47	
				상각비				23	31	54
	계	140		상각비				30	44	74
5년도	일반설비	80	20.0	기초재고					80	
				상각비					8	8
	공구·금형	80	65.0	기초재고					80	
				상각비					26	26
	계	160		상각비					34	34
합계		600		상각비	85	89	98	113	133	518

검토	초 기 잔 고	683	678	689	711	738
	투 자 액	80	100	120	140	160
	상 각 고	-85	-89	-98	-113	-133
	기 말 잔 고	678	689	711	738	765
	평 균 잔 액	681	684	700	725	752
	설 비 생 산 성	193%	213%	231%	248%	265%
	노 동 장 비 율	6.5	6.3	6.3	6.3	6.4

상각비 항목에 기입된 숫자가 바로 그것이다. 즉 초년도의 6,800만 엔부터 5차 연도의 2,300만 엔까지의 합계 1억 8,700만 엔이 새로운 투자를 하지 않아도 앞으로 5년 동안 발생하는 예정기의 감가상각비이다.

'설비 투자액은 그 해의 감가상각비와 동액으로 한다.' 라는 정석이 있다는 것은 앞에서 설명한 바와 같다. 그렇다면 〈표 14〉에 쓰여진 숫자가 D정밀의 향후 5년간 설비 투자액의 총한도가 될 것이다. 과연 이것으로 괜찮은가?

여기서 5장에서 작성한 D정밀의 운영 기본 계획(표 10)을 다시 한 번 살펴보자. 이것을 보면 D사의 사장은 초년도의 8,500만 엔에서 5차 연도의 1억 4,000만 엔까지의 감가상각 방침을 세우고 있다. D사 사장이 기분대로라면 이것은 당연한 숫자일 것이다. 설비 투자액도 당연히 이 정도는 되어야 할 것이다. 그런데 D정밀의 유동비율은 509%로 상식을 벗어난 수치가 되어 있다. 어떻게 된 일인지 자금만은 남아돌고 있다.

그렇다면 정석의 틀을 약간 깨고 감가상각비의 10~20% 정도 초과하는 자금을 설비 투자로 돌린다면 어떨까 하는 판단이 서게 된다. 그렇지 않으면 인건비 계획에서 검증한 바와 같이 인원도 그다지 늘리지 않는 상태에서는 목표로 하는 부가가치를 도저히 달성할 수 없을 것이다.

투자의 틀을 둘로 나눈다

D사 사장의 기본 방침으로 또 하나 중요한 것은 향후 5년 동안에 무차입 회사로 만든다는 방침이다. 이 기본 방침에 따르면 설비 투자도 당연히 상각연수가 긴 것은 하고 싶지 않을 것이다. 투자 효과가 빠르고 즉각적으로 부가가치 증대와 연결되는 상각률이 높은 것, 즉 신제품 개발을 위한 금형이라든가 합리화를 위한 기계에 투자하여 수익 개선을 지향하고 싶다고 하는 것이 사장의 본심일 것이다. 달리 말하면 상각 기간이 긴 건물에는 일체 투자하지 않는다. 건물이 좁으면 임대해도 좋다. 건물에 대한 투자는 5년간 금지하는 것은 물론 토지도 구입하지 않는다. 이 정도의 각오는 당연한 것이다.

본래 설비 투자 계획을 수립하는 경우에는 앞에서도 말한 것처럼 계정 과목을 3개 정도로 나누어 자료를 작성해야 한다. 일반 설비나 공구·금형, 그리고 건물 등 투자 대상에 따라 상각률이 크게 달라지기 때문이다. 그런데 〈표 14〉는 계정 과목을 상각률 20%의 '일반 설비'와 상각률 65%의 '공구·금형'의 두 가지로만 나누고 있다.

물론 여기에는 D사 사장의 '건물에는 5년 동안 투자하지 않는다.'라고 하는 기본 방침이 반영되어 있다. 즉 건물이라는 과목은 여기서 필요로 하지 않기 때문에 굳이 3개로 나눌 필요가 없었을 것이다.

고정자산 투자 및 상각 계획을 검증한다

이상의 두 가지를 전제로 하여 검증 작업으로 들어가 보자. 첫 번째 전제는 상각비를 10~20% 상회하는 정도의 적극적인 투자를 한다는 D사 사장의 결단이다. 그래서 초년도의 일반 설비에 4,000만 엔, 공구·금형에도 4,000만 엔을 배분함으로써 합계 8,000만 엔의 설비 투자를 한다고 가정해 보았다.

그런데 4,000만 엔의 일반 설비는 연간 상각률이 20%이므로 800만 엔의 상각비가 발생한다고 생각할 수 있다. 그러나 그것은 기초(期初)에 모두 투자한 경우 800만 엔의 상각비가 발생하는 것으로, 투자는 전반기에 행할 수도 있고 후반기에 행할 수도 있다. 따라서 장기 계획은 초년도의 경우 중반기에 투자하는 것이다. 즉 기간의 중간에 투자하기 때문에 800만 엔의 상각비를 두 개로 나누어야 한다. 계산하면 '4,000만 엔 × 0.2 ÷ 2 = 400만 엔'으로 400만 엔의 상각비가 발생하게 되는 것이다.

초년도의 공구·금형 설비의 경우도 4,000만 엔에 대한 55%의 상각률이므로 동일한 계산으로 '4,000만 엔 × 0.65 ÷ 2 = 1,300만 엔'이 되어 1,300만 엔의 상각비가 발생하게 된다. 이상의 두 개의 상각비에 기존 자산의 초년도 상각비인 6,800만 엔을 더해 본다. 그러면 '400만 엔 + 1,300만 엔 + 6,800만 엔'으로 합계 8,500만 엔이 된다. 이것이 초년도에 발생하는 상각비의 합계 금액이다.

이로써 운영 기본 계획에서 D사의 사장이 설정한 상각비의 초년도 예정액 8,500만 엔과 완전히 일치한 것이다. 즉 일반 설비와 공구·금형 설비의 합계인 8,000만 엔의 설비 투자를 해도 예산의 틀에서 벗어나지 않게 된다는 것이 명확하게 검증된 것이다.

2차 연도에는 매출도 늘어가기 때문에 좀 더 설비 투자액을 늘려도 좋겠다는 발상이 당연히 나오게 된다. 그래서 2년째 이후로 설정한 금액이 〈표 14〉의 좌측에 기입된 숫자이다. 즉 2년째는 일반 설비, 공구·금형이 모두 5,000만 엔씩으로 합계 1억 엔, 3년째가 또 6,000만 엔씩으로 합계 1억 2,000만 엔, 4년째가 7,000만 엔씩으로 합계 1억 4,000만 엔, 그리고 5년째는 합계 1억 6,000만 엔으로 하여 향후 5년간의 투자 총액을 합계 6억 엔으로 설정해 본 것이다. 여기서 중요한 것은 일반 설비와 공구·금형의 투자 비율을 각각 50%로 설정했다는 점이다.

여기서 표 우측의 숫자 기입 방식을 간단하게 설명한다. 초년도 일반 설비의 2년째의 상각비는 '(40-4) × 0.2 = 7.2' 로 반올림하여 7이 된다. 또한 초년도 공구·금형의 2년째의 상각비는 '(40-13) × 0.65 = 17.55' 로 반올림하여 18이 된다. 동일하게 모든 연도의 상각비를 계산하여 나온 숫자를 각 항목에 기입하여 가면 된다. 숫자의 단위는 모두 백만 엔이다.

그런데 설비 투자액을 표의 좌측에 쓴 금액으로 설정할 경우 감가상각비는 각 연도마다 어느 정도가 되고, 그 합계는 어느 정도가 될 것인가? 〈표 14〉의 아래 합계란을 보기 바란다.

합계 6억 엔의 투자액에 대하여 감가상각비는 5년간 합계 5억 1,800만 엔이 되어 투자액이 상각비를 거의 2할 가까이 상회하고 있다. 이것이 현재 B사장이 생각하는 적극적인 설비투자안의 숫자에 의한 표현이다. 이것을 검증하여 이렇게 해서는 생산성이 올라가지 않는다는 것을 알게 되면 다시 생각을 고쳐야 한다. 여하튼 '설비 투자는 감가상각의 범위 내에서'라는 정석을 고려하면서 그것보다 조금 상회하는 적극적인 투자를 단행하겠다는 D사 사장의 생각이 이러한 숫자로 나타난 것이다. 그것을 앞에서 작성한 운영 기본 계획의 상각비 항목과 비교해 보자.

운영 기본 계획에서는 5년째의 감가상각비로 1억 4,000만 엔의 틀을 설정하고 있다. 이에 대해 5년째의 감가상각비가 1억 3,300만 엔이 되었다. D사 사장이 설정한 틀에 거의 가깝다. 1억 4,000만 엔의 상각안을 만들어 일반 설비에는 이 정도, 공구ㆍ금형 설비에는 이 정도로 하겠다는 계정 과목별 틀을 만들기까지 사장이 직접 계산해 본 결과 1억 3,300만 엔으로 가능하다는 것이 검증되었기 때문에 이것은 100점 만점에 가깝다. 사장으로서 자신감을 가져도 되는 숫자라고 할 수 있다.

설비생산성의 틀을 결정한다

그러나 이것으로 끝난 것은 아니다. 설비생산성의 문제가 아직 남아 있다. 앞에서 기술한 바와 같이 매출총이익을 설비의 잔고로 나누면 설비 1엔당 어느 정도의 이익이 남을 수 있는가의 지표가 되는 수치가 나오는데, 이것이 설비생산성이다. 설비 투자에서 빠트릴 수 없는 가장 중요한 문제 중 하나이다.

〈표 14〉의 별도의 '검토'라고 하는 표의 아래에서 두 번째 줄을 보기 바란다. 초년도의 193%로부터 5차 연도의 265%까지 설비생산성을 계산한 결과가 기입되어 있다. 무슨 의미인지 알 수 있으리라 생

각된다.

예를 들어 5차 연도의 265%라고 하는 것은 '5년 후에는 설비 1엔당 2엔 65전의 이익을 거두는 설비로 만든다.' 라는 의미이다. 설비 투자를 생각하는 경우에 이것을 분명히 하는 것이 대단히 중요하다. 설비 투자에 대하여 사장의 방침으로 제시되어야 할 요소는 이것으로 갖추어지게 되는 셈이다. 다시 한 번 정리해 보자.

① 설비 투자액은 초년도 8,000만 엔, 2차 연도 1억 엔, 3차 연도 1억 2,000만 엔, 4차 연도 1억 4,000만 엔, 5차 연도 1억 6,000만 엔, 5년간 합계 6억 엔으로 한다.

② 그 내용으로 토지 · 건물에 대한 투자는 5년 동안 금지한다. 가능한 한 즉효성이 있는 신제품 개발을 위한 금형 · 공구와 일반 설비의 합리화 기계에 중점을 둔다.

③ 설비 전체의 효율은 5년 후에 적어도 생산성 255%, 설비 1엔에 대하여 2엔 65전의 이익을 거두는 설비 투자를 목표로 한다.

이상이 설비에 대한 사장의 구체적인 방침이다 이것이 검증 작업을 통해서 나온 결과이다. 이 방침을 실천에 옮기면 회사의 체질 강화책의 하나가 성공하게 된다. 적어도 설비에 관해서는 사장이 제시한 최초의 꿈이 실현될 수 있다는 것이 이것으로 실증된 것이다.

| 3 |

J스포츠의 고정자산 투자 및
상각 계획의 검증

평당 매출총이익으로 필요 설비를 계산한다

앞에서 기술한 대로 J스포츠는 5년 후 상장을 하려는 공격적인 경영을 목표로 한 회사이다. 따라서 이 회사의 설비 투자는 상각비와 동액이라고 하는 정석을 크게 벗어난 극단적인 사례이다. 그러나 별다른 문제가 없다. 왜냐하면 사장은 과거의 수치를 중요하게 여기고 또 사장의 방침도 명확히 하고 있기 때문이다. 즉 무원칙적으로 정석을 벗어나는 것이 아니기 때문이다. 장기 계획에 있어서 가장 중요한 것은 사장의 방침 확립과 그것의 실증이다.

〈표 15〉는 J스포츠의 '고정자산 투자 및 상각 계획'이다. 앞 단원에서 검토한 D정밀의 〈표 14〉와 양식이 다르다는 것을 바로 알 수 있는데, J스포츠는 소매업자이다. 매장이 없으면 영업을 할 수 없다. 소매업에 있어서 설비의 중심은 점포나 창고와 같은 건물로서 상각 기간이 긴 것이 중심이 된다. 진열대를 비롯한 내장 설비도 중요하지만 유행에 맞추어 부단히 새로운 것으로 바꾸어 가지 않으면 안 된

⟨표 15⟩ J스포츠의 고정자산 투자 및 상각 계획

(단위 : 1,000 엔)

투자액		상각율	항목	초년도	2년도	3년도	4년도	5년도
기존자산		19.0%	기초잔고	368,786	298,717	241,961	195,988	158,750
			상각비	70,069	56,756	45,973	37,238	30,163
초년도	200,000		기초잔고	200,000	181,000	146,610	118,754	96,191
			상각비	19,000	34,390	27,856	22,563	18,276
2년도	200,000		기초잔고		200,000	181,000	146,610	118,754
			상각비		19,000	34,390	27,856	22,563
3년도	200,000		기초잔고			250,000	226,250	183,262
			상각비			23,750	42,988	34,820
4년도	250,000		기초잔고				250,000	226,250
			상각비				23,750	42,988
5년도	300,000		기초잔고					300,000
			상각비					28,500
합계	1,200,000		기초잔고					
			상각비	89,069	110,146	131,969	154,395	177,310

다. 토지도 중요하지만 여기에서는 상각 자산을 대상으로 하므로 토지는 다른 자금으로 취급하기로 한다.

5년 후까지 매출 증대를 이루기 위해서는 건물의 증설 확충과 내장 설비를 고치는 것이 필수적이지만, 각 연도의 설비 투자를 어느 정도로 예정하면 좋을까? J사 사장의 기본 방침은 기존의 점포나 토지를 빌려 쓰던 것을 자기 소유로 하여 감가상각의 방법으로 내부 유보를 튼튼하게 함으로써 상장에 대비하는 것이라는 내용은 앞에서 기술한 바와 같다. J스포츠의 부가가치(매출총이익)를 ⟨표 12⟩의 운영 기

〈표 16〉 J스포츠의 점포 증설 검토 자료

(단위 : 100만 엔)

	직전기	초년도	2년도	3년도	4년도	5년도
매출총이익(백만 엔)	1,628	1,956	2,388	2,731	3,086	3,646
평당매출총이익(천 엔)	843	885	929	975	1,024	1,075
필요매장면적(평)	1,930	2,210	2,570	2,800	3,000	3,400
증설매장면적(평)	-	280	360	230	200	400
평당건설비용(천 엔)	-	700	740	780	820	850
증설견적(백만 엔)	-	196	266	179	164	340
감가상각비(천 엔)	85,129	97,850	119,300	136,600	154,250	182,350

본 계획대로 높여가기 위해서는 투자 설비가 얼마나 필요한 것일까? 과연 재생산 배분 5%로 가능할 것인가?

소매업에 있어서 설비의 생산성은 매장 1평당 매출총이익이 얼마인가를 기준으로 판단한다. 그래서 직전기 J스포츠의 매장 면적을 다른 자료로 살펴보면 약 1,930평, 매출총이익 16억 2,800만 엔으로 평당 84만 3,000엔을 올리고 있다.

소매업에서 생산성을 올리기 위해서는 평당 매출총이익을 해마다 늘려가야 한다. 그러기 위해서는 인기 상품을 시기에 맞추어 끊임없이 바꾸고 광고·홍보에 힘쓰며 점포 내에 효과적인 POP 배치, 그리고 점원 교육 등 모든 것을 갖추어 판촉에 집중해야 한다. J사의 사장은 이렇게 하여 연 5%의 생산성을 향상시키겠다는 방침을 세웠다. 이렇게 하면 평당 매출총이익은 1년째의 목표가 88만 5,000엔, 2년째가 92만 9,000엔, 3년째가 97만 5,000엔, 4년째가 102만 4,000엔, 5년째가 107만 5,000엔이 된다.

한편, 1년째의 목표 매출총이익은 〈표 12〉를 보면 19억 5,600만 엔으로 계획하고 있으므로 1년째의 평당 생산성으로 나누면 2,210평의 매장이 필요하게 되는 것이다. 2년째에는 33억8,800만 엔의 목표 매출 총이익을 올리기 위해 평당 92만9,000엔으로 2,570평이 필요하게 된다. 3년째는 3,800평, 4년째는 3,000평, 5년째는 3,400평 점포로 확대해 가지 않는 한 이러한 운영 기본 계획은 성립되지 않는다는 것을 알 수 있다.

이렇게 하면 점포의 증설은 〈표 16〉과 같이 1년째가 약 280평, 2년째가 360평, 3년째가 330평, 4년째가 200평, 5년째에는 400평이 필요하게 되는 것이다. 사장이 감가상각의 방침을 얼마로 설정하더라도 이 정도의 매장 면적 확대가 없다면 계획은 막연한 그림에 불과하다는 것을 알 수 있다.

점포 증설에 자금은 얼마나 필요한가?

점포의 건축 단가는 대략적으로 1평당 70만 엔이 든다고 한다(1993년 기준). 돈을 쓰자면 한이 없겠지만 창고 같은 건물에 간단한 내장을 하여 진열대라든가 디자인 보드를 넣어 전체 매장에 일부를 사무실로 활용하는 방식의 점포로 설비한다. 증설 비용의 상승을 고려하여 J사의 사장은 3년째는 평당 74만 엔, 3년째는 78만 엔, 4년째는 82만 엔, 5년째는 85만 엔으로 했다. 적절한 수준이다. 결국 점포 증설을 위한 예산은 1년째에 1억 9,600만 엔, 2년째는 2억 660만 엔, 3년째는 1억 7,900엔으로 〈표 16〉과 같이 5년간 합계 11억 4,500만 엔의 필요 자금이 산출되었다.

그런데 증설 면적에 대하여 360평이라든가 280평이라는 식의 계산상의 수치대로 설계하여도 현실적으로는 그다지 의미가 없다. 사장은 그런 세세한 숫자에 구애받지 않고 계산상의 증설 계획을 보면서 대략적인 투자를 계획하면 된다. J사 사장과 의논하여 1년째와 2년째에는 300평으로 하고 부족한 부분은 3년째로 돌려서 1년째는 2억 1,000만 엔이지만 2억 엔으로, 2년째도 2억 엔, 부족한 부분은 3년째에 2억 5,000만 엔으로 계획을 세웠다. 결국 5년간 합계 12억 엔이라는 투자를 설정해 본 것이다. 그 숫자들을 기입한 것이 〈표 15〉의 좌측 '투자액'이다.

상각률을 19%로 설정하다

이상으로 신규 설비 투자의 틀이 설정되었다. 그러면 감가상각은 어떻게 할 것인가? 그것을 검증해 보기로 하자. 여기서 사장이 바뀌지 않는 한 고정자산의 상각률은 변하지 않는다는 경향이 있다고 앞에서 설명한 것을 기억해 주기 바란다. 이것은 독자의 회사에서도 한 번 시험 계산해 보면 이해할 수 있을 것이다.

J스포츠의 과거 데이터를 분석해 보면 직전 3기가 18.1%, 직전 2기가 18.2%, 직전기가 19%였다. 어느 때는 건물, 어느 때는 점포의 내장을 대폭 개장하는 식으로 상각률이 다른 설비 투자를 하고 있는데도 이러한 결과가 나온다. 즉 사장은 투자 항목별 상각률을 자세하게

뽑을 필요가 없다. 사장이 파악해야 하는 숫자는 상각률이다. J사의 사장은 앞으로의 상각률을 19%로 설정해 보았다.

다음으로 기존 자산의 상각비 산출이다. 직전기 고정자산의 잔고는 3억 6,878만 6,000엔이었다. 초년도의 기초 잔고에 이 수치를 옮겨 적으면 19%, 즉 7,006만 9,000엔이 상각비가 된다. 2년째는 초기 잔고와 상각비의 차액인 2억 9,871만 7,000엔이 전기 이월 잔고가 되고, 5,675만 6,000엔이 상각비가 된다(〈표 15〉의 상단을 참조).

그러면 신규 투자액은 어떻게 될까? 1년째를 3억 엔으로 설정했으나 연도의 어느 시기에 실시하는가에 따라 상각률은 달라진다. 연도 초에 실시하면 19%이지만 연도 말이면 3%도 안 된다. 연도의 중간쯤에 실시한다고 예정하여 그 반인 1억 엔으로 하는 것이다. 즉 1년째의 투자액은 각 초기 잔고 2억 엔, 상각비는 1,900만 엔으로 기입한다.

2차 연도는 상각비와의 차액 1억 8,100만 엔이 잔고가 되고, 이번에는 모두 상각의 대상이 되므로 19%인 3,439만 엔이 상각비로 기입되게 된다. 여기에 기존 자산의 상각분 5,675만 6,000엔, 2차 연도의 신규 투자 2억 엔에 대응한 상각비 1,900만 엔을 더한 것이 2차 연도의 상각비 총액이 된다. 이와 같은 방법으로 단순 계산을 반복해 완성한 것이 〈표 15〉이다.

J사 사장의 '감가상각에 부가가치의 5%를 배분한다.' 라는 당초의 방침은 어떻게 되었는가? 〈표 16〉의 하단에 있는 별표의 숫자는 운영 기본 계획에서 옮겨 적은 것인데, 사장이 제시한 틀 안에서 각 연도의 상각비가 완벽하게 소화되어 있다는 것을 알 수 있다. J사 사장의 5%라는 수치는 적중하였다는 것이 이것으로 실증된 것이다.

문제는 5년 동안의 감가상각비 누계와 비교하여 투자액이 훨씬 상회하고 있다는 것이다. 이에 대한 가부는 다음 8장에서 설명하게 될 자금 운영표에 의해 체크할 수 있다.

8장

필요 자금을 체크하라

부가가치 배분 목표 계획으로 시작한 장기 계획의 작성은 자금의 실현성을 체크할 '운용 자금 계획'으로 검증 작업을 끝내게 된다. 검증 작업에 의해 발견된 계획안의 착오를 수정하고 운영 기본 계획의 최종안을 결정한다. 자금 운영 계획으로 재무 계획을 마무리하면 장기 계획을 완성하게 된다. 운영 기본 계획은 연도별 '목표 손익계산서'이고, 재무 계획은 연도별 '목표 대차대조표'이다. 결국 사장은 장기 계획의 실천을 통해서 자신의 야망과 역할 의식을 운영 기본 계획에 반영함으로써 바람직한 손익계산서와 대차대조표를 손에 넣을 수 있게 되는 것이다. 5년 후, 10년 후까지 성장할 수 있는 장기 계획은 이러한 것이어야만 한다.

1

사장의 운영자금 계획 수립

자금 조달의 4가지 방법

드디어 자금 측면에서 운영 기본 계획의 실현성을 검토하는 단계로 들어간다. 자본주의 사회에서는 모든 사업 활동이 자금을 통해 대차대조표로 집약된다. 내용이 좋고 건전한 대차대조표는 좋은 경영의 결과이고, 문제 있는 불건전한 대차대조표는 경영 실패의 결과인 것이다. 이 책의 3장에서 설명했듯이 자금의 사용 방법에도 사장의 명확한 방침이 없으면 대차대조표가 불건전하게 되어 있어도 사장이 그것을 느끼지 못하게 된다. 기업의 대차대조표는 그 장래가 어떻게 될 것인가를 고려한 '운영 기본 계획'에 대한 장기적인 자금의 효율적인 운용과 단기적인 효율적 운영자금의 두 가지 면에서 그 실현성을 내다보는 것이 필요하다. 우선되는 것이 운영자금이다. 창업 회사의 사장에게 운영자금의 조달은 중요한 실무이다.

창업 초기는 누구나 부족한 자금 조달로 애를 태우는 시간의 연속이다. 매입대금의 지불은 가능한 한 늦추고 판매대금은 현금으로 회수하도록 하며, 적은 예금으로 융자를 받아서 필사적인 자금 조달로 매출을 늘려 왔다. 그런데 매출이나 사업이 커지면 이러한 창업 사장도 '장사는 잘 되는데 남는 것은 없다.'라는 실로 단순한 이치를 느끼지 못하는 경우가 있다. 매입은 했는데도 생각처럼 판매가 잘 되지 않아서 재고가 쌓여 손익 계산을 해보면 필요한 자금이 어느새 쓸모 없는 물품으로 변하는 바람에 자금 압박이 오는 예가 드물지 않다. 물품 판매대금의 회수는 무관심하고 매입한 물건의 대금은 정확히 지불한다. 타산적인 세상에서 그런 너그러운 회사가 어디에 있을까? 하지만 명문 기업으로 불려지고 있는 기업의 경우에 의외로 많다. 지나치게 많은 돈을 차입하여 과다한 금리 지불로 수익 체질이 나빠지는 것을 깨닫지 못하고 있다. 이러고서는 3년 후, 5년 후의 성장을 기대할 수가 없다. 깨진 독에 물 붓는 식과 같다. 그래서 사장은 장기 계획의 운영자금이 효율적으로 운용되도록 다음 네 가지 방침을 분명하게 설정해야 한다.

① 외상 매출채권의 적정 회수율
② 적정 재고의 유지
③ 보유 현금을 적정하게 유지
④ 매입채무의 적정한 지급율

이하에서는 차례대로 네 가지 방침의 요점을 설명하고자 한다.

외상 매출채권 회수율에 대한 사장의 마음가짐

판매대금이 모두 현금이라면 가장 이상적이다. 그런데 현실은 그렇지가 않다. 대차대조표의 좌측, 자금의 사용을 나타내는 유동자산에는 매출채권(받을 어음과 외상 매출금), 현금예금, 재고자산의 항목이 있다. 대부분의 회사는 이 세 가지가 유동자산의 90%를 점하고 있다. 외상 매출채권이 기말에 제로가 되는 것은 기초에 남아 있던 것과 당해 기의 채권을 전부 회수한 것이 된다. 즉 당기 회수율은 다음과 같이 된다.

당기 회수율=[당기 회수액/(전기 이월액+당기 매출액)]×100

회수율 100%는 외상 매출채권 잔고가 제로라는 것이다. 그러나 유감스럽게도 외상 매출채권이 제로라는 대차대조표를 본 적이 없다. 아무리 노력해도 기말에 회수 누락이 남는다. 만약 회수 누락이 전기 이월잔고보다 늘어나면 그만큼 대차대조표 우측의 자금 조달이 늘어나, 결국 대출 금리의 증가로 이어진다. 자산계정의 증가는 항상 금리와 관계하여 생각한다. 이것이 사장의 파악해야 할 대차대조표의 포인트이다. 결국 외상 매출채권의 회수율이 악화되면 그만큼 부가가치 배분에서 금융 배분의 비율이 늘어난다는 것을 사장은 알아야 한다. D정밀의 경우를 모델로 하여 구체적으로 검증하도록 한다. 〈표 17〉은 D정밀의 운영자금 계획의 일부(과거 실적을 결산서에 옮겨 적은 것)이다.

〈표 17〉 D정밀의 운영자금 계획

구분			항목	직전3기	직전2기	직전기
소요운영자금	매출채권		기 초 매 출 채 권	275	411	615
			당 기 매 출 액	1,593	1,785	2,055
			회 수 대 상 액	1,868	2,196	2,670
			당 기 회 수 율(%)	78.0	72.0	70.0
			당 기 회 수 액	1,457	1,581	1,869
			기 말 매 출 채 권	411	615	801
			증 감	136	204	186
	재고		기 초 재 고	400	440	505
			월 간 부 가 가 치	80	87	99
			회 전 율(%)	5.5	5.8	6.09
			기 말 재 고	440	505	603
			증 감	40	65	98
	현예금		기 초 현 예 금		33	37
			평 균 월 상 고	133	149	171
			목 표 재 고	25% 33	25% 37	25% 43
			기 말 현 예 금	33	37	43
			증 감	33	4	6
	증 감 합 계			209	273	290
조달운영자금	매입채무		기 초 매 입 채 무	111	246	236
		당기	매 출 원 가	637	741	872
			경 비	89	109	126
			계	726	850	998
			당 기 지 불 대 상 액	837	1,096	1,234
			당 기 지 불 율(%)	70.6	78.5	81.4
			당 기 지 불 액	591	860	1,004
			기 말 매 입 채 무	246	236	230
			증 감	135	-10	-6
차 감 소 요 운 영 자 금				74	283	296

초년도	2년도	3년도	4년도	5년도
72.0	75.0	75.0	75.0	75.0
5.0	4.0	4.0	4.0	4.0
25%	25%	25%	25%	25%
75.0	72.0	72.0	72.0	72.0

우선 직전기의 외상 매출채권 회수에 대해 체크하자. 기초의 외상 매출채권(직전 2기의 회수잔액)이 6억 1,500만 엔에 당기 매출액 20억 5,500만 엔을 합한 26억 7,000만 엔이 회수 예정액이었다. 그러나 당기에 회수 가능했던 것은 18억 6,900만 엔으로, 기말에 8억 100만 엔이 남게 되었다. 결국 회수율은 70%이다. 그런데 과거의 회수율을 보면 직전 3기는 78%, 직전 2기는 72%로 해를 거듭할수록 악화되고 있는 것을 알 수 있다. D사의 사장은 회수율이 78%에서 72%로 떨어졌던 때에 곧 행동을 취했어야만 했는데, 그렇게 하지 못했다. 그 결과 직전 기의 회수율이 더 떨어져 70%가 되고 말았다. D사 사장의 태만함 때문이었다. 그로 인하여 금리가 800만 엔 이상 증가하게 되었다. 회수율이 78%라면 26억 7,000만 엔의 8%, 2억 1,360만 엔이 더 회수될 수 있었다. 그러나 8%만큼 대차대조표 좌측의 자산이 증가되어 그만큼 우측의 자금 조달이 늘어났다. '자산의 증가는 금리로 이어진다.' 라고 했듯이 만일 4%의 금리라면 854만 엔을 더 부담하고 있는 것이다. 이와 같이 회사의 외상 매출채권을 체크하기 바란다.

재고의 적정성 여부를 체크한다

　재고가 적정한지 여부를 '연매출액의 몇 개월 분', '매입액의 몇 개월 분' 이라는 방법으로 처리하는 회사가 많으나, 이것은 큰 잘못이라고 말하고 싶다. 만약 부가가치율이 점점 줄고 있는 상황에서 연매출액의 몇 개월 분이라는 방법으로 관리하면 흑자도산이 되기 쉽다. 경리나 회계 분야의 해설서에서는 재고 기준으로 '상품 회전율'

을 들고 있지만 이것은 연매출액을 기준으로 하고 부가가치를 기준으로 하지 않은 잘못된 것이다. 부가가치율이 줄어들면 금리의 배분 비율이 늘어나기 때문에 그만큼 다른 곳의 배분을 삭감해야만 한다. 즉 부가가치율이 줄었다면 재고를 줄이거나 금리를 줄이는 것이 사장으로서의 방법일 것이다. 모든 효율은 부가가치 중심으로 생각하는 것이 옳다. 따라서 재고 회전율은 다음과 같이 한다.

재고회전율=(기말 재고/월간 부가가치)(월)
월간부가가치=매출총이익/12개월

D정밀의 경우는 어떤가? 〈표 17〉의 재고 항목을 보면 직전기 6억 300만 엔의 재고가 있었다. 이 기간의 부가가치(매출총이익)는 〈표 1〉을 보면 알 수 있듯이 11억 8,300만 엔이었다. 즉 월간 부가가치는 9,900만 엔으로서 6억 300만 엔의 재고는 부가가치에 대해서 6.09개월이 되는 것이다. 같은 방법으로 계산하면 직전 3기는 5.5개월, 직전 2기는 5.8개월인 것을 알 수 있다. D정밀의 부가가치율은 과거 3년 동안 감소했음에도 불구하고 재고는 늘고 회전율은 떨어지고 있었다. 과중한 재고를 늘려 그만큼 자금 부담이 늘고 있는 것이다. 사장이 이 사실을 깨닫지 못하면 운영자금이 아무리 있어도 항상 모자라게 된다.

적정 재고는 부가가치의 4개월

내가 운영하는 경영학원에서는 '재고라는 것은 업종과 업태, 규모 여하를 불문하고 부가가치의 4개월이 적정하다.' 라고 지도하고 있다. 제조업이나 유통업, 서비스업도 모두 부가가치의 4개월이 적정 재고라고 하면 '그런 터무니없는 소리' 라는 말이 꼭 나온다.

사실 나는 시즈오카에서 19개 회사의 자문 역할을 맡고 있다. 그들 회사는 제조업, 가공업, 유통업은 물론 인쇄업, 리스 회사까지 정말 다양한 업종이다. 처음 제안했을 때에는 모두 이구동성으로 "그것은 불가능하다" 라고 했던 것이다. 그래서 각 회사의 부가가치에 대한 재고비율을 계산해 보았다. 그러자 이상하게도 재고가 많은 회사는 업종에 관계없이 부가가치의 6~7개월이라는 수치가 나왔던 것이다. 따라서 재고를 1개월 줄이면 금리가 얼마나 줄 수 있는가를 계산해서 최소한 0.5개월만이라도 줄여 보도록 했다. 1개월 정도는 간단하게 줄일 수 있다고 끈질기게 지도해 온 결과 시간은 걸렸지만 지도를 맡고 있는 19개 회사는 모두 4개월까지 줄일 수 있게 되었던 것이다. 4개월 이하로 하는 것은 매우 어렵다. 사업 자체에 영향이 생기기 때문이다. 독자 여러분도 한 번 속는 셈치고 꼭 도전하기 바란다. '여분의 자산 감소는 여분의 금리 감소이다.' 사장에게 의지만 있다면 힘은 들어도 반드시 4개월로 줄일 수 있을 것이다. D정밀의 경우는 직전 3기가 5.5개월이기 때문에 4개월로 줄이는 것은 충분히 가능한 일이다.

현금은 어느 정도를 보유하면 되는가?

많은 현금을 두고서 자금을 빌리는 것만큼 어리석은 일은 없을 것이다. 그렇지만 현금과 예금이 어느 정도 있으면 되는지 분명한 방침을 가진 회사는 의외로 많지 않다. 이 책의 3장에서 '현금비율은 30% 이상'이라고 서술했지만, 이것은 기업의 안전성을 분석한 지표였다. 결국 만일을 위해서라면 유동자산 중에서도 가장 손쉽게 자금이 될 수 있는 현금·예금이 유동부채의 30% 이상 필요하다는 것이었다. 여기서 같은 말을 반복하고 싶은 것은 아니다. '회사의 돈에 두 가지 색을 칠하라.'라고 말하고 싶다. 이 말은 금리를 벌지 않아도 될 돈과 하루라도 좋으니까 금리를 벌어야 하는 돈으로 분류해서 관리하라는 것이다. 나는 대차대조표의 현금·예금 중에서 금리를 벌지 않아도 될 것은 '시재 현금과 예금'으로 구별하고 있을 정도다. 무엇을 위해 현금을 회사에 두는 것인지 생각해 보기 바란다. 대체로 현금이 많이 나가는 날은 한 달에 3일 정도일 것이다.

급여가 일당제인 회사는 없을 것이다. 어음을 매일 결제하는 회사도 없다. 공공요금이나 사무용 소모품도 월간 단위로 지불한다. 출장여비, 교통비조차 월정액으로 지급하는 회사가 늘고 있다. 회사에서 매일 현금을 준비할 필요가 있다고 하면 일반 잡비와 소액의 교통비 정도일 것이다. 다만 소매업과 서비스업 등의 소위 1일 단위의 영업인 경우에는 주의할 필요가 있다.

어느 지방에서 레스토랑 체인점을 운영하고 있던 R사에서 있었던 일이다. R사의 사장은 매출이 현금이며 지불은 외상이라는 유리한 조건에서 10일 분이나 2주일 분의 현금을 당좌에 넣어두는 회사였다. 그래서 나는 "시재 현금은 1주일 분으로 하세요. 이 회사에서는 1일 단위면 충분하니까요."라고 사장에게 말한 적이 있다. "선생님, 그것은 무리입니다. 큰 회사와 우리 회사와는 다릅니다. 선생님 말씀대로 하는 것은 어렵습니다."라며 좀처럼 듣지 않았다. 그러나 그 사장은 연매출 40억 엔일 때 '1주일에 1억 엔이 되니 500만 엔의 금리를 공연히 버리고 있었구나.'라는 것을 늦게나마 깨달았다. 당좌예금에는 금리가 붙지 않는다는 것을 잊고 있는 경영자가 세상에는 의외로 많다. 금리를 벌지 않아도 되는 돈, 예를 들어 '현금 · 예금 또는 당좌예금은 월 매출의 몇 일 단위로 한다'거나 당좌예금은 500만 엔을 한도로 한다'라는 식으로 사장으로서의 명확한 기준을 정해야 한다. 이것을 경리 담당자에게 맡겨버리면 크게 보지 못하는 방법으로 처리하고 만다. 운영자금에 대해서는 이와 같은 세밀한 기준이 중요하다. 이것은 경리 담당자의 본분을 가르치는 것이기도 하다.

회수율과 지급률의 차이에 주의한다

외상 매입채무에 대해서는 기본적으로 외상 매출채권의 생각과 반대이다. 지급률이 낮으면 낮을수록 자금 조달이 적어도 된다. 지급이 좋지 않으면 상대방이 물건을 판매하지 않을 뿐이다. 사장은 외상 매입채무의 지급에 대해서 다음과 같은 점에 유의하는 것이 중요하다.

'지급률이 100%라면 회수율도 100%가 조건'이라는 것이다. 만약 회수율이 80%나 70%인 상태에서 지급만 전액이라면 자금이 막히기 때문이다. 자금 운용 측면에서 말하면 지급률은 회수율보다 원칙적으로 낮아야 하는 것이 이치이다. 특히 상사와 같이 매출총이익률이 10%나 15%로 낮은 업종의 경우는 회수율보다 지급률이 높으면 매출 증가에 따라 운영자금이 점점 늘어간다. 따라서 지급률이 높은 회사는 우선 회수율을 높이는 것이 중요하다. 회수율보다 높을 때는 지급률을 낮추는 교섭도 생각해야 한다. 그러나 이것은 잘못하면 '저 회사는 위험하다' 라는 오해를 살 수 있으므로 장기간에 걸쳐 신중하게 처리해 나가야 한다. 여기서 D정밀의 사례를 살펴보도록 하자.

〈표 17〉의 '조달 운영자금' 항목을 보기 바란다. 직전기를 보면 외상 매입채무(외상매입금과 지불어음)가 2억 3,600만 엔, 당기의 원재료 매입이 8억 7,200만 엔, 일반경비 중에서 외상 매입의 대상이 되는 경비가 1억 2,600만 엔, 합계 12억 3,400만 엔이 당기 지급 대상액이었다. 결제한 것은 기말 외상 매입채무 2억 3,000만 엔과의 차액인 10억 400만 엔으로 지급률 81.4%가 되고 있다. 여기서 D정밀의 회수율을 확인하면 70%이다. 그런데 지급률은 81.4%이니 자금 운영은 어렵게 되기 마련이다. 이것은 방만한 경영이라고 할 수밖에 없다. 더구나 직전 3기를 보면 회수는 78%이고 지급은 70.6%였다. 매출이 크게 늘어도 자금 운영이 곤란하지 않은 회사이다. 그러나 직전 2기에는 지급률이 78,5%이다. 왜 이처럼 급격히 변했는가를 D사 사장에게 확인했다. 아니나다를까 은행장의 권유로 일부러 지급 조건을 좋게 했던 것이다. "사장님, 지급을 짧게 하고 그만큼 매입 가격을 낮추세요. 유리한 조건으로 대출하겠습니다." 라는 은행의 권유대로 일을 처리했던 것이다. 지급 기간을 짧게 하면 처음에는 낮추어줄 지도 모르지만, 결국 원래대로 돌아가는 것이 장사의 평범한 진리이다. 그 결과 매출총이익률이 3년 연속 낮아져 크게 실패했다.

여기서 회수율과 지급률을 다른 의미로 이해해 보자. 회수율 70%는 어떠한 의미일까? 70%의 회수로 8억 100만 엔이 남았다. 직전기의 매출은 20억 5,500만 엔이다. 8억 100만 엔이 부가가치의 몇 개월 분인가가를 계산하면 다음과 같다.

$$801 \div 2,055 \times 12 = 4.7$$

결국 회수 불가능했던 외상 매출채권이 4.7개월이라는 것은 매출이 발생한 후 5개월, 마감일부터 대강 4개월, 120일의 어음을 받았다는 것을 의미한다. 지급 방식은 어떤가를 계산해 보면 다음과 같다.

$$230 \div 1234 \times 12 = 2.24$$

마감일로부터 1개월 내에 지급하는 것이 된다. 지급 방법은 1개월, 받는 것은 4개월 어음이니 자금의 압박이 오는 것은 당연하다. D사 사장은 이것을 깨닫지 못했기 때문에 경리에게도 별도의 당부를 하지 않았던 것이다. 이것이 바로 방만 경영이다. 이와 같은 실패는 D사 사장만이 아니다. 의외로 여러 회사에서 비슷비슷한 방만 경영을 반복하는 것은 사장이 대차대조표를 바로 이해하고 있지 못하기 때문이다.

그러나 회수율이 좋고 지급률이 낮다고 해서 전적으로 좋다고 말할 수도 없다. 소매업이 그 전형이지만, 특히 미용실, 음식점 등 1일 단위로 현금이 들어오고, 지급은 월말 지급, 어음도 발행하는 사업의 경우에는 실수하기 쉽다. 그것은 매출이 늘면 늘수록 유동부채가 늘어나 유동비율을 나쁘게 만드는 것이다. 이 경우에 유동비율의 지표는 125% 이상이 되어야 한다는 것은 앞에서 설명한 바와 같다. 결국 적절함이 중요한 것이다.

D정밀의 5개년 운영자금 계획

과거 3년간 운영자금의 추이를 보고 나서 D사 사장은 지금까지 얼마나 불필요한 자금을 사용했던가를 계산해 봤다. 만일 매출의 회수에 알맞은 비율로 지급한다면 직전기의 지급 대상액 12억 3,400만 엔의 11.4%(81.4%-70.0%), 1억 4,000만 엔을 다음 기로 이월할 수 있게 된다. 그만큼 조달 자금이 감소하여 금리가 줄어들게 된다.

또한 외상 매출채권·재고·현금과 예금을 합친 운영자금의 증가가 직전기에 2억 9,000만 엔으로, 외상 매입으로 조달한 자금이 마이너스 600만 엔이므로 합하면 2억 9,600만 엔의 운영자금이 추가로 필요했던 것이다. 만약 지급률을 회수율 정도로 한다면 운영자금 증가액의 절반 정도가 필요 없게 된다.

이것을 대차대조표로 보면 유동부채를 의도적으로 늘리는 것이다. 당연히 유동비율이 나빠지게 된다. 그러나 D정밀의 유동비율이 509%인 것을 기억할 것이다. 자금의 여유가 도를 넘고 있는 회사이다. 이 회사의 경우 외상 매입채무를 조금 늘린 정도라서 기업의 재무 건전성에는 영향을 끼치지 않기에, D사의 사장은 영업 담당에게는 외상 매출채권의 회수율의 개선을 지시하고, 구매 담당에게는 지급 조건의 개선을 강하고 구체적으로 지시하는 것이 중요하다. 이것이 사장의 일이다.

이와 같은 검토에 수반하여 D사 사장은 앞으로 5개년 운영자금 계획을 수립했다. 우선 외상 매출채권의 회수율을 개선하는 것이다. 〈표 17〉의 우측을 보기 바란다. 70%, 즉 마감일부터 4개월 회수는 나쁘지도 좋지도 않다. 그러나 과거에 78%로 했던 해도 있었으니 5년 후에는 75%로 하고, 1차 연도는 한꺼번에 할 수 없기에 72%로 하고, 2차 연도부터 75%로 한 것이다.

다음에 재고이다. 앞에 서술한 것처럼 부가가치의 4개월이 적정 재고의 목표이다. 그러나 직전기의 6개월을 갑자기 4개월로 줄이는 것도 비현실적이다. 따라서 1차 연도를 5개월, 2차 연도부터 4개월로 정했다. 현금·예금은 직전기의 25%, 즉 1주일 분은 월매출액을 생각하면 그렇게 많은 것도 아니다. 그래서 그대로 하기로 했다.

문제는 지급률의 개선이다. 이런 식의 지급으로는 자금의 운용이 제대로 될 수 없다. 가급적이면 빨리 바로잡되 회수보다 지급을 늦추면 더욱 좋다. 그렇다고 해서 지급을 갑자기 늦추는 것도 비현실적이다. 신용에 문제가 생겨서는 안 된다. 그러나 서둘러야 한다. D사 사장은 5년 후의 회수율을 75%로 하고 지급률 목표를 72%로 하여 1차 연도는 75%, 2차 연도부터 72%로 하도록 해봤다.

다음으로 〈표 18〉을 보기 바란다. 초년도의 운영자금을 계산하면 2,000만 엔의 추가 운영자금이 필요하게 된다. 같은 방법으로 계산을 반복해서 2차 연도는 마이너스 6,300만엔, 3차 연도는 1억 3,300만엔, 4차 연도는 1억 7,200만 엔, 5차 연도는 1억 9,700만 엔의 추가 운영자금이 없으면 이 계획은 성립될 수 없다는 것이 분명해 진다. 한편 운영자금 조달은 신용 조달, 즉 외상 매입채무에서의 조달도 가능하다. 이 방법으로 지급률의 개선도 가능하다. 1차 연도는 2,000만 엔의 필요 추가 운영자금이지만 외상 매입채무의 조달에 의해서 1억 700만 엔, 따라서 운영자금은 마이너스 8,700만 엔이 되는 것이다. 마이너스라는 것은 운영자금이 남는다는 것이다. 마찬가지로 2차 연도는 외상 매입 조달에서 1억 800만 엔 도합 1억 7,100만 엔의 여유 자금이 나오게 된다. 이 때가 은행에서 빌린 돈을 갚는 절호의 기회이다.

그러나 3차 연도가 되면 추가 운영자금으로 1억 3,300만 엔이 필요하게 되는데, 외상 매입채무에서의 조달이 7,300만 엔이므로 그 차액인 6,000만 엔의 자금을 준비해 두지 않으면 계획을 달성할 수 없게 된다. 마찬가지로 4차 연도는 1억 300만 엔, 5차 연도는 1억 2,200만 엔의 추가 자금이 없으면 이러한 운영 기본 계획이 성립될 수 없다는 것을 알 수 있다. 이렇게 해서 〈표 10〉의 '운영 기본 계획'의 자금 부분을 뒷받침하는 것이 〈표 18〉의 'D정밀의 운영자금 계획'이다. 사장이 구상하는 장기 계획의 실현성 검토는 이상으로 충분하다. 연매출이 10억 엔이든 100억 엔이든 지금까지 설명해 온 '인건비 계획', '설비 투자 계획', 그리고 '운영자금 계획'의 세 가지만 있으면 충분하다.

물론 세세한 점에서 검증해야 할 것은 얼마든지 있을 것이다. 그러나 사장의 장기 계획으로서 '사람 · 물건 · 자본'의 가장 중요한 요소를 누락시키지 않으면서 실제로 가능한가를 체크한다면 나머지는 대략적으로 마무리해도 무방하다.

구 분		항 목		직전 3기	직전 2기	직전기
소요운영자금	매출채권	기 초 매 출 채 권		275	411	615
		당 기 매 출 액		1,593	1,785	2,055
		회 수 대 상 액		1,868	2,196	2,670
		당 기 회 수 율(%)		78.0	72.0	70.0
		당 기 회 수 액		1,457	1,581	1,869
		기 말 매 출 채 권		411	615	801
		증 감		136	204	186
	재고	기 초 재 고		400	440	505
		월 간 부 가 가 치		80	87	99
		회 전 율(%)		5.5	5.8	6.09
		기 말 재 고		440	505	603
		증 감		40	65	98
	현예금	기 초 현 예 금			33	37
		평 균 월 상 고		133	149	171
		목 표 재 고	25% 33	25% 37	25% 43
		기 말 현 예 금		33	37	43
		증 감		33	4	6
		증 감 합 계		209	273	290
조달운영자금	매입채무	기 초 매 입 채 무		111	246	236
		당기	매 출 원 가	637	741	872
			경 비	89	109	126
			계	726	850	998
		당 기 지 불 대 상 액		837	1,096	1,234
		당 기 지 불 율(%)		70.6	78.5	81.4
		당 기 지 불 액		591	860	1,004
		기 말 매 입 채 무		246	236	230
		증 감		135	-10	-6
차 감 소 요 운 영 자 금				74	283	296

초년도	2년도	3년도	4년도	5년도
801	869	862	937	1,042
2,302	2,578	2,887	3,233	3,621
3,103	3,447	3,749	4,170	4,663
72.0	75.0	75.0	75.0	75.0
2,234	2,585	2,812	3,128	3,497
869	862	937	1,042	1,166
68	-7	75	105	124
603	550	488	540	600
110	122	135	150	166
5.0	4.0	4.0	4.0	4.0
550	488	540	600	664
-53	-6.2	52	60	64
43	48	54	60	67
192	215	241	269	302
25% ┊ 48	25% ┊ 54	25% ┊ 60	25% ┊ 67	25% ┊ 76
48	54	60	67	76
5	6	6	7	9
20	-63	133	172	197
230	337	445	518	587
988	1,119	1,267	1,435	1,626
132	135	138	144	150
1,120	1,254	1,405	1,579	1,776
1,350	1,591	1,850	2,097	2,363
75.0	72.0	72.0	72.0	72.0
1,013	1,146	1,332	1,510	1,701
337	445	518	587	662
107	108	73	69	75
-87	-171	60	103	122

주) 계산 순서는 전기의 기말 외상매출채권을, 당기의 기초 외상매출채권으로 옮겨와 당기매출액을 운영 기본 계획에서 옮겨 적고, 설정한 회수율을 곱하면 회수액이 나오고 회수잔고가 기말 외상매출채권이 된다. 그다지 어렵지 않은 단순한 계산이다. 사장 자신의 손으로 해보기 바란다.

¦ 2 ¦

운영 기본 계획의 수정

계획에서 벗어났다면 즉시 바로잡는다

이 책의 전반부에서는 '부가가치 배분 목표 계획'에 사장의 비전을 반영하여 '운영 기본 계획'을 수립함으로써 사장의 꿈을 숫자로 만들어 보았다. 그리고 그 운영 기본 계획을 기초로 인건비·설비 투자·운영자금의 실현성을 살펴보았다.

독자가 경영하는(또는 경영하게 될) 회사의 운영 기본 계획에서도 그러할 것이라고 생각하지만, 실제로 검증 작업을 해보면 어떤 계획은 인건비에 모순이 있고, 어떤 계획은 설비에 차질이 있거나, 또는 자금이 제대로 준비되지 않았다는 등 애초의 계획에서 차이가 발생하게 된다. 처음부터 빈틈없는 계획을 기대한다는 것은 무리이다. 따라서 나타난 빈틈은 당연히 수정해야 한다.

D정밀의 사례를 들면 인건비 계획과 설비 투자 계획 수치의 변경이 필요했다. 인건비와 상각비의 수치가 변했기 때문에 이익도 달라진다. 당연히 운영자금 계획도 달라진다. 당초의 운영 기본 계획

인 〈표 10〉의 수정이 필요하게 된다.

〈표 19〉는 수치의 수정을 위한 양식이다. 우선 1차 연도의 수정을 해보자(1차 수정).

인건비는 당초 5억 1,200만 엔이었던 것이 5억 2,000만 엔 필요하게 되었다. 따라서 이 숫자는 수정해야만 한다. 감가상각비는 당초 계획 수치 8,500만 엔 그대로다. 그밖에 선행 투자나 일반 경비에 대해서는 당초 숫자대로 한다고 사장이 정하면 되니까 실증이 필요 없다. 임원 보수도 나는 6,300만 엔만 받겠다고 하면 그것으로 끝나는 것이다. 그러므로 당초 10억 1,500만 엔의 영업 경비는 인건비 증가액인 800만 엔이 증가하게 된다. 당연히 이익이 800만 엔 감소하고 사업세준비전이익(가영업이익)은 2억 9,100만 엔이 된다. 따라서 세금공제전이익도 1억 6,200만 엔이 된다.

이익이 변하면 세금액이 달라지고 세금액이 달라지면 자금 조달이 변하고 금융비용도 변한다. 따라서 세금과 금리에 대해서도 수정을 가해야만 한다. 우선 세금부터 검토해 보기로 하자.

세금의 검증 작업

사장의 방침대로 되지 않는 것이 세금 계산이다. 세금 계산은 세세한 것이므로 본 단원에서 다룰 검증 작업은 경리에게 맡겨도 된다. 그러나 사장이 운영 기본 방침을 세웠을 때 전혀 맞지 않는 세금 계산을 해두고 이익은 이 정도 나올 것이라고 한다 해서 잘못된 것은 아니지만, 실제 업무를 경리 담당에게 지시한다 해도 사장이 최소한

〈표 19〉 D정밀의 운영 기본계획(수정 계산 자료)

항 목		직전기		목표		제1차 수정	
매 출 액		2,055		2,302		2,302	
매 출 원 가		872		988		988	
매 출 총 이 익	%		57.6		57.1		57.1
		1,183	100.0	1,314	100.0	1,314	100.0
영업경비	인 건 비	476	40.2	512	39.0	520	39.6
	선 행 투 자	90	7.6	92	7.0	92	7.0
	상 각 비	46	3.9	85	6.5	85	6.5
	일 반 경 비	251	21.2	263	20.0	263	20.0
	임 원 보 수	60	5.1	63	4.8	63	4.8
	계	923	78.0	1,015	77.2	1,023	77.9
가 영 업 이 익		260	22.0	299	22.8	291	22.1
사 업 세 준 비		-18	-1.5	-24	-1.8	-24	-1.8
영 업 이 익		242	20.5	275	20.9	267	20.6
영 업 외 손 익		-95	-8.0	-79	-6.0	-79	-6.0
경 상 이 익		147	12.4	196	14.9	188	14.3
특 별 손 익		-11	-0.9	-26	-2.0	-26	-2.0
세 금 공 제 전 이 익		136	11.5	170	12.9	162	12.3
납 세 충 당 금		-68	-5.7	-95	-7.2	-95	-7.2
당 기 순 이 익		68	5.7	75	5.7	67	5.1
이익금처분	임 원 상 여	0	0.0	0	0.0	0	0.0
	배 당 금	-4	-0.3	-4	-0.3	-4	-0.3
	계	-4	-0.3	-4	-0.3	-4	-0.3
차 감 내 부 유 보		64	5.4	71	5.4	63	4.8

인건비 수정
상각비 수정

제2차 수정		제3차 수정		제4차 수정		제5차 수정		제6차 수정	
2,302		2,302		2,302		2,302		2,302	
988		988		988		988		988	
	57.1		57.1		57.1		57.1		57.1
1,314	100.0	1,314	100.0	1,314	100.0	1,314	100.0	1,314	100.0
520	39.6	520	39.6	520	39.6	520	39.6	520	39.6
92	7.0	92	7.0	92	7.0	92	7.0	92	7.0
85	6.5	85	6.5	85	6.5	85	6.5	85	6.5
263	20.0	263	20.0	263	20.0	263	20.0	263	20.0
63	4.8	63	4.8	63	4.8	63	4.8	63	4.8
1,023	77.9	1,023	77.9	1,023	77.9	1,023	77.9	1,023	77.9
291	22.1	291	22.1	291	22.1	291	22.1	291	22.1
-22	-1.7	-22	-1.7	-26	-2.0	-26	-2.0	-26	-2.0
269	20.5	269	20.5	265	20.2	265	20.2	265	20.2
-79	-6.0	-51	-3.9	-51	-3.9	-50	-3.8	-50	-3.8
190	14.5	218	16.6	214	16.3	215	16.4	215	16.4
-26	-2.0	-26	-2.0	-26	-2.0	-26	-2.0	-26	-2.0
164	12.5	192	14.6	188	14.3	189	14.4	189	14.4
-84	-6.4	-84	-6.4	-98	-7.5	-98	-7.5	-99	-7.5
80	6.1	108	8.2	90	6.8	91	6.9	90	6.8
0	0.0	0	0.0	0	0.0	0	0.0	0	0.0
-4	-0.3	-4	-0.3	-4	-0.3	-4	-0.3	-4	-0.3
-4	-0.3	-4	-0.3	-4	-0.3	-4	-0.3	-4	-0.3
76	5.8	104	7.9	86	6.5	87	6.6	86	6.5

좌측에 의한 세금 수정　　　좌측에 의한 세금 수정　　　좌측에 의한 세금 수정
　　　좌측에 의한 영업비 수정　　　좌측에 의한 영업비 수정

알아두어야 할 세금 계산법에 대해 검증 작업에 들어가기 전에 설명하기로 한다.

첫째, 세금은 당기의 세금공제전이익에 직접 관계되는 것이 아니라는 점이다. 먼저 5장에서 세금은 경비로 인정되는 사업세와 인정되지 않는 지방세, 법인세 등의 2종류가 있다고 말했지만, 당기 경비로서 인정되는 것은 당기 사업세가 아닌 전기 사업세인 것이다. 세무서는 당기의 세금공제전이익 중 당기에 계획한 사업세준비금은 경비로서 인정해 주지 않는다. 따라서 당기 사업세준비금은 과세 대상이 된다. 이른바 과세이익에 포함되는 것이다. 과세이익에 포함되므로 이는 세금공제전이익에 가산해서 생각해야 한다.

한편 전기 사업세는 당기 경비로서 인정되므로 이것을 당기 세금공제전이익에서 뺄 필요가 있다. 따라서 당기의 과세이익은 당기 세금공제전이익에 당기 사업세준비금을 더하고, 그것에서 전기 사업세준비금(실제로는 사업세지급액인데 약간 다르다)을 뺀 금액이 된다. 이것이 당기의 과세이익이다. 이 원칙을 우선 머리에 넣어두기 바란다.

다음은 과세이익에 대해서 앞에서도 말했듯이 사업세가 약 13%, 법인세·지방세 등의 납세 충당금이 약 50%가 된다는 것을 알고 있는 것이 좋다. 엄밀하게 말하면 사업세나 지방세도 그 지방에 따라 다르고 법인세도 회사의 종류에 따라 달라진다. 또한 사내 유보액에 따라서도 세금은 달라지고 접대비의 초과액은 모두 과세 대상이 되는 등 여러 가지 세세한 과세 법칙이 있어서 경리 업무 면에서 보면 이 정도의 지식으로는 정확하다고 할 수 없지만, 사장은 거기까지 알 필요는 없다. 구체적인 업무는 경리 담당자에게 맡기면 된다.

D정밀의 세금은 어떻게 달라지는가?

그러면 D정밀의 1차 연도 세금은 어떻게 수정될까? 인건비 계획을 검증한 결과, 인건비가 운영 기본 계획에서 당초 설정했던 액수보다도 800만 엔 초과하는 것은 이미 알고 있다. 그 결과 가영업이익이 800만 엔 감소하여 당초 2억 9,900만 엔이 2억 9,100만 엔이 되었다. 영업이익도 목표인 2억 7,500만 엔이 역시 800만 엔 줄어서 2억 6,700만 엔이 되었다. 경상이익, 세금공제전이익, 당기 순이익, 차감 내부 유보액도 모두 목표보다 800만 엔 줄게 되었다. 이익이 달라지면 세금도 달라진다. D정밀의 1차 연도 세금공제전이익은 당초 목표 1억 700만 엔이 800만 엔 줄어서 1억 6,300만 엔으로 달라졌다.

한편 D정밀은 당초 1차 연도의 사업세를 2,400만 엔, 납세충당금을 9,500만 엔으로 설정하고 있다. 1억 6,200만 엔으로 달라진 세금공제전이익에 대해 사업세는 당초의 2,400만 엔으로 괜찮은지, 납세충당금은 9,500만 엔으로 괜찮은지 검증해야 한다. 〈표 19〉에서는 세금은 당초의 숫자로 되어 있지만 이것을 수정할 필요가 있다.

우선 사업세부터 보도록 하자. 과세이익은 당기 세금공제전이익 플러스 당기 사업세준비금 마이너스 전기 사업세준비금이다. 사업세는 이 과세이익에 대해 약 13%이다. 이렇게 하면 D정밀의 경우 어떻게 될까? 〈표 20〉의 '제1차 시산' 항목을 보기 바란다. 1차 연도 사업세를 2,400만 엔으로 설정했지만 세금공제전이익은 1억 6,200만 엔으로 달라졌다. 또 직전기 사업세는 1,800만 엔이었다. 이것은 그대로다. 따라서 D정밀의 1차 연도 과세이익은 세금공제전이익 1억 6,200만 엔에 1차 연도 예정 사업세 2,400만 엔을 더하여 직전기의 사

〈표 20〉 D정밀의 세금 편년 계획(수정 계산 자료)

(단위: 100만 엔)

	항목	직전2기	직전기	제1차	제2차	제3차		
세금준비	세금공제전이익			162	192	189		
	당기사업세준비비			24	22	26		
	전기사업세준비비			-18	-18	-18		
	당기과세이익			168	196	197		
	당기사업세	19	18	22	26	26		
	당기법인세	74	68	84	98	99		
	합계	93	86	106	124	125		
지불	예납세	57	47	43	43	43		
	확정납세		36	39	39	39		
	합계	57	83	82	82	82		
미불금인세	전기고							
	당기준비액							
	당기지불액							
	기말잔고							
	인세증감							

주) 세금이 올라가면 당연히 이익도 올라간다. 이익이 변하면 그것에 따라 자금 조달이 변하고 다시 세금도 변한다. 그것이 반복이다. 그래서 세금에 관해서는 2~3회 같은 방법으로 수정을 반복해 가야 한다. 이것이 〈표 20〉에서 1차, 2차, 3차 항목을 만드는 이유이다. 이제 어디까지 수정을 반복할 것인가를 설명한다.

업세 1,800만 엔을 뺀 1억 6,800만 엔이 된다. 이에 대한 사업세를 D 정밀의 경우는 13.2%로 했다. 최고 13.2%라는 사업세를 적용하는 지방이 많기 때문이다. 그렇게 하면 '1억 6,800만 엔 × 0.132 = 2,200만 엔'이 예정기의 1차 연도 사업세가 된다. 당초 예정했던대로 사업세가 2,200만 엔이 되었다.

한편 납세충당금은 과세이익의 50%이다. 따라서 D정밀의 1차 연도 납세충당금은 1억 6,800만 엔의 50%로 8,400만 엔이 된다. 이것도 당초 예정했던 9,500만 엔보다 낮은 8,400만 엔으로 되었다.

이렇게 해서 사업세와 납세충당금을 합한 1억 600만 엔으로 계산되었다(〈표 20〉 제1차 시산). 이에 따라 운영 기본 계획도 수정해야겠지만, 수정 작업을 통해서 당초 3,400만 엔으로 예정했던 사업세가 사실은 2,200만 엔으로, 9,500만 엔으로 예정했던 납세충당금도 8,400만 엔이 되었다는 것을 명확하게 알게 되었다.

┃ 3 ┃
자금 운용 계획으로 자금의 흐름을 체크하라

손익계산서와 대차대조표를 이어주는 것

〈표 21〉은 D정밀의 자금 운용 계획이다. 앞으로 5년간 운영 기본 계획에서 매년 어떻게 돈이 움직여 가는지 각 연도의 자금 흐름을 일람표로 만든 것이다. 이 계획이 제대로 되지 않으면 자금의 뒷받침이 불가능하여 모처럼의 장기 계획도 그림의 떡이 되고 만다. 그 정도로 중요하다. 고정자금 운용, 운영자금 운용이라는 어려운 말들이 나와 경리나 회계사가 아닌 사장에게는 불필요한 전문적인 표로 생각되어 수 있으나 사실은 그렇지 않다. 이 표는 사장의 꿈을 실현하는 과정에서 자금 측면을 구체적으로 나타낸 것이다. 따라서 어려운 표현에 구애되지 말고 편한 마음으로 보기 바란다.

표의 제일 위에 '당기 세금공제전이익' 항목이 있다. 회사 경영은 매출을 발생시킴으로써 매출총이익, 즉 부가가치를 만들어 낸다. 이것에서 여러 가지 경비를 공제하면 당기 세금공제전이익이 남는다.

〈표 21〉 D정밀의 자금 운용 계획(수정 계산 자료)

(단위: 100만 원)

구분	항	목	제1차	제2차
고정자산운영	자금의 원천	당기현금공제전이익	164	188
		자금지출없는경비	133	137
		감가상각비	85	85
		사업상각비	22	26
		준비금	26	26
		증자	0	0
		장기차입금증가	-199	-199
		자본금증가	0	0
		합계	98	126
	자금의 용도	세금	82	82
		배당금	4	4
		고정자산투자	80	80
		불투자	0	0
		소계	166	166
		고정자금여유	-68	-40
		합계	98	126
운영자금운영	자금의 원천	고정자금여유	-68	-40
		매입채무증가	107	107
		단기차입금증가	0	0
		기타부채증가	0	0
		합계	39	67
	자금의 용도	매출채권증가	68	68
		재고자산증가	-53	-53
		기타자산증가	0	0
		보유현예금	5	5
		소계	20	20
		운용여유금	19	47
		합계	39	67

이것이 운영자금의 근원이 된다. 순이익이 아닌 이유는 세금의 납부 시기가 달라지기 때문에 세금공제전이익 수치를 사용하는 것이다. 표의 제일 위에 이 항목을 둔 것은 그것 때문이다. 그런데 경비에는 실제로 돈으로 지불되지 않는 경비도 있다. 예를 들어 감가상각비는 특별하게 어디에 지급하는 것이 아니다. 앞으로 설비가 노후화 되는 것을 대비해서 준비하는 경비, 말하자면 자금의 지출이 아닌 경비이다.

사업세도 그렇다. 앞에서 말했듯이 당기 사업세 준비는 다음 기에 지급하면 되는 것이기에 이것도 자금 지출이 아닌 경비이다. 또한 장래 경영의 안전을 위해 사장이 매년 2% 정도의 배분을 생각하여 계획한 준비금도 있다. 이것도 실제로 돈을 지급하는 것이 아니다. 장래를 대비한 준비금으로 예산에 편성한 것이다. 이들은 경비로 분류되어 있지만 실제로 자금은 지출되지 않았다. 요컨대 세금공제전이익과 자금 지출이 없는 경비, 이 두 가지를 더한 것이 자금의 가장 중요한 근원이 되는 셈이다. 이것을 자금의 원천이라고 하는 것은 그러한 의미이다. 그밖에 증자나 장기 차입금도 필요에 따라서 당연히 자금이 된다.

따라서 이들 4가지가 1년간 자금 운용의 원천이 되는 셈이다. 결과적으로 이 표에 기입되어 있는 숫자가 1년간 회사에서 사용되는 자금의 움직임을 나타낸 것이 된다.

기입되어 있는 사항은 전문적인 경리 업무에 해당되는 듯하지만 어려운 것은 아니다. 당기 세금공제전이익을 우선 기입하고 그것에 자금 지출이 없는 경비를 합해서 증자를 할 것인지, 장기 차입금을 늘릴 것인가를 결정해서 그 금액의 총액이 그 연도 자금 원천의 합계가 된다. 그것을 우선 기억해 두기 바란다. 어떤 경우에 증자와 장기 차입금을 늘릴 것인가에 대해서는 나중에 언급하겠다.

한편 자금의 용도로 세금 납부가 있지만, 이것은 앞서 계산한 수치를 여기에 기입해 넣고 배당금이나 고정자산 투자로 정한 금액을 넣으면 자금 용도의 소계가 나온다. 자금의 원천과 자금의 용도는 동일한 액수가 되어야 한다. 이것을 동일한 금액으로 하면 고정 자금의 여유가 얼마인가를 알 수 있다.

바로 '고정자산 여유'가 운영자금의 운용을 위한 자금 원천의 하나가 된다. 따라서 사장이 정한 운영자금의 증가가 얼마만큼 있는지 또는 그에 대해 외상 매입채무의 증가가 얼마나 되는지, 자금의 원천과 자금 용도와의 균형을 잡아가면 금리를 벌 수 있는 운용예금의 증가액이 나온다.

이렇게 해서 한 장의 표에 숫자를 집약해 보면, 마치 강물의 흐름을 바라보는 것과 같이 1년 동안의 자금 흐름이 보이게 된다. 여기서 중요한 것은 자금의 원천과 자금의 용도가 균형이 맞아야 한다는 것이다. 이것이 경리 계산의 기본이다. 고정자금 운용의 경우나 운영자금 운용의 경우도 자금의 원천과 자금의 용도를 합한 숫자가 맞아야 하는 것이 경리의 철칙이다. 이와 같이 〈표 21〉은 대차대조표의 변화를 보이고 있다. 1년간 사업을 한 결과 기초와 기말에 대차대조표가 어떻게 변할 것인가를 보여주고 있다. 운영 기본 계획에 따라 자금이 어떻게 움직여 가는가를 한눈에 볼 수 있는 표가 이처럼 대차대조표의 변화로 나타난다. 자금 운용 계획이야말로 운영 기본 계획인 목표 손익계산서와 대차대조표를 잇는 중요한 파이프 역할을 하는 것이다. 이러한 파이프 역할을 이해할 수 있다면 운영자금 운용은 대차대조표의 유동자산과 유동부채의 변화를 예측하게 되어 고정자금의 운용은 고정자산·투자와 고정부채·준비금·자본의 변화로 연결되어지는 것을 쉽게 이해하게 된다. 즉 원칙적으로 고정자금의 여유가 마이너스라는 것은 유동비율의 저하로 연결되는 것이다. 따라서 고정자금의 여유가 마이너스가 되지 않도록 증자나 장기 차입금의 도입을 생각해야만 하는 것이다.

대차대조표에는 지금까지의 회사 역사와 사장의 경영 판단 등이 숫자로 거울처럼 반영되어 있다. 동시에 현재의 회사 체질과 체력 모두를 나타내고 있다. 이것은 이 책에서 여러 차례 강조했지만, 운영 기본 계획과 대차대조표가 연결됨으로써 사장의 장래 꿈도 대차대조표에 집약되어지는 것이다.

지금까지의 작업을 뒤돌아보면 사장의 꿈의 실현을 위해 이익 계획을 세우기 전에 먼저 부가가치 배분 목표를 세워 이익 배분에 대한 사장의 정책을 설정했다. 그리고 그것을 기초로 손익계산서 형식으로 운영 기본 계획을 작성했다. 또한 그 실현성을 검증하여 자금 운용 계획을 세우는 단계까지 이르렀으며, 자금 운용 계획은 이제부터의 작업을 통해 운영 기본 계획을 대차대조표로 이어가는 것이다. 자금 운용 계획에 의해 회사 전체의 자금 흐름을 크게 내다보는 것은 사장에게는 대단히 중요한 일이다.

이상의 내용을 토대로 D정밀의 자금 운용 계획에 대해 살펴보기로 하자.

D정밀의 자금 운용 계획

① 고정자금의 원천

앞서 인건비가 800만 엔 증가하게 되어 당초 1억 7,000만 엔을 예정했던 D정밀의 1차 연도 세금공제전이익이 1억 6,200만 엔으로 줄었다고 했다(〈표 19〉 참조). 그에 따라 사업세 수정을 한 결과 같은 표의 제2차 수정과 같이 2,400만 엔으로 설정했던 사업세가 2,200만 엔으로 변경되었다. 사업세가 예정보다 200만 엔 감소했기 때문에 세금공제전이익이 200만 엔 증가하게 된다. 결국 운영 기본 계획의 1차 수정으로 1억 6,200만 엔이 되었던 1차 연도의 세금공제전이익은 2차 수정으로 1억 6,400만 엔으로 다시 수정되어야 한다. 이 숫자를 〈표 21〉의 자금 운용 계획의 '1차 시산' 당기 세금공제전이익 항목에 먼저 기입한 것이다. 자금 지출이 없는 경비도 운용 기본 계획의 숫자도 여기에 옮겨오면 된다. 감가상각비는 8,500만 엔, 사업세준비금은 2,200만 엔, 준비금 도입은 운영 기본 계획의 특별손익에 상당한 것으로 2,600만 엔, 1억 3,300만 엔이 당기에 지출되지 않는 경비가 된다.

장기 차입금 증가는 5년 후에 무차입 회사가 되도록 한다는 사장의 기본 방침에 따라 5년간 전액 변제를 목표로 대차대조표에 있는 현재의 장기 차입금 9억 9,400만 엔을 다섯으로 나눈 1억 9,900만 엔을 연간 변제액으로 하였다.

증자 예치금 증가는 예정에 없었기 때문에 제로이다. 결국 당기 세금공제전이익이 1억 6,400만 엔, 자금 지출이 없는 경비가 1억 3,300만 엔, 장기 차입금 증가가 마이너스 1억 9,900만 엔으로 이상의 3가

지 숫자를 더한 9,800만 엔이 D정밀의 1차 연도 고정자금 원천 합계
액이 된다. 다음은 그 용도에 대해서 검토해 보자.

② 고정자금의 운용

세금 납부에 대해서는 〈표 20〉의 '세금 관련 계획'을 보기 바란다.
앞에서도 일부 언급했듯이 세금 납부에는 확정 납세 외에 예정 납세
라는 방법이 있다. 이번 기간에 어느 정도의 이익이 발생할 것인지
알 수 없기에 전년도 실적의 1/2을 예정 납세로 하고, 결산이 정해진
후 그 차액을 납부하는 것이 세금의 지급 방법이다.

D정밀의 직전기 세금은 사업세 1,800만 엔, 납세 준비금 6,800만
엔으로 합계가 8,600만 엔이다. 그 1/2인 4,300만 엔은 이미 예정납세
로 지급했다. 이에 대해서 직전기는 8,600만 엔을 예정 납세로 하여
직전기에 4,700만 엔을 납부하고 있어 3,900만 엔을 확정 납세로 하
였다. 따라서 3,900만 엔과 예정 납세 4,300만 엔의 합계 8,200만 엔을
확정 신고로서 납부하게 된다. 다라서 8,200만 엔이라는 숫자를 고정
자금 용도의 세금 지급 항목에 기입한다.

이어서 〈표 21〉을 다시 보자. 배당금 지급은 지급이 다음 기로 넘
어가게 되므로 운영 기본 계획의 직전기 숫자 4,800만 엔을 옮겨 적
는다. 고정자산 투자는 설비 투자 계획에서 8,000만 엔을 옮겨 적는
다. 투자 증가는 D정밀에서 하지 않으므로 제로이다. 이에 따라서 고
정자산 운용 항목의 소계가 1억 6,600만 엔이 된다. 다만 자금 원천의
합계와 자금 용도의 합계는 일치해야 한다. 고정자금 여유라는 항목
을 만들어서 양쪽의 차액을 이 항목에 기입한다. D정밀의 경우 1차
시산에서는 1차 연도의 원천 합계가 9,800만 엔이기에 자금 용도의

합계도 9,800만 엔으로 하려면 고정자금 여유를 마이너스 6,800만 엔으로 할 필요가 있다. 이것으로 양쪽의 합계액이 일치하게 된다.

③ 운영자금의 원천

고정자금 운용에서 나온 고정자금 여유의 마이너스 6,800만 엔을 우선 여기에 옮겨 적는다. 외상 매입채무 증가는 운영 자금 계획에서 계산한 1차 연도의 외상 매입채무 증감 수치 1억 700만 엔을 기입한다.

다음 단기 차입금 증가나 그 외의 부채 증가도 증감이 없어서 제로이다. 여기서 중요한 것은 고정자산 여유의 마이너스 6,800만 엔이다. 앞서 서술한 바와 같이 고정자금 여유가 마이너스이면 세금 등을 납부하고 자금이 부족하게 되어 운영자금이 줄어들었다는 의미이고, 거꾸로 플러스이면 운영자금이 그만큼 회전할 여유가 있다는 의미다. 따라서 항상 플러스가 이상적인 것이지만 회사라는 것은 뜻대로 되지 않는다. 그러나 이것을 방치해 두면 결국은 운영자금을 확보하기 위해 차입을 해야할 뿐만 아니라 대차대조표의 안전도가 흔들린다. 그래서 1~2년은 마이너스라 하더라도 3년째에는 이러한 체질로부터 벗어나 3년간 누계로 플러스가 되게 하는 것이 중요하다. 이것이 사장으로서 이 숫자를 살펴볼 때 첫째 포인트가 될 것이다.

④ 운영자금의 운용

외상 매출채권 증가나 재고 증가, 현금·예금 증가도 운영 자금 계획에서 숫자를 옮겨 기입한다. 외상매출채권 증가는 6,800만엔, 재고 증가는 마이너스 5,300만 엔, 그밖의 자산 증가는 제로, 현금·예금

증가가 500만 엔으로 소계 2,000만 엔, 이것을 운영자금 원천의 합계 3,900만 엔에서 빼면 자동적으로 운영예금 증가 1,900만 엔의 숫자가 나오게 된다. 금융비용 계획에는 이 숫자가 중요하다. 이 숫자가 나오지 않으면 금융 계획이 불가능하다. 결국 이것으로 금융비용 계획을 검토할 근거가 가능해진 셈이다. 이상이 D정밀의 자금 운용 계획이다.

자금 운용 계획은 경리 담당자만이 하는 특수한 일처럼 보이지만 사실은 그렇지 않다는 것이 이해되었으리라 생각한다. 반복하면 당기 세금공제전이익은 운영 기본 계획에서 옮겨 적은 것일 뿐이다. 감가상각비도 운영 기본 계획에서 옮겨 적고, 사업세 준비금은 세금 계산의 숫자를 옮겨 적은 것이다. 준비금 도입도 운영 계획에서 숫자를 옮겨 적는다. 장기 차입금 증가의 숫자만은 사장의 정책을 반영한다. 세금 납부는 세금 계산의 숫자를 그대로 옮겨 적는 것뿐이다. 배당금의 지급은 운영 기본 계획의 전년도 숫자를 옮겨 적는다. 고정자산의 투자는 설비 투자 계획에서 옮겨 적는다.

외상 매입채무의 증가는 운영 자금 계획의 숫자를 옮겨 적는다. 외상 매출채권의 증가나 재고의 증가도 운영 자금 계획에서 숫자를 옮겨 적는다. 현금·예금의 증가도 같다. 이른바 자금 운용 계획이라는 것은 지금까지의 기존 숫자를 그대로 옮겨 적고 덧셈과 뺄셈을 하면 되는 것이다. 어려운 것처럼 보여도 실은 극히 간단한 계산으로 작성할 수 있다는 것을 충분히 이해했을 것이다.

그렇다면 운영예금 증가의 1,900만 엔이 과연 금융 계획에 어느 정도의 영향을 미치는 것일까? 수취이자(收取利子)에 어느 정도의 변화를 초래하는가를 체크해 보자.

(단위 : 100만 원)

〈표 22〉 D정밀의 금융비용 계획(수정 시산 자료)

구분	항목	제1차 시산	제2차 시산
지불이자	단기차입금 기초잔고		
	기중증감		
	기말잔고		
	평균잔고		
	지불이자		
	융통어음 기초잔고		
	기중증감		
	기말잔고		
	평균잔고		
	지불이자		
	장기차입금 기초잔고	994	994
	기중증감	-199	-199
	기말잔고	795	795
	평균잔고	895	895
	지불이자	58 (6.5%)	58 (6.5%)
	지불이자 합계	58	58
수취이자	단기차입예금기말잔고		
	동 상당보예금		
	어음할인기말잔고		
	동 상당보예금		
	장기차입예금기말잔고	795 (15%)	795 (15%)
	동 상당보예금	119	119
	계	119	119
	운용예금	86 (3.5%)	114 (3.5%)
	합계	205	233
	수취이자 계	7	8
실금융비용		51	50

금융비용은 지급이자와 수취이자로 되어 있다. 여기서 〈표 22〉를 보기 바란다. 지급이자란 단기 차입금, 어음 할인금, 장기 차입금에 대해 지급되는 이자이다. 회사의 규모가 커지면 사채 등 그 외의 여러 가지 대상이 있지만, 일반적으로는 이에 대해 발생하는 이자가 지급이자이다. 한편 예금을 함으로써 받는 수취이자도 있다. 이 때 지급이자와 수취이자와의 차액이 금융비용이다. 지급이자는 기초와 기말 차입금 평균 잔고에 금리를 곱해 산출한다. 결국 기초 차입금 잔고와 기말 차입금 잔고를 더해서 2로 나누고 그것에 금리를 곱한 것이 지급이자액이 된다.

이에 대해 수취이자는 어떻게 발생하는가? 회사가 은행에서 자금을 빌려오려면 담보 예금을 요구하는 것이 보통이다. 표면적으로는 그러한 것이 부정되고 있지만 은행도 영업이기에 당연하게 담보 예금을 요구한다. 어느 정도 요구하는가는 은행에 따라 각각 다르지만, 예를 들어 단기 차입금의 경우는 상식적으로 말해서 30% 정도일 것이다. 비율이 비교적 높은 이유는 일반적으로 단기 차입금에는 담보를 넣지 않은 것이 원칙이기 때문이다.

어음 할인의 경우는 발행한 상대가 있기 때문에 단기 차입금보다 적은 20% 정도의 담보 예금을 요구할 것이다. 결국 차입금에 대해서 20% 정도의 예금을 하지 않으면 어음을 할인 받지 못한다. 장기 차입금의 경우는 어떨까? 5년, 7년 또는 10년이라는 긴 기간에 걸쳐 갚아가는 것이 장기 차입금이다. 따라서 은행은 이에 대해서는 반드시 담보를 요구한다. 예를 들어 토지, 건물, 또는 기계 설비가 담보 물건이 되지만, 이것을 담보로 넣는 것에 더해서 예금도 요구한다. 아마 차입금의 15% 정도일 것이다.

이렇게 예금한 자금이 수취이자를 발생시킨다. 그 수취이자를 지급이자에서 뺀 금액이 금융비용이 된다. 이 정도는 독자 여러분이 이미 잘 알 것이다. 그러면 이익의 변경에 따라 금융비용이 어떻게 변할까? 과연 금융비용은 당초의 금액으로 되는 것일까? 검증을 하기 위해서는 자금 조달의 전체, 자금 운영의 전체를 살펴보고 차입금과 예금의 관계 등을 체크해 갈 필요가 있다.

금융비용 계획

〈표 22〉는 금융비용 계획 수립 방법의 모델이다. 이 표에는 D정밀의 장기 차입금 잔고가 기초에 9억 9,400만 엔으로 되어있는데, 이 숫자는 대차대조표에서 옮겨 적은 것이다. 자금 운용 계획에서도 분명히 했듯이 이 장기 차입금을 5년 안에 무차입으로 하려는 D사 사장의 방침에 따라 이것을 매년 1억 9,900만 엔씩 갚기로 했기 때문에 기말 잔고는 7억 9,500만 엔이 된다. 기초의 잔고 9억 9,400만 엔과 기말 잔고 7억 9,500만 엔을 더해서 둘로 나눈 8억 9,500만 엔이 평균 잔고다.

지급이자의 금리를 6.5%로 가정하고 이것을 평균 잔고로 곱하면 1차 연도는 5,800만 엔의 지급이자가 필요하게 된다. 그러나 7억 9,500만 엔의 장기 차입금이 기말에 남게 되어 앞에서도 말했듯이 은행에 대한 담보 예금이 불가피하다. 담보 예금을 장기 차입금의 15%로 한다면 1억 1,900만 엔(기말 잔고 7억 9,500만 엔의 15%)의 예금이 필요하게 된다. 이 숫자를 우선 체크한다.

한편 자금 운용 계획에서 검증한 결과 1차 연도에 1,900만 엔의 운영 예금이 검증되었지만, 대차대조표에서 이 회사 직전기의 운영 예금 합계가 1억 8,600만 엔인 것도 알 수 있다. 따라서 1억 8,600만 엔에 1,900만 엔을 더한 2억 500만 엔이 D정밀의 기말 운영 예금의 합계가 된다. 그리고 2억 500만 엔에서 담보 예금으로 은행에 예치할 1억 1,900만 엔을 공제한 8,600만 엔이 D정밀이 자유로이 할 수 있는 운영 예금이다. 그러면 1억 1,900만 엔과 8,600만 엔을 더한 합계 2억 500만 엔에 대한 금리가 어느 정도 될 것인가? 수취이자의 금리수준을 3.5%로 하면 700만 엔이 된다. 이것이 D정밀의 수취이자이다. 5,800만 엔의 지급이자에서 700만 엔의 수취이자를 공제한 5,100만 엔이 이 해의 D정밀에서 부담하게 될 금융비용임을 계산할 수 있다.

여기서 보충적으로 설명해 두어야 할 것이 있다. D정밀의 경우는 운영 예금이 소액이기에 문제가 되지 않지만, 만일 금액의 규모가 큰 경우는 수취이자의 계산은 기말 잔고에 의한 계산이 아니라 차입금 계산과 같이 기초 잔고와 기말 잔고를 더해 둘로 나눈 평균 예금 잔고를 내서 거기에 금리를 곱하는 세밀한 계산 방법이 필요하게 될 것이다. 그다지 큰 규모의 예금이 아니라면 D정밀과 같이 기말 잔고에 의한 단순한 방법으로도 상관없다. 그런데 1,900만 엔의 운영 예금이 생긴 결과 D정밀의 금융비용은 당초 7,900만 엔으로 예산을 세웠으나 5,100만 엔으로도 된다는 답이 나왔다. 따라서 이 숫자를 운영 기본 계획의 영업외 손익 항목에 옮겨 적으면 당연히 정상 이익이나 세금공제전이익, 당기 순이익도 달라진다. 따라서 이것을 바로 잡아야 하는 수정 작업이 필요하게 된다.

수정 계산

설명한 바와 같이 영업외 손익, 즉 금융비용은 7,900만 엔으로 예정했으나 5,100만 엔으로 확정되었다. 따라서 운영 기본 계획에서는 영업외 손익 항목 이하가 달라진다(〈표 19〉 3차 수정).

경상이익이 1억 9,000만 엔에서 2억 1,800만 엔으로, 세금공제전이익이 1억 6,400만 엔에서 1억 9,200만 엔으로, 단기 순이익이 8,000만 엔에서 1억 800만 엔으로, 차감 내부유보액이 7,600만 엔에서 1억 400만 엔으로 변경된다.

여기서 문제가 되는 것은 세금공제전이익이다. 운영 기본 계획에는 세금공제전이익이 1억 5,400만 엔 그대로이나, 이전의 세금 계산에서는 그 이전의 1억 6,200만 엔의 세금공계전이익을 전제로 했다. 그러나 금융비용이 변경됨으로써 세금공제전이익이 1억 6,400만 엔에서 1억 9,300만 엔으로 변경되었다. 전제가 달라졌으니 세금도 달라질 수밖에 없다. 따라서 세금의 계산을 다시 바로 잡는 작업이 필요하게 된다(〈표 20〉 2차 수정).

세금공제전이익 1억 9,200만 엔을 근거로 세금 계산을 다시 해보면 1억 9,200만 엔에 당기 사업세준비금 2,200만 엔을 더해 직전기의 사업세준비금 1,800만 엔을 뺀 1억 9,600만 엔이 당기의 과세이익이 된다. 사업세의 세율을 13.2%로 하면 1억 9,600만 엔에 대한 사업세액은 2,600만 엔이다. 또한 법인세 등의 세율을 50%로 가정하면 납세충당금은 9,800만 엔으로 늘어나게 된다. 사업세와 납세충당금 합계가 전회에 1억 600만 엔이었던 것이 1억 2,400만 엔으로 늘어났다. 그러므로 달라진 숫자를 근거로 운영 기본 계획을 다시 수정해야 할 필요가 생겼다.

사업세를 2,600만 엔, 납세충당금을 9,800만 엔으로 수정하면 영업
이익이 2억 6,900만 엔에서 2억 6,500만 엔으로, 경상이익이 2억
1,800만 엔에서 2억 1,400만 엔으로 변경되어 세금공제전이익도 1억
9,200만 엔이 1억 8,800만 엔으로 변경된다(〈표 19〉 4차 수정). 세금공
제전이익도 1억9,200만 엔에서 1억 8,800만 엔으로 달라졌으니 자금
운용 계획의 숫자도 달라질 것이다.

따라서 이제는 자금 운용 계획을 체크할 필요가 생겼다. 여기까지
오면 장기 계획을 처음 수립하는 사장은 머리가 복잡해진다. 장기 계
획의 연찬회를 할 경우도 이 부분에 이르면 그만두려고 한다. 경리
담당자나 해야할 일을 왜 사장이 해야 하는가를 고민하다가 물러서
는 사람이 많다. 작은 일이라고 생각될 것이다. 사실 단순한 계산을
반복하는 것이다. 2장에서 나는 집념이 사장의 조건 중의 하나라고
했으나 이 정도의 계산을 반복하는 것은 집념이라고 할 수도 없다.
전자계산기에 의한 잠시의 수고일 뿐이다. 요령만 알게 되면 극히 간
단하고 편하다. 다만 반복하는 것에 대한 다소의 인내가 필요하다.

세금공제전이익이 달라지면 자금 조달도 달라지고 운영자금의 잔
고가 달라진다. 따라서 금융비용 계획이 달라지고 금융비용도 달라
진다. 이와 같은 계산 방법이 습관화되기를 바란다.

이제는 자금 운용 계획의 체크로 되돌아가자(〈표 21〉 2차 시산). 당
기 세금공제전이익은 전회에 1억 6,400만 엔이었던 것이 1억 8,800만
엔으로 달라졌다. 감가상각비는 변화가 없고 전회에 2,200만 엔이었
던 사업세는 2,600만 엔으로 변경되었다. 따라서 자금의 지출이 없는
경비 합계는 1억 3,300만 엔이 1억 3,700만 엔으로 변경되었다. 장기

차입금의 증가는 변화가 없고, 고정자금의 원천 합계는 2,800만 엔이 증가하여 9,800만 엔에서 1억 2,600만 엔으로 변경되었다.

다음은 고정자금의 운영인데, 세금 납부는 전년도의 세금을 납부하는 것으로 당기의 이익이 어떻게 변하든 달라지지 않는다. 배당금도 마찬가지다. 설비 투자에 있어서도 사장의 정책이 바뀌지 않는 한 달라지지 않는다. 따라서 고정자금의 운영 소계 1억 6,600만 엔도 그대로다. 다만 자금 원천의 합계가 1억 2,600만 엔으로 변경되었으므로 자금의 운용 합계도 1억 2,600만 엔이 되지 않으면 안 된다. 그 결과 6,800만 엔 마이너스였던 고정자금의 여유가 4,000만 엔 마이너스로 되었다.

운영자금은 고정자금의 여유를 마이너스 4,000만 엔으로 바로 잡는 외에는 외상 매입채무의 증가나 외상 매출채권의 증가, 재고의 증가, 현금의 증가도 달라지지 않는다.

따라서 고정자금의 여유가 달라진 만큼만 운영예금이 1,900만 엔에서 4,700만 엔으로 늘어난다. 이렇게 되면 수취이자액도 당연히 변경되어 금융비용 계획을 수정하는 작업이 필요하게 된다(〈표 22〉 2차 시산).

이번에는 금융비용 계획을 보자. 금융비용 계획에서 5,800만 엔의 지급이자는 달라지지 않는다. 달라지는 것은 수취이자액이다. 1,900만 엔이었던 운영예금이 4,700만 엔으로 늘었기 때문이다. 운영예금이 2,800만 엔 늘었기에 2억 500만 엔이었던 운영예금의 합계가 2억 3,300만 엔으로 바뀌게 된다. 물론 담보예금은 변하지 않는다. 담보예금 이외의 운영예금, 이제까지 8,600만 엔이라고 생각한 운영예금이 1억 1,400만 엔으로 달라진 것이다. 결과적으로 지금까지 700만

항 목		직전 3기		직전 2기		직전기	
매 출 액		1,593		1,785		2,055	
매 출 원 가		637		741		872	
매 출 총 이 익	%		60.0		58.5		57.6
		956	100.0	1,044	100.0	1,183	100.0
영 업 경 비	인 건 비	335	35.0	392	37.5	476	40.2
	선 행 투 자	57	6.0	71	6.8	90	7.6
	상 각 비	48	5.0	47	4.5	46	3.9
	일 반 경 비	178	18.6	218	20.9	251	21.2
	임 원 보 수	52	5.4	55	5.3	60	5.1
	계	670	70.1	783	75.0	923	78.0
가 영 업 이 익		286	29.9	261	25.0	260	22.0
사 업 세 준 비		-20	-2.1	-19	-1.8	-18	-1.5
영 업 이 익		266	27.8	242	23.2	242	20.5
영 업 외 손 익		-57	-6.0	-73	-7.0	-95	-8.0
경 상 이 익		209	21.9	169	16.2	147	12.4
특 별 손 익		-28	-2.9	-21	-2.0	-11	-0.9
세 금 공 제 전 이 익		181	18.9	148	14.2	136	11.5
납 세 충 당 금		-94	-9.8	-74	-7.1	-68	-5.7
당 기 순 이 익		87	9.1	74	7.1	68	5.7
이익금처분	임 원 상 여						
	배 당 금	-4	-0.4	-4	-0.4	-4	-0.3
	계	-4	-0.4	-4	-0.4	-4	-0.3
차 감 내 부 유 보		83	8.7	70	6.7	64	5.4

초년도		수정치				
2,302		2,302				
988		988				
	57.1		57.1			
1,314	100.0	1,314	100.0			
512	39.0	520	39.6			
92	7.0	92	7.0			
85	6.5	85	6.5			
263	20.0	263	20.0			
63	4.8	63	4.8			
1,015	77.2	1,023	77.9			
299	22.8	291	22.1			
-24	-1.8	-26	-2.0			
275	20.9	265	20.2			
-79	-6.0	-50	-3.8			
196	14.9	215	16.4			
-26	-2.0	-26	-2.0			
170	12.9	189	14.4			
-95	-7.2	-99	-7.5			
75	5.7	90	6.8			
-4	-0.3	-4	-0.3			
-4	-0.3	-4	-0.3			
71	5.4	86	6.5			

엔으로 생각했던 수취이자가 800만 엔이 된 것이다. 따라서 지급이자 5,800만 엔에서 수취이자 800만 엔을 뺀 5,000만 엔이 금융비용이 된다. 지금까지 5,100만 엔으로 생각했던 금융비용이 5,000만 엔이 된 것이다.

이와 같이 금융비용 계획의 숫자가 달라지면 당연히 〈표 19〉의 운영 기본 계획의 숫자도 달라진다. 5,100만 엔의 마이너스라고 생각했던 영업외손익이 5,000만 엔 마이너스가 되면 그만큼 경상이익이나 세금공제전이익도 달라지기 때문이다. 세금공제전이익은 1억 8,800만 엔에서 1억 8,900만 엔으로 달라진다(제5차 수정). 그것을 근거로 다시 자금 운용 계획을 수정하고, 세금이나 금융비도 체크하고 수정해야 하는 작업을 반복한 결과 최종적으로 다듬은 초년도의 운영 기본 계획이 〈표 23〉이다.

수정 계산은 백만 단위까지

〈표 24〉는 같은 수정 작업을 2년도, 3년도로 반복해서 5년간 운영 기본 계획을 완성시킨 것이다. 몇 번이나 말했듯이 대단히 번거로운 작업으로 느낄지 모르지만, 사실은 단순한 계산의 반복이다. 익숙해지면 하나의 계획을 20분 정도로 작성할 수 있게 될 것이다. 하나의 숫자를 수정하게 되면 여기저기에 차이가 생겨서 여러 숫자를 수정해야 되는 것은 사실이다. A를 수정하면 B가 틀려진다. B를 바로 고치면 A에 틈이 생긴다. 다만 처음부터 절대적인 기준이라는 것은 있을 수 없다. 수정을 반복함으로써 완성도가 높은 것에 가까워진다.

그런 과정이 이 작업에서는 대단히 중요한 것이다. 연수회에서 어떤 사장으로부터 다음과 같은 질문을 받은 적이 있다.

"선생님, 어디까지 수정을 반복해야 합니까? 이론적으로 말해 수정은 한없이 계속되는 것 아닙니까? 아무리 정확하고 자세히 한다 해도 원래 숫자가 대강 설정된 것이어서 모순을 느낍니다."

나는 이와 같은 질문에 "그대로입니다."라고 대답했다. 이론적으로 수정을 반복할 때는 수치가 달라지기 때문에 오차가 제로가 되는 일은 없다. 그렇다고 해서 수정을 가하지 않으면 엉뚱한 숫자의 착오가 생기는 일도 있다. 현실적으로 그런 경우가 많다. 중요한 자금 관계에 관해서는 모든 각도에서 납득이 가는 숫자로 수정해야 한다. 귀찮다고 해서 느슨하게 하면 결국 그림의 떡으로 끝나기 쉽다. 나의 과거 체험에 따르면 회사의 연매출 규모에 따라 다르지만 백만 단위로 숫자가 달라지지 않는 수준까지 반복해야 한다.

이와 같은 반복 작업은 솔직히 말해서 사무직의 일이다. 일련의 수정 계산이나 세금 계산, 금리 계산 자체에 창조적 의미는 없다. 따라서 이와 같은 일을 사장이 잘 알게 된다면 다음부터는 이러한 원칙으로 기본 계획을 수정하라고 경리 담당자에게 지시하면 되는 것이다.

수정 작업을 반복한 결과, 각 계획이 〈표 25〉의 '인건비 계획', 〈표 26〉의 '고정자산 투자 및 상각 계획', 〈표 27〉의 '자금 운용 계획', 〈표 28〉의 '세금 관련 계획', 〈표 29〉의 '금융비용 계획'의 완성된 표가 만들어졌다. 〈표 30〉은 장기 계획의 출발점이 된 '부가가치 배분 목표 계획'이다. 검증 결과 당초 사장의 목표와는 약간 다르지만 사장의 꿈인 고수익 회사로의 체질 개선이 실현될 수 있는 장기 계획은 완성된 것이다.

〈표 24〉 D정밀의 운영 기본 계획(완성 계획표)

항 목		직전 3기		직전 2기		직전기	
매 출 액		1,593		1,785		2,055	
매 출 원 가		637		741		872	
매 출 총 이 익	%		60.0		58.5		57.6
		956	100.0	1,044	100.0	1,183	100.0
영 업 경 비	인 건 비	335	35.0	392	37.5	476	40.2
	선 행 투 자	57	6.0	71	6.8	90	7.6
	상 각 비	48	5.0	47	4.5	46	3.9
	일 반 경 비	178	18.6	218	20.9	251	21.2
	임 원 보 수	52	5.4	55	5.3	60	5.1
	계	670	70.1	783	75.0	923	78.0
가 영 업 이 익		286	29.9	261	25.0	260	22.0
사 업 세 준 비		-20	-2.1	-19	-1.8	-18	-1.5
영 업 이 익		266	27.8	242	23.2	242	20.5
영 업 외 손 익		-57	-6.0	-73	-7.0	-95	-8.0
경 상 이 익		209	21.9	169	16.2	147	12.4
특 별 손 익		-28	-2.9	-21	-2.0	-11	-0.9
세 금 공 제 전 이 익		181	18.9	148	14.2	136	11.5
납 세 충 당 금		-94	-9.8	-74	-7.1	-68	-5.7
당 기 순 이 익		87	9.1	74	7.1	68	5.7
이익금처분	임 원 상 여						
	배 당 금	-4	-0.4	-4	-0.4	-4	-0.3
	계	-4	-0.4	-4	-0.4	-4	-0.3
차 감 내 부 유 보		83	8.7	70	6.7	64	5.4

초년도		2년도		3년도		4년도		5년도	
2,302		2,578		2,887		3,233		3,621	
988		1,119		1,267		1,435		1,626	
	57.1		56.6		56.1		55.6		55.1
1,314	100.0	1,459	100.0	1,620	100.0	1,798	100.0	1,995	100.0
520	39.6	567	38.9	617	38.1	672	37.4	733	36.7
92	7.0	102	7.0	113	7.0	126	7.0	140	7.0
85	6.5	89	6.1	98	6.0	113	6.3	133	6.7
263	20.0	270	18.5	275	17.0	288	16.0	299	15.0
63	4.8	67	4.6	71	4.4	76	4.2	80	4.0
1,023	77.9	1,095	75.1	1,174	72.5	1,275	70.9	1,385	69.4
291	22.1	364	24.9	446	27.5	523	29.1	610	30.6
-26	-2.0	-37	-2.5	-47	-2.9	-57	-3.2	-68	-3.4
265	20.2	327	22.4	399	24.6	466	25.9	542	27.2
-50	-3.8	-32	-2.2	-21	-1.3	-11	-0.6	1	0.1
215	16.4	295	20.2	378	23.3	455	25.3	543	27.2
-26	-2.0	-29	-2.0	-32	-2.0	-36	-2.0	-40	-2.0
189	14.4	266	18.2	346	21.4	419	23.3	503	25.2
-99	-7.5	-139	-9.5	-178	-11.0	-215	-12.0	-259	-13.0
90	6.8	127	8.7	168	10.4	204	11.3	244	12.2
-4	-0.3	-7	-0.5	-7	-0.4	-7	-0.4	-7	-0.4
-4	-0.3	-7	-0.5	-7	-0.4	-7	-0.4	-7	-0.4
86	6.5	120	8.2	161	9.9	197	11.0	237	11.9

구분	항목		직전기		초년도	
			인원	급여	인원	급여
정사원	기 존 인 원		98	25,561	98	26,967
	증원계획	초 년 도			1	180
		2 년 도				
		3 년 도				
		4 년 도				
		5 년 도				
		계			1	180
	합 계		98	25,561	99	27,147
	인 건 비 계 수			18.36		18.76
	연 간 인 건 비			469,185		509,278
임시고용자	기 존 인 원		6	583	6	600
	증원계획	초 년 도			2	200
		2 년 도				
		3 년 도				
		4 년 도				
		5 년 도				
		계			2	200
	합 계		6	583	8	800
	인 건 비 계 수			12.37		13.07
	연 간 인 건 비			7,213		10,456
연 간 총 인 건 비			104	476,398	107	519,734

주) 정사원의 임금 인상율은 5.5%
　　임시 고용자의 임금 인상율은 3%

2년도		3년도		4년도		5년도	
인원	급여	인원	급여	인원	급여	인원	급여
98	28,450	98	30,015	98	31,666	98	33,408
1	190	1	200	1	211	1	223
1	187	1	197	1	208	1	219
		1	194	1	205	1	216
				1	202	1	213
						1	210
2	377	3	591	4	826	5	1,081
100	28,827	101	30,606	102	32,492	103	34,489
	19.16		19.56		19.96		20.40
	552,325		598,653		648,540		703,576
6	618	6	637	6	656	6	676
2	208	2	216	2	225	2	234
2	206	2	214	2	223	2	232
		2	212	2	220	2	229
				2	218	2	227
						2	224
4	414	6	642	8	886	10	1,146
10	1,032	12	1,279	14	1,542	16	1,822
	13.78		14.47		15.17		16.00
	14,224		18,507		23,392		29,152
110	566,549	113	617,160	116	671,932	119	732,728

〈표 26〉 D정밀의 고정자산 투자 및 상각 계획(완성 계획표)

투자액		금 액	상각율	항 목	초년도
기존자산				기 초 잔 고	683
				상 각 비	68
초년도	일반설비	40	20.0%	기 초 잔 고	40
				상 각 비	4
	공구·금형	40	65.0%	기 초 잔 고	40
				상 각 비	13
	계	80		상 각 비	17
2년도	일반설비	50	20.0%	기 초 잔 고	
				상 각 비	
	공구·금형	50	65.0%	기 초 잔 고	
				상 각 비	
	계	100		상 각 비	
3년도	일반설비	60	20.0%	기 초 잔 고	
				상 각 비	
	공구·금형	60	65.0%	기 초 잔 고	
				상 각 비	
	계	120		상 각 비	
4년도	일반설비	70	20.0%	기 초 잔 고	
				상 각 비	
	공구·금형	70	65.0%	기 초 잔 고	
				상 각 비	
	계	140		상 각 비	
5년도	일반설비	80	20.0%	기 초 잔 고	
				상 각 비	
	공구·금형	80	65.0%	기 초 잔 고	
				상 각 비	
	계	160		상 각 비	
합 계		600		상 각 비	85

검 토	초 기 잔 고	683
	투 자 액	80
	상 각 고	-85
	기 말 잔 고	678
	평 균 잔 고	681
	설 비 생 산 성	193%
	노 동 장 비 율	6.5

(단위 : 100만 엔)

2년도	3년도	4년도	5년도	계
615	572	543	519	
43	29	24	23	187
36	29	23	18	
7	6	5	4	26
27	9	3	1	
18	6	2	1	40
25	12	7	5	66
50	45	36	29	
5	9	7	6	27
50	34	12	4	
16	22	8	3	49
21	31	15	9	76
	60	54	43	
	6	11	9	26
	60	40	14	
	20	26	9	55
	26	37	18	81
		70	63	
		7	13	20
		70	47	
		23	31	54
		30	44	74
			80	
			8	8
			80	
			26	26
			34	34
89	98	113	133	518

2년도	3년도	4년도	5년도
678	689	711	738
100	120	140	160
-89	-98	-113	-133
689	711	738	765
684	700	725	752
213%	231%	248%	265%
6.3	6.3	6.3	6.4

〈표 27〉 D정밀의 자금 운용 계획(완성 계획표)

구분		항목	초년도	2년도	3년도	4년도	5년도
고정자금운용	자금의원천	당기세금공제전이익	189	266	346	419	503
		자금지출이 없는경비	137	155	177	206	241
		감가상각비	85	89	98	113	133
		신규설비감가상각비	26	37	47	57	68
		준비금도입액	26	29	32	36	40
		차	0	0	0	0	0
		장기차입금증가	-199	-199	-199	-199	-198
		증자예치금증가	0	0	0	0	0
		합계	127	222	324	426	546
	자금의운용	세금지불	82	145	201	250	295
		배당금지불	4	4	7	7	7
		고정자산투자	80	100	120	140	160
		투자증가	0	0	0	0	0
		소계	166	249	328	397	462
		고정자금여유	-39	-27	-4	29	84
		합계	127	222	324	426	546
운영자금운용	자금의원천	고정자금여유	-39	-27	-4	29	84
		매입채무증가	107	108	73	69	75
		단기차입금증가	0	0	0	0	0
		기타채무증가	0	0	0	0	0
		합계	68	81	69	98	159
	자금의운용	매출채권증가	68	-7	75	105	124
		재고증가	-53	-62	52	60	64
		기타자산증가	0	0	0	0	0
		보유현예금증가	5	6	6	7	9
		소계	20	-63	133	172	197
		운용예금증가	48	144	-64	-74	-38
		합계	68	81	69	98	159

〈표 28〉 D정밀의 세금 관련 계획(완성 계획표)

(단위: 100만 원)

항	목	직전2기	직전기	초년도	2년도	3년도	4년도	5년도
세금준비계산	세 금 공 제 전 이 익			189	266	346	419	503
	당 기 사 업 세 준 비			26	37	47	57	68
	전 기 사 업 세 준 비			-18	-26	-37	-47	-57
	당 기 과 세 이 익			197	277	356	429	514
	당 기 사 업 세			13.2% 26	13.2% 37	13.2% 47	13.2% 57	13.2% 68
	당 기 법 인 세 및			50.0% 99	50.0% 139	50.0% 178	50.0% 215	50.0% 257
	합 계			125	176	225	272	325
지출해	예 상 납 세	57	47	43	63	88	113	136
	확 정 납 세		36	39	82	113	137	159
	합 계	57	83	82	145	201	250	295
미불및인세	전 기 잔 고			42	85	116	140	162
	당 기 순 비 해			125	176	225	272	325
	당 기 지 불 해			-82	-145	-201	-250	-295
	기 말 잔 고			85	116	140	162	192
증 감				43	31	24	22	30

〈표 29〉 D정밀의 금융비용 계획(완성 계획표)

구분	항목		초년도		2년도	
지불이자	단기차입금	기 초 잔 고				
		증 감				
		기 말 잔 고				
		평 균 잔 고				
		지 불 이 자				
	어음할인금	기 초 잔 고				
		증 감				
		기 말 잔 고				
		평 균 잔 고				
		지 불 이 자				
	장기차입금	기 초 잔 고		994		795
		증 감		-199		-199
		기 말 잔 고		795		596
		평 균 잔 고		895		696
		지 불 이 자	6.5%	58	6.5%	45
	지 불 이 자 합 계			58		45
수취이자	차입담보예금	단기차입기말잔				
		담 보 예 금	30%		30%	
		어음할인기말잔				
		담 보 예 금	20%		20%	
		장기차입기말잔		795		596
		담 보 예 금	15%	119	15%	89
		계		119		89
	운 용 자 금			115		289
	합 계			234		378
	수 취 이 자 계		3.5%	8	3.5%	13
실 금 융 비 용				50		32

3년도		4년도		5년도	
	596		397		198
	-199		-199		-198
	397		198		
	497		298		99
6.5%	32	6.5%	19	6.5%	6
	32		19		6
30%		30%		30%	
20%		20%		20%	
	397		198		
15%	60	15%	30	15%	0
	60		30		0
	254		210		202
	314		240		202
3.5%	11	3.5%	8	3.5%	7
	21		11		-1

<표 30> D정밀의 부가가치 배분 목표 계획(완성 계획표)

(단위 : %)

항목		직전3기	직전2기	직전기	초년도	2년도	3년도	4년도	5년도	목표치
	사 원 배 분	35.0	37.5	40.2	39.6	38.9	38.1	37.4	36.7	35.0
	경 비 배 분	18.6	20.9	21.2	20.0	18.5	17.0	16.0	15.0	15.0
	재 생 산 배 분	5.0	4.5	3.9	6.5	6.1	6.0	6.3	6.7	7.0
부	선 행 투 자 배 분	6.0	6.8	7.6	7.0	7.0	7.0	7.0	7.0	7.0
가	금 융 배 분	6.0	7.0	8.0	3.8	2.2	1.3	0.6	-0.1	0
가	안 전 배 분	2.9	2.0	0.9	2.0	2.0	2.0	2.0	2.0	2.0
치	사 회 배 분	11.9	8.9	7.2	9.5	12.0	13.9	15.2	16.4	15.0
배	자 본 배 분	0.4	0.4	0.3	0.3	0.5	0.4	0.4	0.4	0.5
분	경 영 자 배 분	5.4	5.3	5.1	4.8	4.6	4.4	4.2	4.0	4.0
	축 적 배 분	8.7	6.7	5.4	6.5	8.2	9.9	11.0	11.9	14.5
	합 계	99.9	100.0	99.8	100.0	100.0	100.0	100.1	100.0	100.0

┃ 4 ┃
재무 계획으로 정리하라

재무 계획은 목표의 대차대조표

자금 운영 계획이 자금을 어떻게 사용하는가 하는 이른바 대차대조표의 조달 자금과 운영의 흐름을 집약적으로 나타낸 것임을 이해했을 것이다. 결국 이러한 자금 운영 계획을 수립함으로써 목표 손익계산서라고도 할 수 있는 운영 기본 계획이 확실한 자금의 뒷받침을 얻게 된 것이다. 이에 따라 장래의 대차대조표도 자동적으로 결정되는 것이다.

장기 계획이란 5년 계획이면 최종적으로 5년 후의 대차대조표를 어떻게 설계하는가 하는 것과 이어져야 한다. 바꾸어 말하면 5년 후의 대차대조표가 설계됨으로써 비로소 장기 계획이라고 할 수 있다.

대차대조표의 중요성에 대해서는 이 책에서도 강조하고 있다. 대차대조표의 체질이 좋아졌는가 아닌가는 경영에 있어서 매우 중요하다. 이익은 나왔지만 대차대조표의 내용이 좋지 않다면 우수한 경영이라고 할 수 없다. 이익이 나오고 동시에 대차대조표도 좋아지고, 효율적인 회사로 변하는 데에 장기 계획의 의의가 있는 것이다.

장기 계획은 이익 계획만은 아니다. 기업의 체질을 강하게 하는 것은 사장의 의사, 사장의 전략인 장래의 대차대조표를 어떻게 설계하는가에 달려 있다. 그런 의미에서 장기 계획이 목표로 하는 것은 5년 후의 대차대조표에 나타난 수치인 '재무 계획'이다.

사장의 꿈과 야망이 5년 후의 재무 계획에 어떻게 반영되었느냐가 장기 계획의 관건이 된다. 재무 계획이라면 어렵다고 생각해서 알레르기를 일으킬 만큼 싫어하는 사장도 많다. 하지만 여기까지 작업을 진행해 온 사장에게는 간단한 일이다. D정밀의 예에서 설명하겠다

사장의 희망대로 무차입 회사로 변신하다

〈표 31〉 'D정밀의 재무 계획'을 보기 바란다. 이 표는 〈표 24〉의 '운영 기본 계획'과 〈표 27〉의 '자금 운영 계획'에서 필요 수치를 옮겨 적어 정리한 것이다. 예를 들어 1차 연도의 앞부분 숫자는 자금 운영에 의한 증감을 나타낸 숫자이며, 뒤에 없는 숫자는 직전기의 대차대조표의 숫자에 앞쪽 숫자를 더하거나 뺀 것이다. 이미 검증한 숫자를 써서 간단한 덧셈, 뺄셈을 하는 것뿐이므로 정말 잠깐이면 된다.

그러면 〈표 31〉의 위쪽을 보자. 먼저 현금·예금을 보면 직전기가 4,300만 엔, 500만 엔을 더해서 4,800만 엔이다. 이것은 자금 운영 계획의 현금·예금 증가 항목에 있는 5라는 숫자를 옮겨서 직전기의 숫자에 더했을 뿐이다. 2차 연도는 6이므로 그것을 옮겨 적으면 된다.

운영예금은 자금 운영 계획에서 4,800만 엔을 옮겨 적고, 직전기의 1억 8,600만 엔에 더해서 2억 3,400만 엔이 된다. 외상 매출채권은 자금 운영 계획의 6,800만 엔을 옮겨서 직전기의 8억 100만 엔에 더해 8

억 6,900만 엔, 재고는 5,300만 엔 줄어서 5억 5,000만 엔이 된다. 외상 매입채무도 직전기의 2억 3,000만 엔에 1억 700만 엔 늘려 3억 3,700만 엔, 미납부 법인세는 기말 납세준비금에서 8,500만 엔, 장기 차입금은 1억 9,900만 엔을 뺀 7억 9,500만 엔이 된다. 이 항목을 옆으로 보자. 매년 1억 9,900만 엔씩 지급해 가면 5년째에는 제로가 된다.

사장의 방침대로 5년 후에는 무차입 경영이 되는 것이다. 이처럼 숫자를 옮겨 적고 단순한 계산만으로 재무 계획은 이루어진다. 간단한 것임을 이해하였을 것이다. 이 표 아래의 검토 항목에 있는 총자본이익률의 5년 후를 보기 바란다. 16.5%가 되어 있다. 직전기는 5.5%였다. 시중 금리 이하의 총자본이익률에 고민하던 D정밀이 계획을 착실히 실행함으로써 5년 후에는 총자본이익률 16.5%라는 보기 드문 건실한 기업으로 다시 태어날 수 있게 되는 것이다.

한편 유동비율의 5년 후를 보면 234%이다. 유동비율은 125% 이상이면 된다는 것이 회사의 안전도를 재는 정석이다. 234%는 안전을 초과하여 자금 사용 방법에 허점이 많다는 것이다. 그러나 직전기의 유동비율 509%라는 상식을 벗어난 숫자로 보면 꽤 개선된 것임은 틀림없다. D정밀은 5년 후에는 현재와 비교해 3배 이상의 수익력 있는 우수한 무차입 회사가 된다. 이것은 실현 가능한 꿈이다. 이와 같이 장기 계획을 세우는 것으로 실증되었다.

약속된 바람직한 미래

부가가치 배분 목표 계획으로 시작해서 재무 계획을 작성하는 데

〈표 31〉 D정밀의 재무 계획(완성 계획표)

구분	항 목				직전기	초년기	
	유	동	자	산	1,653	68	1,721
	현		예	금	229	53	282
		보 유	예	금	(43)	5	48
자		운 용	예	금	(186)	48	234
		유 가	증	권	(0)	0	0
	매	출	채	권	801	68	869
	재			고	603	-53	550
	기			타	20	0	20
	고	정	자	산	788	-5	783
산	토			지	105	0	105
	기			타	683	80	678
					0	-85	
	투			자	50	0	50
	합			계	2,491	63	2,554
	유	동	부	채	325	150	475
	매	입	채	무	230	107	337
부	단	기 차	입	금	0	0	0
채	미	불 법	인	세	42	43	85
	기			타	53	0	53
	고	정	부	채	994	-199	795
및	장	기 차	입	금	994	-199	795
	예		치	금	0	0	0
	제	준	비	금	20	26	46
자	자			본	1,152	86	1,238
	자		본	금	35	0	35
본	제	적	립	금	1,049	64	1,113
	당	기	이	익	68	22	90
	합			계	2,491	63	2,554

검	총 자 본 이 익 율	5.5%	7.4%
	총 자 본 회 전 율	0.82회	0.90회
	세 금 공 제 전 이 익 율	6.6%	8.2%
	유 동 비 율	509%	362%
토	당 좌 비 율	323%	247%
	현 금 비 율	70%	59%

(단위 : 100만 엔)

2년도		3년도		4년도		5년도	
81	1,802	69	1,871	98	1,969	159	2,128
150	432	-58	374	-67	307	-29	278
6	54	6	60	7	67	9	76
144	378	-64	314	-74	240	-38	202
0	0	0	0	0	0	0	0
-7	862	75	937	105	1,042	124	1,166
-62	488	52	540	60	600	64	664
0	20	0	20	0	20	0	20
11	794	22	816	27	843	27	870
0	105	0	105	0	105	0	105
100	689	120	711	140	738	160	765
-89		-98		-113		-133	
0	50	0	50	0	50	0	50
92	2,646	91	2,737	125	2,862	186	3,048
139	614	97	711	91	802	107	909
108	445	73	518	69	587	75	662
0	0	0	0	0	0	0	0
31	116	24	140	22	162	32	194
0	53	0	53	0	53	0	53
-199	596	-199	397	-199	198	-198	0
-199	596	-199	397	-199	198	-198	0
0	0	0	0	0	0	0	0
29	75	32	107	36	143	40	183
123	1,361	161	1,522	197	1,719	237	1,956
0	35	0	35	0	35	0	35
86	1,199	120	1,319	161	1,480	197	1,677
37	127	41	168	36	204	40	244
92	2,646	91	2,737	125	2,861	186	3,048

10.1%	12.6%	14.6%	16.5%
0.97회	1.05회	1.13회	1.19회
10.3%	12.0%	13.0%	13.9%
293%	263%	246%	234%
214%	187%	171%	161%
70%	53%	38%	30%

까지 왔다. 이 정도의 검증과 실증에서 사장의 꿈과 야망을 숫자로 정리하고 5년 후의 대차대조표를 만드는 데까지 온 것이다. 이것이 장기 계획이다. 이제 나는 프랑스 시인인 자크 프레베르의 다음과 같은 유명한 시를 소개하고자 한다.

세 개피의 성냥, 한 개피씩 켜는 깊은 밤
처음 것은 당신의 얼굴을 보기 위해
다음 것은 당신의 눈을 보기 위해
마지막 것은 당신의 입술을 보기 위해
남은 어두움은 지금의 모든 것을 떠올리기 위해
당신을 꼭 껴안으면서

무뚝뚝한 나에게는 안 어울릴지도 모르지만, 아주 멋있는 시라고 생각된다. 이 시의 표현에 비추어 말하면 장기 계획을 만들기 위해서 우리들은 여기까지 몇 개의 성냥을 켰던 것일까? 우선 장래의 꿈을 안고 첫 번째의 성냥을 켜서 회사의 과거를 봤다. 두 번째의 성냥으로 회사의 현재를 봤다. 그리고 계획을 세우고 다시 몇 개의 성냥을 켜서 계획의 세부를 점검했다. 지금 우리들은 성냥이 꺼진 어둠 속에서도 회사의 과거로부터 미래에 걸친 모든 것을 어느 정도 그려볼 수 있다. 훌륭한 장기 계획에 접근해 온 것이다. 불확실한 미래가 점차 확실해진다. 사장의 눈에는 계산된 미래, 약속된 바람직한 미래가 보이게 된 것이다.

9장

장기 경영 계획을 실천하라

장기 계획의 실천은 발전적인 경영 사이클이 필요하다. 그 때문에 각 부서 부장들에게 실현 가능한 목표를 제시하고, 그 목표를 반드시 달성하도록 지도하며 달성의 성취감을 주는 것이 중요하다. 인간은 누구나 하나의 목표를 달성하면 다음 목표에 도전할 의욕이 넘친다. 목표 달성으로 새로운 목표 설정까지의 경영 사이클이 전사적으로 끊임없이 나선형으로 상승해 가는 것이 중요하다. 이러한 사이클을 만들어내는 과정에서 사원의 능력은 저절로 높아지고, 동시에 사장 자신도 선견지명의 능력과 경영 능력이 비약적으로 연마되어 예기치 못한 사태에 대한 대응이나 보다 차원 높은 사업 목표에 도전할 수 있게 된다. 장기 계획의 실천을 통해서 사장이 품고 있던 소박한 야망과 꿈은 계산된 미래와 정확한 예견 능력이 되어 사장으로서의 인생을 보람차고 즐거운 것으로 만든다.

| 1 |

전사적으로 추진하라

피리를 불어도 춤추지 않고

당연한 말이지만 사장 혼자만으로 일할 수는 없다. 사장의 의도를 충분히 이해하고 결과를 창출해 내는 간부가 있어야 비로소 일이 된다. 그래야만 사장의 꿈이 이루어지는 것이다. 사장의 지도력과 통솔력이 새삼 요구되는 것이다. 도꾸가와 이에야스의 책이 계속 베스트셀러가 되고, 서점의 한 코너가 인재 활용의 노하우라는 책으로 채워져 있는 것을 봐도 경영자가 사람의 활용에 얼마나 고민하는지 알 수 있다. 그만큼 윗사람은 '피리를 불어도 춤추지 않는' 아랫사람의 태도에 고민한다. '모두가 무엇을 해야 하는가를 모른다. 쓸만한 간부가 없다.', '강하게 지시하지만 내가 원하는 대로 움직이지 않는다.'라고 한탄하는 사장이 결코 적지 않은 듯하다.

한편 부하직원은 '사장의 말이 자주 변해서 마치 조령모개야, 이것 해라 저것 해라 할 뿐', 의견을 제시하면 '기업 환경은 매일 변한다. 경영은 학교 공부와는 다르다.'라며 화를 낸다. 점점 의견을 제시하는 사람은 없어진다. 그렇다고 사장의 명령이 제대로 통하는 것도 아니어서 지시를 하면 아예 달라질 것으로 생각해서 흘려듣고 만다. 가장 중요한 목표 설정에 있어서도 사장의 지시를 진지하게 받아주는 직원이 없고, 설정한 목표의 절반밖에 달성하지 못하고도 만족해하는 예를 실제로 볼 수 있다.

이렇게 해서는 실적을 원하는 대로 달성할 수 없는 것이 당연하다. 인재 활용이나 처세술에 관한 몇 권의 책을 읽고 지식을 습득했다고 해서 사장의 지시가 즉흥적이면 사원은 생각처럼 움직여 주지 않는 것이다.

사장에게 비전이 없으면 회사의 일체감은 없다

어떻게 하면 부하직원의 사기를 떨어뜨리지 않으면서 회사가 하나가 되어 일할 수 있는 분위기를 만들까? 그것은 사장 자신의 확고한 경영 비전을 제시하고, 실현 가능한 미래를 구체적으로 제시하는 것밖에 없다. 그러나 사장과 사원의 커뮤니케이션에 대해서 착각하고 있는 사람이 많은 것에 놀라게 된다. 예를 들어 '술 마시며 터놓고 만나면 부하직원도 따라와 준다거나, 서로 무릎을 맞대고 하고 싶은 말을 한다거나, 잠자코 따라만 와라' 라는 식의 인간적 매력만으로 사원을 이끌어 가려는 사장의 방식은 2~3명의 개인 기업이라면 모를까, 수십 명 내지 수백 명의 인원으로 조직된 회사인 경우에는 적용이 안 된다.

회사를 창업한 초기에는 술을 마시면서 서로 얘기하는 것만으로도 직원들은 따라와 준다. 그러나 사람이 늘어나고 사업이 커지게 되면 달라진다. 술이라도 마시며 터놓고 얘기해 보자고 사장이 청해도 요즘 젊은 사람들은 술을 마시는 것은 사적인 교제일 뿐 의무적인 것은 아니라고 생각한다. 과거의 낡은 행동 방식은 부하직원의 동기 유발에는 마이너스로 작용한다는 것을 알아야 한다. 먹고 마시며 커뮤니케이션을 도모하기보다는 부하직원의 일이 성공할 수 있도록 정확한 방침을 주고, 달성 방법을 함께 생각하고, 경우에 따라서는 다른 분야에서 협력자를 데려오는 등 어떻게든 목표를 달성하도록 지도했을 때, 비로소 존경받는 윗사람이 된다.

목표를 주기만 할 뿐 지원하지도 않으면서 아무리 먹고 마셔도 지금 사람들은 움직여 주지 않는다. 사장은 그 정도로 여유 있는 사람이 아니다. 모든 사원의 사기가 살아 움직이도록 하는 정확한 방침은 바로 사장이 만든 장기 계획에서 나온다. 운영 기본 계획은 단순한 이익 계획이 아니다. 모든 숫자에는 사장의 꿈과 비전이 들어가 있다. 장래 사원의 처우에 대한 구체적인 방침, 발전하기 위한 설비 투자의 방침, 어떠한 사태에도 흔들림이 없게 하는 자금 운영 방침의 검토, 과거의 실적과 시장성을 생각한 매출 목표 등 이러한 모든 것을 포함한 계획이다.

사장의 열정적인 사고를 냉정하게 수치화 한 '실현 가능한 꿈'이 그려진 것이다. 사장의 장기 계획이야말로 전체 사원의 마음속 깊은 곳까지 미치는 강렬한 동기 유발이 되는 것이다.

각 부서장에 대한 지시

　지금까지 검토해 왔던 장기 계획을 드디어 실행에 옮기는 단계이다. 각 숫자에는 사장의 뜻이 담겨 있으며 다양한 각도에서 검토됨으로써 사장으로서도 이제부터는 실천뿐이라는 계획이 완성되었다. 여기서 D정밀의 사장으로 가정하여 각 부서장에게 어떻게 지시할 것인가를 생각해 보기 바란다.

　우선 영업부장을 불러 뭐라고 이야기할 것인가? "영업부장, 이후 5년간 12% 이상 매출을 증가시키는 매출 계획을 만들어 주세요." "사장님, 12%는 무리입니다. 주력 상품인 ○○이 침체에 빠져있습니다." 사장의 꿈을 매출과 이익 계획으로 했다면 허황된 수치에만 습관화된 간부는 애초부터 검토도 하지 않고 소극적인 반응을 보일 것이다. "잠깐만 기다리세요. ○○지역 전체의 상황은 이러하고 우리는 이러합니다. 12%라는 근거는 아무렇게나 정해진 것이 아니니 불가능하다고만 생각하지 말고 추진하세요." 사장에게는 이 정도의 매출을 달성해 주지 않으면 사원의 생활 향상도, 선행 투자도, 안전 투자도 모두 빗나갈 것이라는 생각이다. 간단한 손익 계산에 의한 매출 목표와는 다르다. 설득력이 다르다. 지시를 받은 간부 입장에서도 이것이라면 하기에 따라서는 실현 가능성이 있을 지도 모른다고 생각할 것이다. 영업부장에게 영업 품목별, 또는 영업 거점별로 매출을 12% 늘리는 구체적인 계획을 수립하도록 한다. 이것은 영업 간부가 해야 할 일이다. 사장의 일은 아니다. 실현 가능한 12%라는 목표 설정은 영업부장 수준에서 그 실현 계획을 생각하기에 충분한 것이다. 대부분의 회사에서는 목표 설정, 그것을 실현할 상품별 판매 계획,

거래처별 판매 계획 등 이러한 것들 모두를 영업부장이 하게 된다. 부장은 과장에게, 과장은 담당자에게 다음 기간에는 얼마나 팔 수 있을 것인가? 이렇게 해서 설정된 목표는 반드시 사장의 기대에 미치지 못한다. 위와 아래가 절충해서 높이게 될 것이라는 생각으로 아예 낮은 수치를 제출하기 때문이다. 물론 이것이 최대한의 숫자라는 것을 설명할 수 있는 그럴듯한 이유를 붙인다. 이런 식으로는 중요한 매출 계획에 사장의 비전을 넣는 것이 불가능할 수밖에 없다. 매출 목표의 설정은 사장이 하는 것이다.

제조부장에게는 전기 57%의 매출총이익을 이번 기간은 최저 56.5%가 되도록 목표를 제시하고, 이후 매출총이익이 0.5% 미만이 되지 않도록 외주 제작, 매입 부품, 생산 계획 등을 하나하나 검토하도록 지시한다. 또한 앞으로는 사람을 늘려서 생산을 높이는 시대는 아니므로 6억 엔의 설비 투자를 통해서 정규 사원을 늘리기보다는 시간제 사원 조직으로 대처하도록 구체적인 지시를 한다.

경리부장에게는 5년 후에는 무차입 회사가 되도록 해야 한다는 점을 강조한다. 그것을 위한 자금의 뒷받침은 어떻게 해야 할 것인지 전문가로서 사장을 지원하도록 당부한다.

총무부장에게는 인력 운영에 관하여, 이제부터는 설비 투자를 통해서 시간제 사원을 늘리기 때문에 그들의 처우와 채용에 관한 계획을 구체적으로 수립하도록 지시해야 한다.

이와 같은 것들은 회사 각 부서에 대한 구체적인 사장의 방침이며 목표 설정이다. 왜 수치가 아니면 안 되는 것인지 간부들로부터 질문이 있다면 '그것은 이러이러하기 때문에'라고 구체적인 근거를 가지고 설득할 수 있어야 한다. 그렇게 하면 무관심하게 흘려듣는 부하

직원은 없을 것이다. 회사 전체가 사장의 꿈을 실현하기 위해서 나아
가게 될 것이다. 그렇게 되도록 하기 위해 장기 계획이 만들어진 것
이다.

┃2┃
성장하기 위한 사이클을 만들어라

성취감이 인재를 키운다

인간이란 하나의 목표를 달성하면 반드시 다음 목표에 도전하려는 의욕이 생긴다. 성취감을 느낀 부하직원은 반드시 전보다도 더 높은 목표를 지향한다. 그것이 회사를 키우는 확실한 원동력이 된다. 다른 하나는 성취감이 그 사람의 능력을 크게 키운다는 것이다. 〈그림 9〉 는 사장의 목표 설정과 달성을 위해 필요한 체크, 조언, 협력에 의해 목표를 달성하고 보다 높은 목표에 도전하는 '성장 사이클'을 나타낸 그림이다.

경영학에서는 'PLAN(기획), DO(실행), CHECK(심사)'가 일을 진행하는 원칙이라고 하지만, 나는 기획된 것은 어떤 일이 있어도 실행하며 달성한다. 달성하기 위해 체크하고 조언·협력하며 성취감을 갖게 한다. 즉 성취함으로 인한 능력 향상의 요소를 세로로 배열한다. 'P → D → C'의 흐름을 다시 세로로 하여 성취함으로 인한 능력 향상과 높은 목표 설정이라는 나선형(나선형) 사이클이 옳다고 생각한

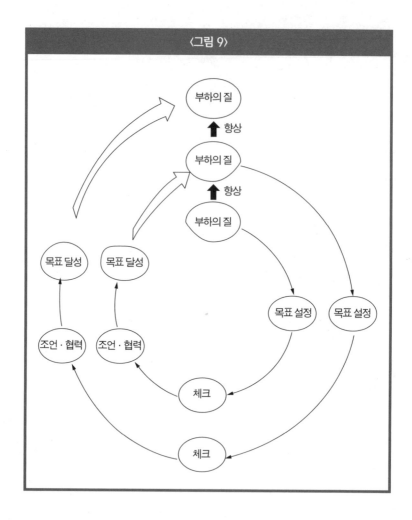

〈그림 9〉

다. 장기 계획의 실천을 통한 성취감이 인재를 육성한다는 것은 매우
중요한 포인트이다.

사장은 '성장의 사이클'을 만드는 사람

이제는 외형적인 사장의 권력으로 경영하는 시대가 아니다. 기업 성장의 비결은 능력 향상과 보다 높은 목표 설정이라는 나선형의 성장 사이클을 사장이 어떻게 만들어 가는가 하는 문제이다. 그것을 위해서는 부하직원에 대한 목표 설정이 실현 가능한 것이어야 한다. 목표 달성의 연속적인 실패는 부하직원의 목표에 대한 도전 의욕을 꺾는 결과가 된다. 과거의 실적에 비추어 실현 불가능한 지나친 목표를 설정하는 것은 사장의 계획을 신뢰할 수 없다는 것을 말하는 것과 같다. 사원은 자신감을 잃고 능력 향상이 불가능한 '악순환의 사이클'이 되기 쉽다.

경리나 사무 직원이 만든 장기 계획이 아니라 어디까지나 사장의 장기 계획이어야 한다는 이유가 바로 여기에 있는 것이다. 사장의 장기 계획은 이와 같이 나선형으로 사원의 능력을 육성시키는 역할도 한다. 이것이 사장의 올바른 리더십이다. 이것은 사토경영연구회의 회원사인 T산업에서 있었던 일이다. 사토경영연구회에 들어오기 전의 T사 사장은 좋게 말하면 사업 의욕이 왕성하고 유행하는 분야라면 즉시 자기 회사에서도 시도해 보는 사람이었다. 비디오점이 돈을 번다고 들으면 금방 비디오점 체인 사업을 시작한다. 모텔이건 음식점이건 정말 닥치는 대로 시작하는 유형의 사람이었다.

경영연구회에 들어올 당시 T산업의 장기 계획은 매우 유동적이었다. 하나의 계획을 세웠는가 하면 새로운 사업이 추가된다. 매출 계획은 있어도 없는 것과 같았다. T사장의 머릿속에는 독특한 계산이 있는 것 같았다. 이른바 장사의 감이 있는 사람이어서 그런지 설비 투자나 금융 계획에서 벗어나는 일도 거침없이 실행하여 이익을 내고 있었다. 그래서 자신의 방식이 나쁘다고 생각하지 않았던 것이다. 그러나 사원이 붙어 있지를 않았다. 모처럼 궤도에 올라 돈을 벌 수 있는 상황이 되면 사원의 횡령이 발각되거나 돌연 그만둠으로써 핵심 인재를 키우지 못하고 있었다. T사 사장과 창업을 함께 한 전무가 난감해서 나에게 상담하러 와서 다음과 같은 말을 했다.

"선생님, 사장의 사업 감각은 동물적이며 멋은 있지만, 아무리 해도 따라갈 수가 없습니다. 새로운 주력 사업을 키운다고 하면서 계속 새로운 사업에 손을 대기 때문에 사람을 구하기도 힘듭니다. 회사가 늘 술렁거리고 채용해도 금방 그만두게 됩니다. 사원도 지쳐 있습니다. 어떻게 하면 될까요?"

"전무님, 나의 지도 부족으로 당신을 고생시켜 할 말이 없습니다. 다행히 주력 사업 쪽은 당신이 잘 해주어 순조로운 것 같습니다. 귀사의 사장에게 나도 특별히 당부하겠으니 전무님도 힘을 내주세요." 라고 위로할 수밖에 없었다. 내가 회장이라고 하지만 내 회사가 아니다. 유감이지만 지도의 한계라는 것이 있다. 마침 거품 경제로 인한 호황에 진입하려는 시기였기에 T사 사장은 상당히 자중하는 중이었지만 홍콩의 친구가 몇 억을 벌었다는 말을 들으면 참고 있을 수가 없었다. 결국 사원의 장기 근속율이 좋아지는 것은 거품 경제의 붕괴를 기다릴 수밖에 없었다. T사 사장이 와서 다음과 같은 말을 했다.

"선생님이 즉흥적인 모험과 계산된 모험은 전혀 다르다고 귀에 못이 박힐 만큼 말씀하셨던 그 의미를 겨우 알겠습니다. 선생님이 보시기에는 엉터리 계획이라도 그것이 있었기 때문에 늦기 전에 방법을 찾아 최악의 사태는 면했습니다. 큰 이익도 얻었지만 큰 손해도 발생해서 정산하고 나니 결국 제로였습니다. 그러나 동료들은 즉흥적인 모험을 피해서 같은 시기에 비교할 수 없는 큰 이익을 내고 있습니다. 뼈에 사무치도록 깨달았습니다. 천성이라서 앞으로도 모험은 하겠지만 진지한 모험을 하겠습니다."

회사를 크게 키우는 데는 크게 성장하기 위한 방향 결정이 사장의 최대 역할이라고 말했다. 그러나 그 방향 결정은 5년이나 10년에 한 번 정도로 차원이 높은 것이어야 한다. 매년 또는 1년에 몇 번 하는 것은 방향 결정이라고 할 수 없다. 사업을 궤도에 오르게 하기 위해서는 최소한 3년 이상은 걸린다. 1년 내에 나오는 결과는 그 결과가 좋다고 해도 오히려 혹이 될 수도 있다. 5년, 10년이 지나면 그 혹이 기업의 건전성에 해를 미치게 된다.

회사가 일체감을 갖게 하기 위해서는 사장의 장기적 비전이 반드시 필요하다. 그것을 기초로 실현 가능한 틀을 부하직원에게 제시하고 지시, 체크, 달성시키고, 능력을 끌어올려 다음 목표에 도전하도록 만든다. 회사 전체의 능력을 키우는 것이 사장의 진정한 통솔력이라고 할 수 있다. 사장은 성장의 사이클을 만드는 사람이어야 한다. 이 과정은 사장 자신의 경영 능력을 육성하는 과정이기도 하다.

사장 자신의 성장 사이클

사업을 키우고 회사를 성장시키는 과정에서 사장의 능력도 그에 알맞게 키워가야 한다. 사장 자신에 대한 성장의 사이클이 필요한 것이다. 앞의 T사 사장만이 아니라 사업을 시작한 사람은 선천적인 영

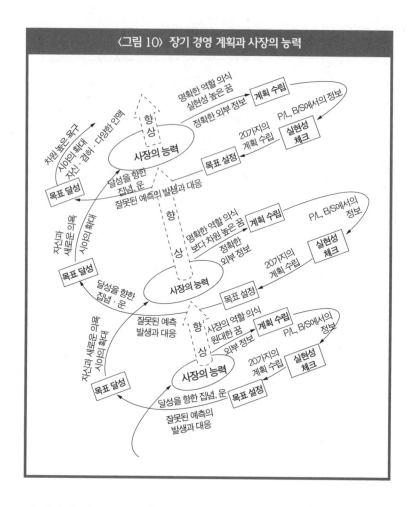

〈그림 10〉 장기 경영 계획과 사장의 능력

업 감각과 집요함, 교섭력, 리더십 등 어느 것 하나라도 보통사람 이
상으로 뛰어난 것을 가지고 있었기 때문에 오늘을 이루었다고 할 수
있다.

사장에게 필요한 능력과 요소에 대해서는 다음 10장에서 말하겠지
만, 여기서 〈그림 10〉을 보기 바란다. 회사의 장래를 생각하지 않는
사장은 한 사람도 없을 것이다. 장기 계획을 준비하지 않은 단계에서

는 사장의 장래 야망이나 꿈이 다듬어 지지 않은 채 머리와 가슴속에 차있다. 사장도 인간이기에 물질욕이나 명예욕, 권력욕의 덩어리다. 오히려 그것이 다른 사람보다 강하기에 사장을 하고 있다고도 할 수 있다. 사장 자신도 알 수 없는 애매모호한 야망과 꿈을 에너지로 하여 격무를 감당하고 있는 것이다. 그러나 그 꿈과 야망이 때로는 사장 자신을 괴롭게 하고 불안하게 하여 밤잠을 못이루게 한다.

장기 계획을 처음 시도하는 사장은 예외 없이 자신의 개인적인 야망의 정리 정돈을 하게 된다(〈그림 10〉의 나선형의 시작 부분). 사장의 역할을 의식하고 부가가치의 배분 목표를 설정할 때는 사장의 비전을 숫자로 표현해야 한다. 반복해서 말하지만, 이 때에 사장은 회사의 현상과 자신의 꿈의 차이를 알게 된다. 회사의 '사람·물건·돈'에 대한 실현성을 체크하고 최종 목표를 설정하기까지 자기 자신에게도 분명하지 않았던 야망 중에서 무엇이 가장 중요하며, 무엇을 어떻게 해야 할 것인가가 어렴풋하게나마 보이게 된다.

최초의 목표 설정은 검증 작업을 했어도 맞지 않는 부분이 생겨난다. 계획대로 되기는 쉽지 않은 것이다. 중요한 것은 반드시 목표를 달성하겠다는 집념이다. 실현성을 체크하여 세운 목표이다. 무엇이 잘못되었는지 처음에 설정했던 조건과의 오차를 찾아서 대처해야 한다. 그것을 위해서는 회사의 내부만이 아니라 외부로부터 협력자의 도움을 구한다. 이렇게 하여 목표를 달성했을 때 사장에게는 자신감과 새로운 의욕을 갖게 한다. 그 결과 사장의 능력은 향상되는 것이다.

다음의 계획 결정 단계에서는 사장의 역할 의식도 처음보다는 강하다. 사장의 야망도 한 차원 높은 것으로 승화된다. 검증 작업도 핵심적인 것이 되어 실현성도 높아진다. 더욱이 설정된 새로운 목표는 사장의 집념이 보다 강해져 끈기 있는 실천이 된다. 때로는 예측을 벗어나는 일도 있다. 전망의 오차가 생기는 것도 당연하다. 그러나 곧 방법을 강구하여 적절한 대응책을 생각해 내는 능력이 어느새 사장에게 갖추어졌다. 장기 계획 실천의 첫 번째 효과는 이와 같은 사장 자신의 능력을 키우는 성장 사이클을 스스로 만들어 내는 데 있다.

야망이 선견지명으로 변할 때

세련되지 않은 개인적 야망과 욕심은 사장의 역할 의식과 숫자의 약속으로 연마되어 불확실한 미래가 확실한 미래로 바뀌는 것이다. 사장의 사업이나 회사를 보는 시야가 점차 넓어지고 내부와 외부 정보의 정확도도 높아진다. 회사도 보다 차원이 높은 야망에 도전하는 것이 가능하게 된다. 리더십이나 경영 능력도 처음과는 비교할 수 없을 만큼 강화되는 것이다.

이렇게 되면 운도 따르고 협력자의 수도 늘어나 회사도 성장하게 된다. 어느새 주위로부터 존경받는 존재가 된다. 선견지명과 꿈이 있는 멋진 사장이라고 평가받게 된다. 사장의 능력을 키우는 성장 사이클도 만들어 내는데, 이것은 사원의 능력을 끌어올리는 것과 같이 중요하다.

사토경영연구회 동료들의 성장 모습을 보면서 그들의 염원인 상장을 이루는 사람, 우리 회사보다 많은 이익을 신고하는 사람이 배출될 때는 정말 나의 일처럼 즐거웠다. 들어올 당시의 모습은 처음에 소개했듯이 능력 있는 경영자가 될 소질은 가졌지만 고집스럽고 대범하고 지식만 가득한 채 성급하고 우유부단했는데, 훌륭한 경영자로 성장하는 모습을 보고 감개무량한 적도 있다.

나도 그렇지만 그들은 사장으로서의 직업을 즐겁게 생각하고 있다. 이처럼 보람 있는 일은 사장이 아니고는 생각할 수 없다. 다시 태어나도 또 사장을 하겠다는 생각을 하고 있을 것이다. 이것이야말로 장기 계획을 실천해 온 효과일 것이다. 다음은 3개 회사의 장기 계획 사례를 소개하면서 이 장을 맺는다.

| 3 |

10년 후의 성장을 기대하며
(성공 사례)

매출 목표를 달성한 E건설의 중기 3년 계획

실무를 요약하는 뜻으로 우수한 3개 회사를 선정해서 계획 수립의 사례를 소개하고자 한다. 실존하는 회사이기에 숫자에 대해서 다소 수정을 가했다.

E건설은 신고소득에서 우리 회사를 앞질렀다는 것을 1장에서 소개했다. 순조롭게 사업을 늘려온 E건설 사장은 이른바 거품 경제에 접어들어 '아무래도 이상하다. 이 상태가 영구히 계속될 수는 없다. 급상승한 것은 반드시 급강하한다. 장기 계획을 수정해야 한다.'라고 판단했다. 당시는 허술한 경영으로도 이익이 생기는 역사상 처음 있는 호황으로 나라 전체가 들끓고 있을 때였다.

"일손 부족과 원자재 가격 인상으로 건설비용이 올랐다. 이러한 붐이 지나면 분명히 하향 곡선을 탈 것이다. 그 때까지 기다릴 수 없다. 단기간에 비용 절감 대책을 신중히 생각하지 않으면 이익률에도 영향을 미칠 것이다. 또한 토지거래 규제도 예상되고 건설 수요의 수도권 집중 경향 등 경영 환경은 어려워질 것이다."

E사 사장의 경영 환경 판단은 냉철했다. 그 결과 정리된 중기 3년 계획의 골자는 다음과 같다.

운영 기본 방침

① 현재의 부가가치 분배 비율은 이상적이므로 이후 3년 동안은 현재의 분배율을 유지해 간다. 장래의 변동에 대비한 분배율은 14%, 20억 엔을 확보한다.

② 부가가치가 감소하지 않도록 하기 위해서 유망한 ○○주택의 증산으로 비용을 절감하고 매년 1%씩 늘려 목표 연도에는 23%로 한다.

③ 수도권 지역의 분양을 확대하되 인원은 현재 인원의 전환 배치로 흡수한다.

④ 설비 투자는 3년 동안 토지 20억 엔, 기타 45억 엔의 한도를 설정하고 재생산 배분 비율은 5%를 목표로 한다.

⑤ 운영 자금의 증가는 금융 조달에 의존하지 않고 외상 매입채무와 선수금의 증가로 조달한다.

⑥ 목표 연도의 매출을 620억 엔으로 하고 매출의 50%를 수도권 매출로 한다.

실로 견실한 계획이다. 〈표 32〉는 운영 기본 계획이지만 실적을 보면 알 수 있듯이 거품이 붕괴되어도 처음 목표대로의 수치를 달성하여 내부 유보액도 20억 엔을 넘고 있다. 미래를 내다보는 훌륭한 경영이다.

〈표 33〉은 1차 연도와 목표 연도의 실적을 비교한 대차대조표인

	항 목		직전기		3년도 목표		3년도 실적	
	매 출 액		53,094		62,000		65,241	
손	매 출 총 이 익	%		20.6		23.0		22.9
			10,942	100.0	14,260	100.0	14,924	100.0
	영업경비	인 건 비	5,365	49.0	6,987	49.0	7,204	48.3
익		제 경 비	946	8.6	1,283	9.0	1,330	8.9
		상 각 비	539	4.9	713	5.0	664	4.4
		선 행 투 자	10	0.1	71	0.5	33	0.2
		임 원 보 수	104	1.0	104	0.7	110	0.7
		계	6,964	63.6	9,158	64.2	9,341	62.6
계	가 영 업 이 익		3,978	36.4	5,102	35.8	5,583	37.4
	사 업 세 준 비		-457	-4.2	-599	-4.2	-650	-4.4
	영 업 이 익		3,521	32.2	4,503	31.6	4,933	33.1
	금 융 경 비		-25	-0.2	0	0.0	-23	-0.2
	경 상 이 익		3,496	32.0	4,503	31.6	4,910	32.9
산	특 별 손 익		-100	-0.9	-143	-1.0	-86	-0.6
	세 금 공 제 전 이 익		3,396	31.0	4,360	30.6	4,824	32.3
	납 세 충 당 금		-1,733	-15.8	-2,182	-15.3	-2,600	-17.4
	당 기 순 이 익		1,663	15.2	2,178	15.3	2,224	14.9
서	이익금처분	배 당 금	-102	-0.9	-143	-1.0	-130	-0.9
		임 원 상 여	-25	-0.2	-35	-0.2	-30	-0.2
		계	-127	-1.2	-178	-1.2	-160	-1.1
	차 감 내 부 유 보		1,536	14.0	2,000	14.0	2,064	13.8

(단위 : 100만 엔)

* 소수점 이하의 숫자는 절상·절하에 따른 오차가 있음

〈표 32-2〉 E건설의 부가가치 분배 목표 계획

(단위 : 100만 엔)

항 목			직전기		3년도 목표		3년도 실적	
매 출 액			53,094		62,000		65,241	
매 출 총 이 익		%		20.6		23.0		22.9
			10,942	100.0	14,260	100.0	14,924	100.0
부가가치배분자료	배분 내용	사 원 배 분	5,365	49.0	6,987	49.0	7,204	48.3
		경 비 배 분	946	8.6	1,283	9.0	1,330	8.9
		재 생 산 배 분	539	4.9	713	5.0	664	4.4
		선행투자배분	10	0.1	71	0.5	33	0.2
		금 융 배 분	25	0.2	0	0.0	23	0.2
		안 전 배 분	100	0.9	143	1.0	86	0.6
		사 회 배 분	2,190	20.0	2,781	19.5	3,250	21.8
		자 본 배 분	102	0.9	143	1.0	130	0.9
		경 영 자 배 분	129	1.2	139	0.9	140	0.9
		축 적 배 분	1,536	14.0	2,000	14.0	2,064	13.8
		계	10,942	99.8	14,260	99.9	14,924	100.0

데, 자금 면에서의 방침도 훌륭하게 실천함으로써 다른 회사가 대규모의 차입금 부담으로 당황하고 있었던 것과 비교하면 E사 사장의 경영은 충실한 것임을 잘 알 수 있다.

식품도매상 Y사의 대형 할인점 진출을 위한 대응 계획

Y사도 1장에서 자사 브랜드 개발로 도약한 도매상으로 소개한 회

⟨표 33⟩ E건설의 대차대조표

(단위 : 100만 엔)

구분	항 목	직전기	3년도 실적
자 산	유 동 자 산	(30,714)	(53,026)
	현 예 금	7,578	11,745
	유 가 증 권	781	808
	매 출 채 권	10,721	11,199
	재 고	8,753	24,685
	기 타	2,881	4,589
	고 정 자 산	(5,299)	(9,982)
	토 지	3,908	6,071
	건 물	1,031	2,524
	기 타	360	1,387
	투 자	(1,567)	(3,392)
	투 자 유 가 증 권	647	1,643
	기 타	920	1,749
	합 계	37,580	66,400
부 채 및 자 본	유 동 부 채	(28,624)	(46,524)
	매 입 채 무	11,150	14,110
	단 기 차 입 금	5,306	5,090
	기 말 세 금	1,638	2,134
	선 수 금	8,272	24,001
	상 여 준 비 금	407	595
	기 타	1,491	594
	고 정 자 산	(274)	(4,424)
	사 채	0	2,864
	장 기 차 입 금	3	911
	퇴 직 준 비 금	271	649
	기 타	0	0
	제 준 비 금	(63)	(80)
	자 본	(8,979)	(15,372)
	자 본 금	528	1,000
	제 적 립 금	6,788	12,148
	당 기 이 익	1,663	2,224
	합 계	37,580	66,400

사이다. 그 후 Y사에 장래를 크게 좌우하는 사태가 발생했다. 국내 유수의 대형 할인점이 진출해 옴에 따라 지방 식품 도매상의 정리가 가속화되었다. 이에 더하여 이익을 도외시한 특가품 제공 요청, 소매점 주도의 배송 요구 등으로 매출총이익율이 눈에 띄게 저하되기 시작한 것이다. Y사의 사장은 필사적으로 대응책을 수립했다. 이익율을 개선하기 위해서는 타사에서 다루지 않는 상품을 찾아내지 않으면 안 된다. 비용도 새로운 발상으로 과감히 합리화하지 않으면 도태되기 쉽다. 따라서 지금까지의 장기 계획을 전면적으로 수정, 새로운 5년 계획으로 다음과 같은 운영 기본 방침을 세웠다.

운영 기본 방침
① 매출의 증가를 GDP증가율과 동일하게 수정한다.
② 경쟁력을 강화하기 위해 취급 상품의 차별화를 자사 브랜드 상품 중심으로 추진한다.
③ 매출총이익률은 목표 연도를 8%로 하고 상품 차별화와 매입 방법의 개선으로 대응한다.
④ 노동 분배율은 43%로 하고 업무의 내용도 상세하게 분석함으로써 남녀 업무의 구분을 명확히 하고, 아울러 시간제 사원의 고용을 적극 활용한다.
⑤ 경비는 모두 제로 예산으로 시작하는 방식으로 하며 경비 분배 비율은 28%를 목표로 한다.
⑥ 운영 자금 증가는 외상 매입채무의 증가로 조달하고 금융 조달은 하지 않는다.
⑦ 예정된 배송센터의 건설 자금은 재무 내용의 개선으로 창출된

항 목			직전기		〈초년도〉	
매 출 액			23,795		24,989	
		%		6.2		6.9
매 출 총 이 익			1,481	100.0	1,712	100.0
손 익 계 산 서	영 업 경 비	인 건 비	735	49.6	810	47.3
		제 경 비	545	36.8	549	32.1
		상 각 비	68	4.6	90	5.3
		선 행 투 자	0	0.0	0	0.0
		임 원 보 수	0	0.0	0	0.0
		계	1,348	91.0	1,449	84.6
	가 영 업 이 익		133	9.0	263	15.4
	사 업 세 준 비		-11	-0.7	-26	-1.5
	영 업 이 익		122	8.2	237	13.8
	금 융 비 용		17	1.1	-31	-1.8
	경 상 이 익		105	7.1	206	12.0
	특 별 손 익		-27	-1.8	-2	-0.1
	세 금 공 제 전 이 익		78	5.3	204	11.9
	납 세 충 당 금		-42	-2.8	-100	-5.8
	당 기 순 이 익		36	2.4	104	6.1
	이 익 금 처 분	배 당 금	-9	-0.6	-9	-0.5
		임 원 상 여	0	0.0	0	0.0
		계	-9	-0.6	-9	-0.5
	차 감 내 부 유 보		27	1.8	95	5.5

* 소수점 이하는 절상·절하에 따른 오차가 있음

〈2년도〉		〈3년도〉		〈4년도〉		〈5년도〉	
26,644		27,756				30,000	
	7.4		7.5				8.1
1,959	100.0	2,076	100.0			2,439	100.0
892	45.5	974	46.9			1,049	43.0
563	28.7	606	29.2			683	28.0
83	4.2	88	4.2			110	4.5
0	0.0	0	0.0			0	0.0
0	0.0	0	0.0			0	0.0
1,538	78.5	1,668	80.3			1,842	75.5
421	21.5	408	19.7			597	24.5
-52	-2.7	-46	-2.2	(생략)		-73	-3.0
369	18.8	362	17.4			524	21.5
-10	-0.5	-6	-0.3			0	0.0
359	18.3	356	17.1			524	21.5
-1	-0.1	-2	-0.1			-24	-1.0
358	18.3	354	17.1			500	20.5
-180	-9.2	-174	-8.4			-244	-10.0
178	9.1	180	8.7			256	10.5
-9	-0.5	-9	-0.4			-12	-0.5
0	0.0	0	0.0			0	0.0
-9	-0.5	-9	-0.4			-12	-0.5
169	8.6	171	8.2			244	10.0

	항 목		직전기		〈초년도〉	
부 가 가 치 배 분 분 자 료	매 출 액		23,795		24,989	
		%		6.2		6.9
	매 출 총 이 익		1,481	100.0	1,712	100.0
	분 배 내 용	사 원 분 배	735	49.6	810	47.3
		경 비 배 분	545	36.8	549	32.1
		재 생 산 분 배	68	4.6	90	5.3
		선 행 투 자 분 배	0	0.0	0	0.0
		금 융 분 배	17	1.0	31	1.8
		안 전 분 배	27	1.8	2	0.1
		사 회 분 배	53	3.5	126	7.3
		자 본 분 배	9	0.6	9	0.5
		경 영 자 분 배	0	0.0	0	0.0
		축 적 분 배	27	1.8	95	5.5
	계		1,481	99.8	1,712	99.9

자기 자금으로 하는 것을 원칙으로 한다.

⑧ 목표 연도에 금융 비용을 제로로 한다.

⑨ 기말에 Deadstock(악성 재고), Slowmove, 낡은 고정자산 제거에 항상 유의하고, 목표 연도의 안전 분배 비율을 1%로 한다.

⑩ 목표 연도의 세금공제전이익 5억 엔, 준비금 배분 비율 10%를 달성한다.

Y사 사장은 〈표 34〉의 새로운 5개년 계획을 간부 사원에게 제시하

〈2년도〉		〈3년도〉		〈4년도〉		〈5년도〉	
26,644		27,756				30,000	
	7.4		7.5				8.1
1,959	100.0	2,076	100.0			2,439	100.0
892	45.5	974	46.9			1,049	43.0
563	28.7	606	29.2			683	28.0
83	4.2	88	4.2			110	4.5
0	0.0	0	0.0			0	0.0
10	0.5	6	0.3			0	0.0
1	0.1	2	0.1			24	1.0
232	11.9	220	10.6			317	13.0
9	0.5	9	0.4			12	0.5
0	0.0	0	0.0			0	0.0
169	8.6	171	8.2			244	100.0
1,959	100.0	2,076	99.9			2,439	100.0

고 그 포인트를 설명했다. 매출 계획도 기존보다 낮게 설정했으므로 경비가 전과 같아서는 안 된다. 사람을 늘리지 않고 일반 경비는 과감히 절감하는 대폭적인 방침 변경이었지만, 간부 사원들은 이를 적극적으로 받아들였다. 사장과 간부 사원, 일반 사원이 합심하여 위기를 극복한 것이다.

이윽고 상품 개발 부문에서 젊은 사원들이 여러 가지 좋은 방안들을 찾아내었다. 사원의 부인이 내놓은 아이디어까지 계속 유망한 기획이 들어왔다. 그 중에서 선택한 것을 몇 가지 시험삼아 상품화해서

발매해 보았더니 괜찮은 것이 2~3개 나왔다. 구매와 경리, 인사 등 각 담당자들이 사장이 제시한 빠듯한 수치 목표를 잘 이해하고 달성해 주었다. 그 결과 결코 쉽지는 않았지만 매출 300억 엔, 매출총이익 24억 엔, 매출총이익율 8%, 가영업이익은 6억 엔 가까이 되어 목표를 달성하였다.

Y사의 사장은 사원들의 성장을 기뻐하면서 다음과 같이 말했다.

"우리 사원들은 발을 뻗고 잘 수가 없었습니다. 다른 회사가 소비 불황으로 모두가 적자인 힘든 환경 속에서 경비를 대폭 줄이면서도 훌륭하게 당초 목표를 달성해 주었습니다. 더 기쁜 것은 이 계획을 달성함으로써 사원이 거듭 성장한 것입니다. 앞으로도 결코 낙관할 수 있는 상황은 아닙니다만, 더 좋은 회사로 발전할 수 있겠다는 기분이 듭니다."

상장을 지향하는 P사의 중기 3년 계획

가전제품 양판점인 P사도 앞에서 소개했던 회사이다. 점포 전략을 임대 중심의 전략으로 바꾸어 극히 순조롭게 사업을 늘리고 있었다. 사장의 최대 꿈인 주식 공개도 가능한 규모가 되어 있을 때의 일이다. 사장은 갈등이 생겼다. 땅값이 너무 올라 만일 점포를 빌려쓰는 것이 아니라 자사 건물로 하면 어떨까 하는 미련을 가지게 되었다.

나는 다음과 같은 조언을 해주었다.

"사장님, 무엇을 생각하고 있습니까? 당신의 최대 꿈은 상장이겠지요. 가전품 양판점으로서는 지금이 명암을 가르는 중요한 때입니다. 부동산 투기에 마음을 빼앗길 때가 아닙니다. 단순히 한 때의 돈벌이를 택할 것인지, 상장을 택할 것인가를 결정해야 합니다."

물론 P사의 사장이 투기로 돈벌이를 생각한 것은 아니었다. 어느 쪽이 유리할까? 역시 자기 소유의 토지와 건물로 하는 것이 어떨까? 사장의 방침에 갈등이 생긴 것이다. 지금은 점포를 늘려가야 할 때인데 자기 소유의 토지나 건물로 한다면 그에 소요되는 자금 때문에 점포의 수를 크게 늘리기가 어렵게 될 수밖에 없기 때문이다. 사장은 새로이 상장을 구체적으로 지향하는 중기 3년 계획을 만들었다. 그 골자는 다음과 같다.

① 앞으로 3년 동안의 매출 목표는 GDP 대비 150%를 최저 목표로 적극 전개한다.
② 이를 위해 적극적으로 점포를 늘리고 목표 연도에는 100개 점포로 한다. 자금의 유효한 활용을 위해 자기 소유의 점포와 임대 점포를 병행하는 전략으로 한다.
③ 매출총이익율은 반드시 현재의 26.3%를 밑돌지 않도록 매입 대책을 수립한다.
④ 인원은 시간제 고용의 활용을 꾀하고 사원 분배 비율을 45% 이하가 되도록 노력한다.
⑤ 임대 점포를 늘리기 위해 현재 28.5%의 경비 분배 비율은 30%를 허용 목표로 한다.
⑥ 기업의 이미지를 높이는 특별 광고비 및 신업종 연구 개발을 위해 현재 1%의 선행 투자 배분 비율을 5%로 올린다.
⑦ 자금 조달의 구분을 명확히 하여 운영자금은 단기적으로, 설비

		항 목	직전기		3년도 실적		3년도 목표	
		매 출 액	28,562		37,900		40,000	
		%		26.3		26.7		27.5
		매 출 총 이 익	7,501	100.0	10,132	100.0	11,000	100.0
손	영	인 건 비	3,893	51.9	4,548	44.9	4,840	44.0
	업	제 경 비	2,138	28.5	2,928	28.9	3,190	29.0
익	경	상 각 비	112	1.5	253	2.5	275	2.5
	비	선 행 투 자	75	1.0	507	5.0	550	5.0
계		임 원 보 수	150	2.0	152	1.5	154	1.4
		계	6,368	84.9	8,388	82.8	9,009	81.9
산	가	영 업 이 익	1,133	15.1	1,744	17.2	1,991	18.1
		사 업 세 준 비	-97	-1.3	-125	-1.2	-110	-1.0
서		영 업 이 익	1,036	13.8	1,619	16.0	1,881	17.1
		금 융 비 용	-282	-3.8	-460	-4.5	-660	-6.0
		경 상 이 익	754	10.1	1,159	11.4	1,221	11.1
		특 별 손 익	-195	-2.6	-202	-2.0	-221	-2.0
		세 금 공 제 전 이 익	559	7.5	957	9.4	1,000	9.1
		납 세 충 당 금	-386	-5.1	-498	-4.9	-495	-4.5
		당 기 순 이 익	173	2.3	459	4.5	505	4.6
	이익금처분	배 당 금	-19	-0.3	-58	-0.6	-55	-0.5
		임 원 상 여	0	0.0	-15	-0.1	-11	-0.1
		계	-19	-0.3	-73	-0.7	-66	-0.6
		차 감 내 부 유 보	154	2.1	386	3.8	439	4.0

(단위 : 100만 엔)

〈표 35-1〉 P사의 운영 기본 계획

(단위 : 100만 엔)

* 소수점 이하는 절상 · 절하에 따른 오차가 있음

(단위 : 100만 엔)

	항 목		직전기		3년도 실적		3년도 목표	
부 가 가 치 배 분 분 자 료	매 출 액		28,562		37,900		40,000	
		%		26.3		26.7		27.5
	매 출 총 이 익		7,501	100.0	10,132	100.0	11,000	100.0
	분 배 내 용	사 원 분 배	3,893	51.9	4,548	44.9	4,840	44.0
		경 비 배 분	2,138	28.5	2,928	28.9	3,190	29.0
		재 생 산 분 배	112	1.5	253	2.5	275	2.5
		선행투자분배	75	1.0	507	5.0	550	5.0
		금 융 분 배	282	3.8	460	4.5	660	6.0
		안 전 분 배	195	2.6	202	2.0	221	2.0
		사 회 분 배	483	6.4	623	6.1	605	5.5
		자 본 분 배	19	0.3	58	0.6	55	0.5
		경 영 자 분 배	150	2.0	167	1.6	165	1.5
		축 적 분 배	154	2.1	386	3.8	439	4.0
	계		7,501	100.1	10,132	99.9	11,000	100.0

및 고정투자는 장기적으로 조달하며 재무 건전성을 해치지 않도록 유의한다.

⑧ 금융 분배 비율은 상한 6%로 한다. 그 이상의 자금 조달은 자기 자금으로 실시한다.

⑨ 최종 연도의 이익 목표는 10억 엔, 동시에 축적 배분 비율을 4%로 한다.

⑩ 이상을 착실하게 행함으로써 계획 기간 내에 상장한다.

〈표 36〉 P사의 대차대조표

(단위 : 100만 엔)

구분	항 목		직전기	3년도 실적
자	유 동 자 산		(9,711)	(10,122)
		현　예　금	3,998	1,781
		유 가 증 권	263	640
		매 출 채 권	822	1,125
		재　　고	4,351	6,124
		기　　타	277	452
	고 정 자 산		(1,454)	(3,755)
		토　　지	65	1,487
		건　　물	845	1,641
		기　　타	544	627
산	투　자		(2,509)	(4,246)
		투 자 유 가 증 권	2,055	3,381
		기　　타	454	865
	합　　계		13,674	18,123
부	유 동 부 채		(6,798)	(9,112)
		매 입 채 무	1,630	2,229
		단 기 차 입 금	4,036	5,501
		기 말 세 금	234	367
		선　수　금	54	42
채		상 여 준 비 금	292	316
		기　　타	552	657
	고 정 자 산		(3,436)	(2,667)
및		사　　채	945 673	
		장 기 차 입 금	2,123	1,479
		퇴 직 준 비 금	355	449
자		기　　타	13	66
	제 준 비 금		(9)	(12)
	자　　본		(3,431)	(6,332)
본		자　본　금	513	1,469
		제 적 립 금	2,745	4,404
		당 기 이 익	173	459
	합　　계		13,674	18,123

　　결국 3년 이내에 상장하기 위해 다점포 전략을 서두르고, 목표 연
도에는 100개 점포로, 매출을 직전기보다 40% 증가한 400억 엔이라

는 과감한 전략을 세운 것이다. 사업을 크게 성장시킬 수 있는 기회라는 것은 자주 찾아오는 것이 아니다. 장기 계획의 실천 과정에서 회사의 체질도 강해지고 사장의 경영 능력과 간부의 능력도 차츰 연마되어 모든 것이 원만한 상황으로 보았기 때문이다. 그 결과는 어떠했는가?

〈표 35〉와 〈표 36〉은 3년 후의 목표와 실적을 비교한 것으로 매출액은 5%에 미치지 않았지만, 경상이익이 목표인 10억 엔을 넘고, 게다가 금융 배분 목표를 5% 이내로 억제하는 재무 방침을 비롯하여 기타 방침도 거의 당초의 계획대로 달성할 수 있었다.

이렇게 해서 상장하겠다는 사장의 오랜 꿈이 드디어 실현되었다. 상장하는 날 P사의 사장은 물론 나도 감개무량해서 사장이란 직업이 과분할 정도로 고마운 하루였다. 그러나 이 감격을 누리는 동안에 곧 다음 계획이 기다리고 있었다.

사업은 살아 있는 것이며 환경은 시시각각으로 변하고, 절정의 때가 있으면 바닥인 때도 반드시 찾아온다. 그 중심에서 사업을 해가기 위해서는 장기 계획이 사장의 가장 힘이 되는 무기임에 틀림없다. 그것을 반복하고 강조하여 여기까지 왔다.

나는 사업 경영에 대해서 혹은 사장이라는 직업에 대해서 이렇게도 생각하고 있다. 장기 계획을 갖고 안 갖는 것은 사장으로서의 인생에 커다란 차이를 가져온다고 믿고 있지만, 사업의 영속적인 성장은 그것만으로는 충분하지 않다. 회사나 사업을 영속적으로 발전시키는 사장의 조건이 무엇인가에 대해서는 다음 10장에서 다루기로 한다.

10장

꿈을 실현시키는 사장의 조건

사장의 역할 의식과 부가가치 배분의 전략적인 목표 설정은 장기 계획의 실천을 통해서 발전하는 미래와 존경받는 사장이라는 두 가지 성과를 가져온다. 그러나 10년 후까지의 성장을 확실한 것으로 만들기 위해서는 냉정하고 합리적인 숫자만이 아니라 인간적인 매력과 운과 집념이라는 극히 인간적인 요소도 결코 무시할 수 없다고 생각한다. 지금까지 40여 년의 경영 인생에 있어서 내가 장기 계획과 함께 중요하게 여겨온 사장의 마음가짐을 말하고자 한다.

‖ 1 ‖

사장으로서의 역할을 자각하라

이제부터는 내가 평소부터 중요하게 여겨온 생각을 다루고 싶다. 이것이 모든 회사, 또는 모든 경영자에게 보편적인 것으로 옳은 것인가는 알 수 없다. 그러나 40여 년 동안 회사를 경영해 오고, 또 여러 업종에서 다양한 회사의 경영을 지도하는 동안 사장으로서 소중하고 중요하게 느낀 것만을 거론한다.

장기 계획을 기획·추진해 가는 데 있어 스스로의 꿈을 실현시키려는 사장이 잊어서는 안 되는 기본 소양이다.

첫째는, 뭐니뭐니 해도 사장의 역할을 자각하는 것이다. 이 말은 이 책에 일관되게 강조해 온 가장 중요한 과제이며 새삼 덧붙일 것이 없다. 사업을 가능하게 해준 사회와 사원들, 주주, 금융기관에 대해서 어떤 역할을 해야 하는가는 회사를 경영해 가는 절대적 조건이라고 해도 된다.

사장의 역할을 다하지 않고는 회사의 이익을 추구할 수 없다. 무엇을 위해 돈을 버는가? 무엇을 위해 사업을 계속해 가는가는 결국 사장의 역할 의식 없이는 설명이 되지 않는다.

ᛁ 2 ᛁ
미래의 흐름을 예측하라

세상의 흐름을 정확히 읽고 장래의 큰 방향을 결정하는 것이 사장의 중요한 역할이라는 것을 이 책에서 몇 번이고 강조했다. 새로운 발전을 위해서는 어떤 사업을 해야 하는가? 이것은 회사의 장래를 결정하는 가장 중요한 요소이다. 이를 위해서는 사장의 선견지명이 필요하다는 것은 당연한 일이다. 유망한 분야에는 집중하고 그렇지 않은 분야는 과감하게 버린다. 이처럼 단순하고 명쾌한 경영의 정석은 없다. 그러나 단순하고 간단한 것 같지만 사장에게는 가장 어려운 일이다.

내가 겨우 철이 들었을 때 인기 있는 사업은 섬유 산업과 석탄 산업이었으며, 제분·제당 산업도 활발했었다. 그러나 이제는 달라졌다. 내가 사업을 시작했을 때부터 가전이나 자동차 분야는 각광을 받아왔다. 그러나 현재 이 업계에 뛰어들어 사업을 크게 신장시킬 여지가 남아 있을까? 세상의 흐름은 항상 움직이고 있다. 그 흐름의 판별이 회사의 장래를 정하는 것이다.

그렇지만 세상의 흐름을 완벽하게 내다볼 수 있는 경영자가 있을까? 국내에는 백만 명 이상의 경영자가 있기에 반드시 몇 명 정도는 예외적으로 천재적인 선견지명을 가진 사람도 있을지 모른다. 그러나 대부분의 경영자는 장래 예측에 고심하면서 경영하고 있는 것이 현실이다.

그러기에 경제학자만이 아니라 경제평론가라는 직업이 생기는 것이다. 경영자 중에는 의외로 점이나 운세에 관심을 갖는 사람도 많다. 그만큼 앞을 정확히 읽는 일은 어렵다. 한 번의 히트 상품으로 끝나는 것이 아니라 회사를 영속적으로 발전시키기 위해서는 5년, 10년 기간으로 사업을 내다보면서 세상의 흐름에 맞도록 방향을 수정해 가야 한다. 천재적인 선견지명을 가지고 있지 않은 사장에게 그것을 위한 가장 확실한 방법은 사장이 수립한 장기 계획이라고 생각한다. 그러나 그것만으로 충분한 것은 아니다. 장기 계획의 기획 단계에서 또는 실천 단계에서 지금까지 이 책에서 설명할 기회가 없었던 중요한 요소가 빠져 있다. 그것을 요약해서 설명한다.

┃ 3 ┃

하찮은 정보일수록 귀중하게 생각하라

　세상의 흐름을 판별하는데 의외로 중요한 포인트가 됨에도 불구하고 쉽지 않은 것은 '불리한 정보, 귀에 거슬리는 정보'를 중요하게 여기는 것이라고 생각한다. 대부분의 사장은 안 좋다는 말은 싫어하고 듣기 싫은 말은 못하게 한다. 예를 들면 어떤 연구회에서 유명한 평론가가 "이제부터 식료품 소매 점포의 수는 반감한다."라고 말하는 것을 관련 업계의 사장이 들으면 "평론가인 주제에 무책임한 말을 해, 우리 업계는 그렇지 않아" 하며 들으려 하지 않는다. 거래처에 갔을 때 "요즘 귀사의 제품 구성을 보면 매너리즘에 빠진 것 같습니다. 이런 것을 더 갖추면 어떨까요?"라는 말을 듣게 되면, 말로는 고마워하면서도 속으로는 "정말 말이 많은 고객이야."라며 화를 품게 된다.

　좋지 않은 말을 듣는 것은 싫어한다는 식의 시선으로 사물을 보면 진짜 모습이 보이지 않는다. 나 역시 좋지 않다는 말을 듣고 기분이 좋을 수 없기에 인간이라면 누구나 그럴 것이다. 앞에서도 언급한 바 있지만, 한창 이익을 올리고 있는 시기에 비상근 사장으로부터 "자네 회사는 이대로 가면 망할 운명이야."라는 말을 들었을 때는 솔직히 말해서 화가 치밀었다. 지금 생각하면 오만불손한 일이지만, '대기업의 사장이라고 해서 우리 회사를 그렇게 업신여길 수 있나, 망한다는 말이 뭐야.' 라고 생각했고, 처음에는 그의 진의를 생각하려고도 하지 않았다. 그러나 그 아픈 말이 우리 회사의 사업을 대대적으로 전환하는 동기가 되었던 것이다.

최근에도 좋지 않은 정보가 귀에 들어온다. 예를 들면, 미국의 컴퓨터 업계에서는 국내 생산 거점을 점차 폐쇄하고 대만으로 옮기기 시작했다는 것이다. 지금까지도 대만에서 생산하고 있던 업체가 있기는 하지만 모두 중견급이었다. 그러나 이제는 IBM이나 컴팩이라는 일류 회사들이 진출한다. 이후의 장기 전략에서 컴퓨터는 이제 미국에서 만드는 산업이 아니라는 차원에서 해외 정책을 전개한다면, 우리도 국내 생산만으로 안 된다는 것이 눈앞에 닥친 좋지 않은 정보이다.

세상의 흐름이 변하면 방법도 변하지 않을 수 없다. 대만에 가서 직접 실태를 확인해야 한다. 즐거운 일은 아니지만 용기를 가지고 들으면 들을수록, 보면 볼수록 어려운 일에 대한 정보의 진실성이 높아진다. 그렇게 함으로써 선견지명으로 이어져 대응책을 생각하게 되고 계획의 수정이 이루어지게 된다.

안 좋은 정보를 중요하게 여기느냐 않느냐 하는 것은 장래를 정확히 읽기 위한 빠뜨릴 수 없는 마음가짐의 하나이다. 안 좋은 정보 속에서 우리 회사는 어떻게 살아갈 것인가를 생각할 수 있는 용기가 없다면 경영자는 실무를 감당해 낼 수 없다. 반드시 기억해 두기 바란다.

┃ 4 ┃
모순된 것을 머리에 넣어두는 습관을 가져라

　사장은 회사의 최고 경영자이기 때문에 마음먹은 대로 할 수 있으며, 세상에 불가능은 없다는 자신감이 없으면 사람을 이끌어갈 수 없다. 그러나 세상에 그 누구라도 무엇이든 다 할 수 있는 것은 아니라는 것도 진실이다. 이처럼 상반된 것을 알고도 모순을 느끼지 않는 것은 경영자로서 중요한 마음가짐이다.

　반드시 할 수 있다고 하면서도 할 수 없는 것은 할 수 없다고 말한다. 실제로 경영은 이와 같은 상반된 말의 반복 속에 있는 것이 아닐까? 반드시 할 수 있다고 사장 자신이 마음먹지 않으면 부하직원에게 이행하도록 명령할 수 없다. 그러나 진행 경과를 보고 위험하다는 판단이 들었을 때 즉시 중단을 지시할 수 없다면 경영은 불가능하다. 이것은 미묘하고 어려운 문제이지만 사장이라면 반드시 알아두어야 할 일이다.

　올곧음을 소중히 하는 한편, 그렇지 않은 면도 있어야 발상의 폭이 넓어진다고 한다. 모든 일에 신속하게 대응하라고 말하는 한편, 졸속은 허용되지 않으며 더 진지하게 실행에 옮기도록 주의를 준다. 때로는 매정하게 때로는 인자하게 행동한다. 매정함과 인자함의 두 가지를 공존시키지 않으면 사장으로서의 일을 감당해 내지 못한다.

  사장의 꿈을 수치화 하여 장기 계획을 실천하는 과정에서 당초의 목표를 충분히 달성하기 위해서는 모순된 것을 알고도 모순을 느끼지 않는 발상이 필요하다.

∣ 5 ∣
운은 준비된 사람에게만 찾아온다

초대 사장이 운에 대해서 이런 말을 해준 적이 있다.

"사토, 자네는 운이라는 것을 본 적이 있나. 운이란 네 발 달린 동물이라네."

물론 운이 어떤 모습을 하고 있는지 모른다. 운에 대한 이야기를 들은 것은 내가 20대 초반으로 창업한 직후였다고 생각한다.

"운이란 것은 머리가 미끈거리고 앞머리에 한 움큼의 머리카락만이 나 있네. 그래서 정면에서 잡지 않으면 안 된다네. 왔다고 생각하고 옆이나 뒤에서 잡으려면 도망가 버린다네. 앞머리밖에 잡을 곳이 없어. 그래서 눈앞에 온 후에 잡으려면 이미 늦어. 운이라는 것은 미리 잡을 수 있는 준비를 하고 있지 않으면 도망가고 말지. 운은 누구에게나 나타나지만 준비를 하고 있지 않은 사람에게는 잡히지 않는다네. 왔다는 것을 알았을 때는 이미 지나가고 말지. 운을 쫓아다니기만 하다가 끝나고, 평생 인연이 없게 된다네. 경영에서의 운이라는 것도 같아서 준비하고 있지 않으면 절대로 잡을 수 없어. 이것을 반드시 기억해 두게."

나는 초대 사장에게서 경영에 대한 의미 있는 말을 들었지만, 운에 대한 이야기를 잊을 수 없다. 애초에 초대 사장과의 만남이나 샤프의 사사키 씨와의 만남도 운이 아니었으면 생각할 수 없는 일이었다.

이 책에서 사장이 스스로의 꿈을 수치화하고 계획적으로 실현하는 노하우를 정성껏 설명해 온 셈이다. 운이라는 불확실한 것에 좌우되지 말고, 운이 좋든 나쁘든 회사를 필연적으로 발전시키는 방법이 장기 계획의 노하우라는 것을 독자 여러분에게 피력해 왔다.

그러나 성공하기 위해서는 운이라는 것도 필요한데, 운을 놓치지 않기 위한 준비가 바로 장기 계획이라고 할 수 있다. 경영에서는 운이 70%, 노력이 30%가 아닌가 생각한다. 결국 장기 계획의 역할이 30%, 70%는 운에 따른다고 말하고 싶다.

외부 연구모임에서 "노력이 70%, 운이 30%에 대한 착각이 아닌가요?"라는 질문이 나온다.

그 때 나는 "운이 70%, 노력이 30%입니다. 나는 운명론자입니다."라고 대답한다.

"그러면 운에 맡기는 경영이 되지 않습니까?"라는 짓궂은 질문에는 "노력이 30%나 되니 제로가 아닙니다. 그만큼 운을 중요하게 여기라고 말하고 싶은 것입니다."라고 대답한다.

운이 좋다는 느낌이면 그 운을 100% 살리려는 마음이 든다. 운이 좋아 성공한 사람이 운이 좋았기 때문이 아니라 내 실력으로 성공했다고 착각하는 사람도 있다. 이런 사람은 모처럼의 운을 중요하게 여기지 않는다. 운을 가볍게 취급해서 운으로부터 두 번 다시 가까이 가지 못하는 일을 하고 있다.

경영의 세계에서는 사람과의 우연한 만남이 큰 사업과의 만남으로 이어지며, 생각지도 않은 기회에 운명적인 상품을 만나는 일도 있다. 사업을 시작하기 위한 협의와 사전 테스트, 상품화 과정에서는 본인의 노력이나 재능이 없이는 오늘의 성공이 없었을 지도 모른다. 그러나 그 원점이 무엇이었는가를 생각하기 바란다.

예를 들면, "A씨에게 물어 보세요."라는 충고가 있었기 때문에 이 사업에 이르렀다. A씨로부터 들은 말을 통해 이 사업의 발상을 한 것은 분명히 나다. 그러나 그 때 A씨를 소개해 준 사람이 있었기에 비로소 그 일이 이루어졌다는 것을 생각하면 운이 70%라고 생각할 수도 있는 것이다.

결국 운에 감사하는 마음이 중요한 것이 아닐까? 바꾸어 말하면 사장은 자신의 성공에 대해 항상 겸허하라는 것이다. 성공했다면 그것은 자신의 힘만은 아니다. 여러 협력자가 운을 만들어 준 것이다. 그 덕분에 성공할 수 있었다고 겸허하게 감사하는 것이 중요하다고 생각한다. 운을 소중하게 여기면 사장이 겸허해진다. 이것은 중요한 것이다. 경영의 성공이 자신의 힘이라고 생각하는 순간 운은 도망가고 만다.

| 6 |

회사의 분위기는 사장이 만든다

　회사의 분위기와 색깔은 사장이 만든다. 적극적이고 평온한 분위기나 어둡고 소극적인 분위기는 모두 사장이 만들어 낸다. 이러한 인식은 매우 중요한 일이다. 부하직원은 사장의 일거수 일투족을 보고 있다. 전화를 했을 때, 부하 직원의 말투가 사장의 말투를 닮은 것에 놀란 적이 있다. 여러분도 경험했을 것이다. 사장의 조그마한 행동이나 말투까지 흉내내는 것이 부하직원인 것이다.

　족벌 기업에서는 흔한 일이지만, 아무 일도 하지 않는 사장 부인에게 아침부터 밤늦게까지 열심히 일하는 사람보다 몇 배나 많은 급여를 주고, 개인적인 지출을 회사의 비용으로 처리한다거나 자녀의 차를 회사 경비로 구입하는 등 공사를 구별하지 못하는 예가 있다. 극단적인 예로는 사장 가족이 백화점에 가서 일용품이나 식료품, 의류에 이르기까지 사적인 지출을 카드로 결제하고 회사에서 그 경비를 처리하는 일이 실제로 있다는 것을 알고 놀란 적이 있다.

　그것이 회사의 사풍(社風)이라면 어처구니없는 일이다. 사장이 하니까 사원들까지 그런 식으로 사고하고 행동하려 든다. 정말 장래가 염려스럽게 된다. 이런 회사에서는 사장이 아무리 경영 비전을 발표해도 사원의 진정한 협력은 얻을 수 없다. 결국 사장의 경영 방식에 염증을 느끼게 된다.

만약 여러분의 회사 분위기가 외부로부터 멋지다고 평가받는다면 사장은 현재의 경영 방식을 자신감 있게 진행하라. 그러나 다소라도 걱정스러운 평가를 듣는다면 그 원인은 사장 자신이 만들었다고 자각해 주기 바란다. 앞에서도 말한 바 있지만 장기 계획에 의한 성장의 사이클이 회사의 분위기로 정착되는 것이야말로 회사의 장기적인 성장의 핵심임을 마음 깊이 이해하기 바란다.

| 7 |

GIVE & TAKE

장래의 사업 방향을 결정할 때는 가능한 한 사장에게 들어오는 정보의 양과 정확도를 높일 필요가 있다. 그것을 위해서는 사람과의 교제 폭을 넓히는 일이 특히 중요하다. 대기업과 같이 자체 연구기관과 조사기관을 두고 우수한 전문가를 확보하였다면 앞날에 대한 방향 결정도 가능할 것이다. 일반적인 회사에서는 쉽게 할 수 없는 것이다.

나의 경우를 돌아보면 스스로의 힘으로 사업 구상을 생각한 적은 거의 없으며, 대부분은 타인으로부터 얻은 정보와 충고가 가장 컸다. 업계를 떠나서 가능한 많은 사람과 만나서 교류하는 것이 사업 결정에 있어 중요한 요인이었다고 생각한다.

경영상의 인간관계는 'GIVE & TAKE' 라는 원칙을 잊어서는 안 된다. 인간관계가 'GIVE & TAKE' 라는 것은 타산적이며 특수한 의견이라고 눈살을 찌푸리는 사람도 있을 것이다. 사람과 사람과의 관계는 GIVE & TAKE라는 타산으로 움직여서는 안 된다. 손익으로 판단해서는 안 된다고 하는 것은 가장 이상적이며 훌륭한 주장이라고 생각한다. 그러나 현실은 TAKE & TAKE, 이기적인 풍조로 차 있다고 생각한다. 경영의 세계에서도 사장이 TAKE & TAKE, 고객에게도, 관계기관에도, 사원에게도 요구하는 것만으로는 영속적인 사업의 번영은 바랄 수 없다.

내가 강조하고 싶은 것은 사장은 어떤 일에나 우선 상대방에게 GIVE하고 나서 TAKE를 생각하도록 하라는 것이다. 요즘 다른 업종과의 교류 모임이 왕성한 것 같다. 그런데 하는 GIVE는 없고 TAKE만의 동기로 참가하게 되니 아무 것도 TAKE할 수 없다. 다른 업종과의 교류도 단순한 모임으로 끝나게 된다. 이러한 경향은 젊고 혈기왕성한 분들에게 많은데 TAKE, TAKE만의 경영자가 있다. 저 사람과 만나는 것은 TAKE하기 위해서, 이 사람과 만나는 것도 TAKE하기 위한 발상으로는 좋은 정보를 TAKE할 수 있는 기회가 영원히 오지 않는 것이다.

경영은 봉사활동이 아니다. TAKE하려고 생각한다면 먼저 GIVE할 것을 준비하고 나서 생각한다. 어떻게 해서라도 원하는 것을 TAKE하고 싶다. 그러나 자신은 저쪽에 GIVE할 수 있는 것이 없다. 그러면 GIVE할 수 있는 자신의 친구를 소개해서라도 GIVE할 수 있는 것을 준비하는 자세가 필요하다. 요컨대 상대방이 기뻐할 것을 행하고 나서 기대를 해야 한다. 이런 자세가 사장에게 필요하다.

중소 규모의 회사에서는 모아지는 정보의 양과 질도 한정된다. 따라서 장래를 결정하는 가장 큰 요소는 사람과의 교제의 폭에 있다고 해도 과언이 아니다. 그렇다고 해서 단순한 놀이 친구를 늘리는 것은 바람직하지 않다. 역시 경영상의 GIVE & TAKE 관계가 이루어질 사람과의 교류를 늘리는 것이 중요하다.

이것은 사업 전개를 위한 정보원의 확장 문제만은 아니다. 회사의 사활을 쥐고 있는 고객에 대한 사장의 자세 회사의 자세로도 적합한 것이다. 고객을 향해서 "물건을 구입해 주십시오, 돈을 벌게 해 주십시오."라고 부탁만 할 사람은 없을 것이다. "우리 상품을 사용하면 이러한 효용이 있습니다. 다음과 같은 메리트가 있습니다. 이렇게 편리한 서비스입니다."라고 이쪽에서 GIVE할 수 있는 것을 먼저 보여주지 않으면 영업은 시작되지 않는다. 갑자기 상품을 팔려고 해도 상대방은 관심을 가져 주지 않는다. 우선 상대방에게 관심 있는 정보를 제공하거나 어려움을 해결해 주거나 하면서 신뢰관계를 이루어야 한다.

생각해 보면 사원에 대해서도 할 수 있는 말이다. "매출이 오르면 급여를 올려주겠다."라고 하는 것과 "급여를 이만큼 올리려고 한다. 그러므로 매출을 올리고 비용을 이만큼 줄이도록 노력해달라."라고 말하는 것, 어느 쪽이 일하고 싶은 의욕으로 이어질 것인가? 두 말할 것도 없다. 진정으로 GIVE하고 나서 TAKE를 기대한다. 이 원칙은 사업의 기본적인 방법을 결정하는 것만큼 중요한 것이다.

┃8┃
자신의 실패를 인정하는 용기를 가져라

회사에서 가장 큰 실패를 하는 것이 사장이다. 사장이 회사의 방향 설정을 잘못하면 부하직원이 아무리 노력해도 만회할 수 없다. 사장의 판단이라고 해서 절대로 완전할 수는 없다. 실패를 반복하는 것이 현실의 경영이다. 그렇지만 대부분의 사장은 자신의 실패를 인정하고 싶어하지 않는다. 사장은 완전무결한 존재로 포장하고 싶어한다. 그렇지 않으면 부하직원에게 모범이 되지 않는다고 생각하기 때문이다.

이것은 큰 잘못이다. 사장은 자신의 실패를 인정하는 용기를 가져야 한다. 자신의 결점이나 실패를 숨기지 않는 대범한 인물은 많은 사람을 끌어당기는 매력이 있다는 것을 알아야 한다. 사람 위에 서기 위해서는 이와 같은 솔직한 인간적 매력이 통솔력의 요소로서 확실히 필요하다.

그러나 실패를 인정하는 일은 또 다른 중요한 효용이 있다는 것을 잊어서는 안 된다. 만약 사장이 자신의 실패를 인정하지 않고 부하직원의 실패만 책망하면 부하직원은 새로운 일, 실패할 가능성이 있는 일에 도전할 의욕을 잃어버린다. 무난한 일만을 택하게 되는 것이다.

따라서 사장은 아무리 작은 실패라도 자신이 한 일에 대해서 실수를 인정하는 용기가 필요한 것이다. 그렇게 하면 부하직원은 안심하고 어려운 일에 도전해 준다.

"앞으로는 같은 실패를 반복하지 않겠습니다. 맡겨 주십시오."

이와 같은 사장의 말 한마디에 회사는 실패를 극복하고 성장하게 된다.

9

자신의 생각을 수치화하는 습관을 가져라

사장이 자신의 생각을 수치화하는 습관은 다음의 두 가지 점에서 특히 중요하다. 하나는 사장의 경영 방침을 전체 사원에게 바르게 이해시키는 것이며, 다른 하나는 경영에 대한 사장의 사고와 능력을 강화하는 것이다.

'사고'라는 것은 설명 방법에 따라서, 또 듣기에 따라서 해석 방법에 큰 차이가 있다. 단어의 선택, 강조하는 방법, 생각을 말하는 타이밍을 잘못하면 자신의 생각을 상대방에게 충분히 이해시킬 수 없게 된다. 그런데 숫자는 간단명료하다. 숫자만으로는 사장의 생각이나 체온이 느껴질 수는 없지만 해석이 잘못되는 일은 없다. 100은 100이고, 1,000은 어디까지 1,000이다. 따라서 사장의 뜻을 숫자로 하여 전체 사원에게 인식시키는 것이다.

"매출을 올리도록 열심히 노력하라. 나도 노력하겠다."라는 방침과 "매출은 12% 증가로 한다."라는 방침의 차이는 설명할 필요조차 없다. 사장의 경영 능력 강화에 대해서는 이 책의 9장에서 설명한 그대로다. 장기 계획을 수립하여 경영해 가면 스스로의 생각을 항상 수치화하는 습관이 생기게 된다. 수치화 함으로써 사장의 갈등이 정리되고 대응 방법이 나오기 때문에 때로는 사업 전환의 계기가 된다. 이에 대해서도 많은 설명이 필요치 않을 것이다.

·10·
결론을 미루지 않도록 하라

　사장의 우유부단은 백해무익이다. 경영 현장에서는 긴급하게 결론을 내려야 할 일이 발생한다. 이 때 사장이 우유부단하면 부하직원으로서도 대응 방법이 없다. 크게 발전할 기회를 머뭇거리다가 놓쳐 버리거나 작은 손해로 막을 수 있는 상황을 큰 손실로 확대시키는 경우도 있다. 긴급을 요하는 상황임에도 결정을 미룸으로써 회사의 방향을 정하지 못하거나 부하직원이 제시한 여러 제안을 신중하게 생각한다고 하면서 그대로 방치해버리기 쉽다. 재촉을 받아도 조금만 더 기다리라고 말할 뿐이다. 이렇게 하면 무기력한 회사가 되고 만다. 모처럼 찾아온 기회도 놓치게 된다.

　따라서 사장은 그 자리에서 결론을 내리는 습관을 익혀야 한다. 우유부단의 원인은 단순히 사장의 성격 때문만은 아니다. 회장·전무와의 복잡한 역학 관계, 또는 모회사와 자회사의 역학 관계 등 여러 요소가 있을 것이다. 그러나 첫째 요인은 사장 스스로가 어떻게 결정하면 되는가를 모른다는 것이다. 다음은 모두 변명에 지나지 않는다. 부친인 회장이 완고해서 좀처럼 허락해 주지 않고, 동생인 전무가 공장의 책임자여서, 모회사가 어떻게 나올지 몰라서 등은 스스로 어떻게 해야할 것인가를 판단할 수 없는 것에 대한 변명일 뿐이다.

평소에 생각하고 있지 않아서 허둥대는 것이다. 즉석에서 결론을 내기 위해서는 평소에 생각하고 있지 않으면 판단이 안 된다. 결론을 낼 수 없는 것이다. 물론 사장은 상담 교사가 아니기에 하나하나 자세한 것까지 명답을 낼 필요는 없다. 경영의 큰 판단을 하면 되는 것이다.

장기 계획이야말로 사장이 즉석에서 결정할 수 있는 가장 유력한 기초가 된다. 만약 사장이 스스로 장기 계획을 수립하여 운영하고 있으면 그 어느 것도 어려운 일이 있을 수 없다. 판단의 기준은 사장의 머리에 정확히 준비되어 있기 때문이다. 잘못된 대응을 할 이유가 없다.

·11·
문제의 본질을 파악하라

이것은 새삼 독자 여러분에게 설명할 필요가 없는 것인지 모른다. 사장의 주위에는 매일매일 여러 사건이 발생한다. 개인적인 일에서 부터 회사 내부의 일, 외부의 일, 업계의 일, 지역의 일 등 사장에게 부여된 진짜 역할을 하면 할수록 바빠지게 되고 많은 협력자들로부터 존경을 받게 된다. 그렇게 되면 문제의 본질을 파악하는 시각이 흐려질 수도 있기 때문에 스스로를 자숙하는 마음으로 이 항목을 제시했다.

장기 계획의 행동 기준·판단 기준만으로는 불충분하다. 사장 자신의 사물을 보는 안목의 강화, 통찰력의 끊임없는 양성이 필요하다. 그를 위해서는 죽을 때까지 공부하는 것이라고 생각한다. 자신의 경영 영역 외에도 호기심이 생기는 여러 생각이나 방법, 생활, 문화 등이 있을 것이다. 나의 세계는 그것에 비하면 얼마나 좁고 작은 것일까? 제한된 시야 때문에 장님 코끼리 만지듯 하지 않도록 조금씩이라도 시야를 넓혀가려는 노력이 필요하다.

┃12┃

신념보다 집념이다

나는 '신념'이라는 말보다 '집념'이라는 말을 소중히 여긴다. 사전에 의하면 신념이란 '어떤 교리나 사상을 굳게 믿고 움직이지 않는 마음'이고, 집념은 '생각대로 움직이지 않는 일념, 집착해서 떠나지 않는 마음'이라고 정의되어 있다. 일반적으로 사람들은 신념이라는 말은 좋아하지만 집념이라는 말은 집착이 강하다는 부정적인 의미로 이해한다. 분명히 신념은 좋은 말이다. 신념을 가지는 것은 결코 나쁜 것이 아니다. 그러나 신념은 변하는 것이다. 자신이 존경하고 있는 사람이나 위대한 사람에게 설득되어 변할 수 있는 것이다.

그렇지만 집념이라는 것은 변할 수도 없고 변하지도 않는 것이다. 기업 경영에는 끝까지 해낸다는 끈질긴 집념이 중요한 것이다. 신념은 너무 깨끗한 맛일 뿐이다. 나는 경영 회의석상에서 간부에게 대해 "이 목표는 반드시 달성하기 바란다. 도둑질이라도, 사기라도 쳐서 할 수 있다는 각오로 달성해야 한다. 책임은 내가 진다."라고 말한 적이 있다. 동석하고 있던 고지식한 감사가 놀라서 "사장님, 경영 회의에서 도둑질, 사기라니 너무 심합니다."라고 말해 나도 정색을 했던 적이 있다. 그러나 오랫동안 일을 함께 해온 간부는 "이것은 사장의 결심이다. 어떤 일이 있어도 달성해야 한다."라고 느끼게 된다. 사장에게는 집념이 필요한 것이다.

다만 집념만으로는 위험하다. 모순된 것을 알고도 모순을 느끼지 않는 것과 집념의 두 가지가 조화를 이루지 않으면 완고한 사람이 되기 쉽다. 이러한 두 가지의 조화, 즉 한 번 생각하면 일념으로 타협을 허락지 않고 해내는 마음과 유연한 대응으로 적절하게 물러섰다가 또 다시 추진하는 것을 동시에 할 수 있는 것이 중요하다. 이것은 말처럼 간단하지 않다. 그러나 사장은 이와 같은 노련한 대응이 필수적이다.

사장이 집념을 불태우면서 노련한 대응을 할 수 있게 하는 것은 사장의 넘치는 야망을 하나로 압축하는 것이라고 생각한다. 큰 욕심을 위해 작은 욕심을 버리는 것이다. 이것도 하고 싶고 저것도 하고 싶다. 사장이 가진 폭넓고 깊은 야망(공상이나 꿈이나 말은 다르지만 같은 것)을 압축하고 또 압축해서 그 하나를 달성한다면 만족이라는 자기 정리가 필요한 것이다.

장기 계획을 세우고 실천하는 과정은 사장의 막연한 야망의 압축이기도 한 것이다. 그래서 일단 차원 높은 야망으로 압축되었을 때 사장은 이전보다 더 많이 성장한다. 다른 것에는 유연하게 대응하고 양보해도 이 하나만은 누가 뭐래도 끝까지 해낸다는 진짜 집념도 생길 것이다.

후회 없는 사장으로서의 인생을 보내려면 이와 같은 사고가 반드시 중요하다는 것을 항상 마음에 새겨두어야 한다.